集人文社科之思　刊专业学术之声

刊　　名：中国社会心理学评论
主　　编：杨宜音
主办单位：中国社会科学院社会学研究所

(Vol.15)Chinese Social Psychological Review

编辑部

联系电话：86-10-85195562
电子邮箱：ChineseSPR@126.com
通信地址：北京市东城区建国门内大街 5 号中国社会科学院社会学研究所

第15辑

集刊序列号：PIJ-2005-005
中国集刊网：http://www.jikan.com.cn/
集刊投约稿平台：http://iedol.ssap.com.cn/

中国
社会心理学
评论

第15辑

Chinese Social Psychological Review

(Vol.15)

○ 杨宜音 / 主编
井世洁　李凌 / 本辑特约主编
刘力　王俊秀 / 副主编

 社会科学文献出版社　SOCIAL SCIENCES ACADEMIC PRESS (CHINA)

主编简介

杨宜音 博士，中国社会科学院社会学研究所社会心理学研究中心主任、研究员、博士生导师，中国社会心理学会理事长（2010~2014），《中国社会心理学评论》主编。2016年起任哈尔滨工程大学人文与社会科学学院教授、博士生导师，中国传媒大学新闻传播学院传播心理研究所教授、博士生导师。主要研究领域为社会心理学，包括人际关系、群己关系与群际关系、社会心态、价值观及其变迁等。在学术期刊和论文集中发表论文100余篇。代表作有：《"自己人"：一项有关中国人关系分类的个案研究》[（台北）《本土心理学研究》2001年总第13期]、《个人与宏观社会的心理联系：社会心态概念的界定》（《社会学研究》2006年第4期）、《关系化还是类别化：中国人"我们"概念形成的社会心理机制探讨》（《中国社会科学》2008年第4期）。

电子信箱：cassyiyinyang@126.com。

本辑特约主编简介

井世洁 博士，华东政法大学社会发展学院副教授，硕士生导师。上海市浦江学者。上海市社会工作者协会理事，中国社会心理学会会员。主要研究领域为文化与心理健康相关议题，主要包括青少年群体的社会适应、严重精神病人的家庭抗逆力等内容。曾主持国家社会科学基金、教育部人文社科基金、上海市教委科研创新项目等多项课题。在《心理科学》《青年研究》《社会科学》《美国家庭医学杂志》（The Journal of the American Board of Family Medicine）等学术刊物上发表多篇论文，相关学术论文曾被《中国社会科学文摘》《人大复印资料》转载。

电子信箱：jingshijie@ sina. com

李 凌 博士，华东师范大学心理与认知科学学院副教授，硕士生导师，上海市社会心理学学会理事，上海市高校心理咨询协会会员。主要研究领域为社会心理学和健康心理学，包括自我发展与同一性建构、社会变迁与性别角色认同、心理需求与社会支持网络等内容。曾主持上海哲学社会科学课题，在《心理科学》《华东师范大学学报（教育科学版）》《山东社会科学》等杂志上发表多篇论文，相关文章或摘要曾被《人大复印资料》《高等学校文科学术文摘》转载。

电子邮箱：lli@ psy. ecnu. edu. cn

中国社会心理学评论　第 15 辑

心理健康与文化

2018 年 11 月出版

《中国社会心理学评论》 第15辑
第1~15页
© SSAP，2018

心理健康与文化：一个研究视角的转换[*]

（卷首语）

井世洁^{**}

摘　要：作为一个拥有几千年中华文化传统，而今被卷入全球化与现代性转型之中的国家，独特的社会历史文化脉络"形塑"出具有"文化特异性"的心理健康议题，更需要立基于文化视角的解读。国外跨文化取向的心理健康研究启发出我国心理健康研究的"文化意识"，而华人心理学界基于"文化主体性"探寻而采取的一系列研究行动则有力地推动了以"生活现象"为本的心理健康知识体系和以"地域文化"为架构的心理健康理论体系的构建。在相当长时间内，研究和认识心理健康相关议题在本土文化中的属性与特征，发现和揭示本土文化与心理健康问题成因之间的关系，探索文化因素与心理健康促进及心理疾病的预防、治疗和康复方式的相互建构过程及特性应当成为我国心理健康研究的主要目标。本辑共刊发11篇论文，其中既有从文化共量性角度对本土概念的探索、对影响心理健康状况的文化因素的研究，也有针对社会互动脉络中"生命经验"的深描，还有对文化因素与心理干预之间相互建构的尝试性探讨，展示了基于文化视角的心理健康研究的最新成果。

关键词：心理健康　社会变迁　文化主体性

---

* 本文获得国家社科基金项目（项目编号：15BSH130）的资助。
** 通信作者：井世洁，华东政法大学社会发展学院，副教授，硕士生导师，email：jingshijie@sina.com。

一　作为社会变迁晴雨表的心理健康问题

改革开放以来的中国进入一个"变革"的时代，而"变革"背后的主要脉络便是"现代性转型"这一命题在中国的境遇及实现问题。相对于发达国家的早发内生型现代化模式，中国的现代化显然属于后发外生型，作为"对外部现代性刺激或挑战的一种有意识的积极的回应"，现代化的任务以全面铺开的方式展开，"试图在同一时间里，实现现代化的全面推进或社会的全面发展"（孙立平，1991）。它"浓缩了人类历史上几乎所有的重大变革"，并"具有文明转型的意涵"，还被拿来与波兰尼的"大转型"和布洛维的"第二次大转型"相提并论（方文，2008）。

与现代化一样，全球化也是造成社会和文化变迁的重要力量。所谓全球化，是指世界各地的人们受信息技术、更大范围的人口流动和大众传媒的影响，在世界观、思想、文化等方面越来越趋于一体化和相互依赖的过程（Smith et al.，2013）。早在21世纪初，心理学家班杜拉（Bandura，2001）便指出，信息技术及全球化给人类行为带来了革命性的影响。特别是21世纪以来，人们谈论全球化比现代化更多（吴莹、韦庆旺、邹智敏，2017：191），因为它的发展进程之快、范围之大、影响之深，到了任何人都无法视而不见、超然独处的地步。

在全球化和现代化浪潮的席卷下，不但经济体制、政治体制和法律体制正在进行变革，社会诸领域亦发生着深刻性、普遍性和根本性的变革，这会在"所有的中国人身上烙上独特印记"，导致生活方式、价值观念和社会心态等"中国体验"的巨大变化（周晓虹，2014）。社会竞争加剧会导致压力感加重，生活节奏加快会带来紧张感增加，改革过程中出现的社会问题会引起心理失衡，文化价值观念的变迁会造成心理上的困惑，而社会陌生性增加则会导致归属感程度的降低，等等。与此相呼应，我国民众的"疾病谱"已经发生了结构性变化，严重危害民众的疾病不再是传统的传染病，而是与社会、心理、生活方式以及行为息息相关的心理疾病。中国疾病预防控制中心精神卫生中心2009年的统计数据显示，我国各类心理疾病患者人数在1亿人以上，占中国总人口的7%。严重精神病患者人数超过1600万人（秦殊、李玲，2014）。有一项涵盖中国12%的成年人的大型调查发现，成年人群精神障碍总现患率为17.6%，其中心境障碍为6.1%，焦虑障碍为5.6%，物质滥用障碍为5.9%（刘再春，2016）。心理疾病的高发给患者家庭带来沉重的负担（李勇洁等，2014），造成社会生活正常秩序的破坏（季晓军，2013），也给国家公共财政带来了沉重负担。

美国学者罗纳德·英格尔哈特（Ronald Inglehart）通过多次世界价值观调查（World Value Survey，简称WVS）发现，现代化进程给人们带来物质的丰裕，而物质满足与生存安全保障将改变人们的人生目标、信念与价值取向，引导人们的生活追求从满足基本生存需要，到追求更高级的个性化需求（吴莹、韦庆旺、邹智敏，2017：6）。2018年国家统计局公布的数据显示，2017年全年国内生产总值达到827122亿元，按可比价格计算，比上年增长6.9%；全国居民人均可支配收入为25974元，扣除价格因素，实际增长达到7.3%，"跑赢GDP（国内生产总值）增速"，经济增长质量获得了提升。多年的经济快速增长使人民生活水平得到了极大的提升，民众高质量的经济、政治、文化、社会、生态等多方面需求日益凸显，同时，我国社会的主要矛盾已经转化为人民日益增长的美好生活需要和不平衡不充分的发展之间的矛盾，"使人民获得感、幸福感、安全感更加充实、更有保障、更可持续"成为我国当前社会治理的目标指向。

为应对民众日益增长的高质量、全方位需求，提高国民的心理健康水平，保障和维护心理障碍者的权利，增进心理障碍者的治疗与福利，2013年5月1日起正式施行的《中华人民共和国精神卫生法》为心理健康工作的开展提供了法律依据。2016年12月，国家卫计委联合中宣部等22个部门发布了《关于加强心理健康服务的指导意见》（国卫疾控发〔2016〕77号），提出到2020年全民心理健康意识明显提高和到2030年全民心理健康素养普遍提升的基本目标，并进一步建立符合国情的心理健康服务体系。随后，2017年10月，民政部会同财政部、卫计委和中国残联起草的《关于加快精神障碍社区康复服务发展的意见》（民发〔2017〕167号）印发，明确提出要在2025年基本建立以家庭为基础、机构为支撑的"社会化、综合性、开放性"的精神障碍社区康复服务体系。可以说，近年来，整个国家对心理健康问题表现出了极大重视，全国各地针对心理健康的预防、咨询与治疗工作也在蓬勃开展。

当前，必须引起我们重视的一个问题是，作为一个拥有几千年中华文化传统，而今被卷入全球化与现代性转型之中的国家，中国独特的社会历史文化脉络"形塑"出具有"文化特异性"的心理健康议题，更需要采用基于文化视角的干预策略。在西方国家已将心理健康的文化差异作为重要议题予以考量，① "社会文化与心理健康之间具有相互嵌入性"（Sam & Moreira，2002）的观点深入人心的时代背景下，我们有必要站在传统与现代、东方与西方这一时空交汇点上，深入探讨西方主要心理健康议题的文化适切性，并构建以中国文化为基础的心理健康议题的解释和干预框架。

二　心理健康与文化：研究视角的因应性转向

（一）　心理健康研究的"文化主体性"意识觉醒

1. 对国外跨文化心理健康研究的借鉴与反思

文化作为"一套包括观念、实践及社会制度的松散组织系统"（Morris，Chiu，& Liu，2015），能够反映某一群体共同具有和广泛习得的特征。文化会使针对心理疾病的体验及其相关症状存在差异；文化规范对症状的表达方式产生影响，文化影响心理疾病的各种症状如何被解释和诊断；文化还会影响心理疾病会被怎样进行治疗（Castillo，1997）。可以说，个体所拥有的文化塑造了他们的心理健康并影响着他们使用什么样的心理健康服务，因此理解文化在心理健康中的作用是心理疾病的准确诊断与治疗的关键（Eshun & Gurung，2009）。

将文化与心理健康研究勾连在一起的尝试最早来自心理健康的跨文化研究路径。此路径秉持跨文化心理学（Cross-Culture Psychology）的基本逻辑，保持传统实验心理学的研究性质，在不同文化背景下对既有心理学理论进行检验，研究不同地区、不同民族的人在心理结构、心理能力方面的共同性和差异性，文化没有被看作研究的主要兴趣所在，而是应该被"剥离"的因素（杨莉萍，2003）。这种"谋求适用于一切个体，并因而适用于整个人性的规律"的观点其实是文化绝对主义在心理健康研究中的运用。尽管早期的跨文化心理健康研究没有给予文化更多的关注，但它将文化因素纳入心理健康研究的范畴之中，为更深入地探究文化在心理健康议题中发挥的作用打下了一定基础。

与早期的跨文化研究路径不同，20 世纪 80 年代末到 90 年代初，文化取向的心理健康研究开始出现，此取向承袭了冯特早期的文化意识与维果茨基社会文化历史学派的思想逻辑，将文化视为心理过程的"先在的"

---

① DSM-IV-TR（2000）中首次提出了文化界限症状（culture bound syndromes）这一心理障碍的新分类。

"决定性的"因素，认为人的行为（包括心理疾病的表达）应该被放在文化情境中予以解释，因为任何特定的心理过程都内在地蕴含文化因素，要从社会文化背景中的特有现象与问题出发，并尽力寻求应对与解决的办法。美国卫生与人类服务部在 2001 年发布的《心理健康：文化、种族和民族：对〈心理健康：卫生部部长报告〉的补充》报告明确指出，心理健康问题存在种族、年龄和性别上的差异，并且心理健康问题的类型与文化适应的程度有关。在不同文化群体中所做的心理健康调查也发现了不同文化群体对心理健康的理解存在文化差异，如孟加拉国以及印度部分地区，人们相信命运和宇宙的力量，而加拿大人更相信心理疾病是由个人原因引起的，并且能控制疾病（Mulatu，1999）。可以说，心理健康研究的"文化意识"提升使得对心理健康问题的认识更加深入。

但是，我们还应看到，尽管基于文化角度的心理健康研究日渐增多，并且积累了大量的研究成果，但是在全球化蔚为历史主流的当下，美国成为全球化的中心，在这样一个不平等权力等级结构中，基于文化视角的心理健康研究依然是超级大国全球化战略的组成部分，对于心理健康的文化研究不过是在依赖他国的边陲地位中进行的，就好像"孙悟空跳不出如来佛的手掌"，而其重点任务则是将非西方文化安置在一个西方标准的价值规范中，借学术之名，行文化霸权之实（杨国枢，1987：9～10）。

2. 来自华人心理学界的文化主体性探寻

当今时代，经济迅猛发展、贸易繁荣、移民及社会流动加剧、族群互动频繁，多重身份与多元文化认同成为人们适应不同文化环境，保持心理状况平稳与主观幸福感的重要心理机制（吴莹、韦庆旺、邹智敏，2017：161）。不管全球化带来"西式现代化"的势头有多么良好，"劣势社会"既有的一些文化传统与行事模式不可能在短时间内完全被淘汰掉，本土旧有的与西式外来的模式会以某种方式平行并呈或交融混合地呈现（叶启政，2008：57）。在这一情势下，便需要在概念的使用、问题意识的提引、论辩思路的架构或研究策略的设计等方面，对西方既有的模式保持一定程度的批判性警觉（叶启政，2008：72），建立以地域文化为架构的本土性理论知识，构建心理健康研究的主体性意识。因为只有"认识自己的文化，理解所接触到的多种文化，才有条件在这个已经在形成中的多元文化世界里确立自己的位置，经过自主的适应，和其他文化一起，取长补短，共同建立一个有共同认可的基本秩序和一套各种文化能和平共处、各抒所长、联手发展的共处守则"（费孝通，2002：360～361）。

20 世纪 80 年代，台湾地区掀起心理学本土化运动，以"本土契合性"作为心理学研究本土化程度的判断标准，对中国人特有的心理概念与现象进行研究，成为世界体系中众多本土心理学中一个重要的分支（Heelas & Lock，1981）。在对"如何看待西方或北美心理学对其他地区学术与实务的支配现象做出反应"和"如何追求切合于本土社会文化的心理学知识但又朝向人类普同的理解"这两个根本问题的思考基础上，有学者概括出强调"理论主体性"的"水平模式"和强调"生活主体性"的"垂直模式"（李维伦，1995）。如果说"水平模式"是在摆脱欧美文化下的"白人中心主义"，向"建立地域性的本土心理学"的"非殖民化"心理学方向发展的话，强调"生活主体性"的"垂直模式"则是希望"在地的生活经验不再失语，而且有贴切而深刻的话语可说"（彭荣邦，2017）。而费孝通先生提出的"文化自觉"概念更是全面唤起了学术界及社会各界对文化多样性和文化多元发展现实的关注。在这一理论的引领下，心理学界提出了坚持中西比较、古今对照的原则，对传统思想进行现代性转化，以实现心理学本土化进程的中国本土心理学建设目标（汪新建、柴民权，2014）。"突出常识、面向实践"，建构一种面向日常生活实践的"常识心理学"成为摆在心理学工作者面前的重要任务。

由于心理健康源自在地生活，因此相关研究的成功与否，在相当程度上取决于在地社群是否能够从它们"照见自己"，呼应人们说不太明白的感受和知觉，满足人们希望它们可以满足的需求。全球化背景下的心理健康研究应该在以下两个路径着力耕耘：一方面，要以后现代主义为立场，以发源于生活中的默会知识（tacit knowledge）为核心，探索以生活现象为本的知识体系，以使我们自身的社会文化行为风貌被清楚地掌握与认识；另一方面，在"贴近这生活的现象世界"的知识的基础上，"建立以地域文化为架构"的心理健康理论体系。

（二）基于文化视角的心理健康研究：本专辑论点摘要

每个人的心理健康都与她/他所处的文化相互构成，不但受历史文化制约，也深受地方性的人文精神影响，可以说文化与心理健康是相互交织在一起的。本辑以文化与心理健康为焦点，共收集到 11 篇相关主题的研究论文，主要聚焦以下核心问题并期待能够抛砖引玉，对未来此方面研究的开展有所参考。

1. 心理健康及相关概念的认识

心理健康是一个包含从消极的病理状态到积极的正向幸福状态的连续谱系，每一个体可能处于这一连续谱系中的某一个位置上。本专辑较为全面地关注了心理健康的不同状态，不但聚焦了一直以来关注度最高的心理健康议题——心理疾病，如周晓璐与 Ryder 的《中国躯体化？中国人抑郁与焦虑症状的文化表达》探讨了在常态人群中较多出现的抑郁与焦虑，常保瑞和谢天的《情绪表达矛盾一定会带来心理症状吗？文化规范的调节作用》则关注了抑郁、焦虑、人际敏感和敌意等消极心理状态，而且有作者涉猎心理健康的积极正向的那一端，如瞿小敏的《空巢 VS. 满堂：居住安排对城市老年人心理健康的影响机制》及吴胜涛、姜颖、王毓洲、张雅婷的《生命的补偿控制：肿瘤幸存者的正义观与主观幸福感》更为关注生活满意度和积极情绪等心理健康的正向维度。

日常生活事件赋予行动与存在以意义，具有社会历史意义的日常生活需要在文化框架下予以解读，方可明晰其最本真的意义。"独立性"是西方心理健康研究中的一个核心概念，它被看作人格特质发展中的一项任务（Cattell & Mead，2008），且被 Bem（1981）认为是男性工具性特质，西方社会期待女性是高依赖性和低独立性的。中国是一个倡导集体文化的熟人社会，女性更被期待为依赖者和联结者。本辑作者杨曦和李凌（2018）通过对高学历、高独立性女性的个案研究，发现我国本土文化下的"独立"内涵更为宽泛，更加具有辩证性，其内涵不但包含与西方文化中的独立含义相似的个人自立，而且包括能够依据不同情境进行行为调节的、基于人际互动的人际自立，不过其发展体现了从二元对立到共生共存的历程。

为了解释"我"与"物"或"他人"之间的"同一感"，"empathy"被立普斯引进心理治疗领域之中，用以代表心理治疗工作者想象地重建患者的感觉经验，设身处地地感受患者，以便更好地帮助患者。罗杰斯从西方哲学二元论的视角将"我"与"他人"看作对立的两极，强调"主体"与"客体"的相互独立性以及同一感的"由我及彼"，因此，"empathy"要包括"认知性"的"empathy"和"情感性"的"empathy"。而在中国文化中，心性与生活境遇是连在一起的，所谓"情不离境，境不离人"，"empathy"是物、我、他人相互建构的"共在"关系，是一种强调直观感受与体验的"感"，因此，本辑作者蒋殿龙和赵旭东（2018）认为应该引导治疗师与患者把症状放在关系情境中进行考量，以入境的方式帮助患者在"共在"情境中更新与重塑感觉、体验、思考与行为方式，从而提升心理品质。他们的工作应该算作"指向以语言体系为本之意义结构的历史与哲学研究"，应该被看成"本土化"的基本功课。

亚里士多德在《尼各马可伦理学》中提出"实践智慧"（Phronesis），并指出一个具有实践智慧的人应该"对于什么是好的，必须能够深思熟虑的"（尤淑茹，2010）。本辑的作者们以深描的方式建构属于中国社会文化脉络中的心理现实的内涵，彰显了学者们探索以生活现象为本的知识体系的决心与努力。

2. 心理健康状况：来自文化的作用

心理健康是社会文化建构，文化规范作为群体所确立的行为规则，可以使个体减少不确定感，获得意义及安全。Morris、Hong、Chiu 和 Liu（2015）指出，文化规范作为社会整合、联结社会与个人的重要中间机制，具有文化整合功能。"个人与环境一致性假说"（Sagiv & Schwartz，2000）认为，文化环境提供了对文化规范重要性的支持和强化，与该文化环境一致的规范会与适应性的结果有正相关关系，而不管该规范或目标是什么。与西方文化相比，人际关系和谐被认为是中国文化的核心社会规范，中国文化抑制个体情绪的自由表达，因此，人们会通过积极和消极情绪体验间的平衡来寻求一个中庸之道，以维护与他人关系的和谐（Miyamoto & Ma，2011），因为随意表露情绪而不加以克制是心理不成熟的表现（梁亮、吴明证，2009）。本辑作者常保瑞和谢天（2018）通过对来自中国和美国这两种对情绪表达持不同态度的文化个体进行问卷调查后发现，尽管情绪表达矛盾（Ambivalence over Emotional Expression，简称 AEE）倾向较高的个体具有更为严重的心理症状，但是文化规范的差异使中美两国样本获得了不同程度的社会支持。在低 AEE 水平时，美国样本的社会支持显著高于中国样本，随着 AEE 水平变得越来越高，美国样本的社会支持越来越低，而中国样本的社会支持无论是在高 AEE 还是在低 AEE 条件下几乎没有变化，这主要是因为在中国文化背景下，共享的文化假设是出于个人原因而寻求支持，给别人带来负担是不适宜的。

正义动机是一种相信"世界稳定有序、人们各得其所"的动机，西方大量研究表明它是一种反社会的观念体系，它会促使个体指责或贬低弱势群体。但是与西方的研究相左，中国人的公正世界信念越高，其主观幸福感也越高（Wu et al.，2011；Wu，Cohen，& Han，2015）。本辑作者吴胜涛、姜颖、王毓洲和张雅婷（2018）发现处于逆境中的肿瘤幸存者的公平世界信念并没有因为疾病威胁而减弱，且其正义动机能够更好地预测主观幸福感，这证明了颇具东方辩证思维的"天道酬勤""祸福相依"等朴素的正义动机可以发挥补充控制源的作用，使弱势人群能够提升其生命控制感，进而保证其主观幸福感。

文化规范是外在性的规则系统，需要通过个体对其归属的社会群体认知，并从其获得的群体资格中得到情感与价值意义后才能发挥作用。文化认同可提升个体遵从文化规范的可能性，并使个体获得认知安全感，即满足个体的认知闭合需要（need for cognitive closure）。尤其是当个体进入以外群体为主体的新文化环境时，母体文化提供的情感支持和在逆境中的保护，能使其获得舒适和安全（Hong et al.，2013）。本辑作者利爱娟和杨伊生（2018）通过对内蒙古和新疆地区多民族大学生的研究发现，在个体与异文化个体互动过程中的安全与信任需要不能满足时，来自母体文化的认同能够对这种缺失进行补偿性满足，其中母体文化历史传承和具体符号表征会使母体文化认同对母体文化依恋的保护性作用有所加强，从而提高个体的心理舒适度，促进个体环境适应性。

文化作为一种集体现象，是符号性社会互动的产物，是指某群体特有的共享知识网络，包含一系列共享意义和共享知识，使某一人群得以与其他人群区分开来（赵志裕、康萤仪，2011：18）。而人们对疾病的认知解释、症状表达及求助行为，根源于被文化所浸染的广大信念结构之中（陈芬苓、徐菁苹，2008）。以躯体化症状为例，波多黎各、墨西哥裔和白人，通常表现为胃痛、心悸和胸闷；而亚裔则更多表现为眩晕、头晕和视力模糊等心脏和前庭觉症状；在非洲和南美洲，躯体化症状有时表现为手脚灼烧感，感到脑袋里有虫在爬，或者有蚂蚁爬过皮肤的感觉。来自不同国家的个体在症状表达上为何存在如此巨大的差异？这主要在于个体在以文化所认可的症状或行为来表达自身模糊不清的困扰情绪和内在的冲突时，"病人们在无意识中努力地创造症状，以配合当下的医学诊断"，"文化以难以觉察的方式塑造人类在无意识中跟随大量的文化暗示"（伊森·沃特斯，2016：52）。本辑作者周晓璐和Ryder（2018）从现代精神病理学早期对"文化症候群"的关注谈起，对心理病理文化差异研究中的抑郁的"中国躯体化"现象进行了较为系统的回顾，在对"体验派"和"理解交流派"的解释差异的分析基础上，尝试性地提出"文化—心理—大脑"解释框架，以解释中国人抑郁症状的"躯体化"和焦虑症状的"心理化"现象。在他们看来，个体往往是根据当前情境需要，报告或强调特定症状体验，以达到快速求助及避免污名等目的。而文化为如何表达症状提供了"文化文本"，躯体化是中国文化环境中抑郁症的文化脚本，心理化则可能是当下中国文化环境下焦虑症的文化文本。此观点与康萤仪、Morris、赵志裕和Benet-Matinez（2010）的动态建构进路的文化心理学观点不谋而合，他们认为文化以具体领域知识的松散网络形式被内化在个体心灵之中，个体通过文化框架的转换对社会环境中的线索进行反应，选择最具适应意义的方式以表达行为。

如果说本部分前面所介绍的研究大多采用跨文化研究范式，努力去发现与西方文化具有差异性的中国文化如何影响个体心理症状的体验、表达与实现更好的适应的话，那么本辑作者瞿小敏（2018）的研究则是立足当下，对社会变迁进程中老年人的居住方式对心理健康的影响进行了深入探索。几千年来，家庭养老一直是中国老年人最主要的养老方式，与子女共同居住是传统家庭中老年人近乎唯一的居住安排形式，"空巢"代表着孤独、悲凉的晚年生活图景。随着家庭居住方式从传统的三代同堂向只与配偶同住转变（刘岚、雷蕾、陈功，2014），只与配偶居住的"空巢"老人呈现较高的生活满意度，且配偶成为决定老年人幸福感的关键。作为代际关系核心的亲子关系逐渐摆脱了仅有物质扶助的单一方式，变得更为丰富和生动，代际情感联系逐渐成为养老文化中的本质内容，这使我们有必要回过头来，将传统文化中的"孝道"加以传承并促进其对社会变迁的适应性发展。

文化心理学的根本立场在于把文化本身置于"早就存在"的事实中（余德慧，1998），因为通过人际话语或行为间的交互运动才能建构出当地社会的意涵。本辑作者高梅书（2018）从出狱人"主位"视角出发，采用深度访谈方法探索出狱人在重刑主义文化传统下，不同层次的制度性排斥和人际疏离的现实中，如何建构出自我负面标签、进行自我价值的怀疑并自我边缘化，从而实现了自我污名化结果，并在感戴之情、责任意识以及"面子关怀"等强大动力的激发下，努力建构自己的生活空间：首先，出狱人通过选择性比较及自我合理化等防御性策略进行自我协商，接纳现实处境；其次，通过积极预期、个人资源的充分挖掘、寻求"自己人"的支持抑或重建圈子等建构性策略重构普通社会成员乃至优势群体成员身份以消解污名化身份。这一基于"生命经验"的心理语言让我们得以洞见出狱人的生活世界，并对传统与现实交汇的社会文化风貌有了更为深入的了解。

除了上述论文，本辑作者施媛媛、张红川（2018）对谦虚与身心健康的关系予以阐述，作为美德的谦虚自古便受到中西方思想界的推崇，尤其是在全球化时代，我国社会的自我中心主义急速发展的阶段，对谦虚的关注就显得尤其具有现实意义。文化差异和语言的不可通约性迫切要求我们能够把握谦虚概念中的核心特征，对其进行具有文化适应性意义的操作化定义，并且更为深入地探索不同类型的谦虚对身心健康的影响作用。本辑作者许丹（2018）对创伤经历与亲社会行为的关系及其机制进行了深入梳理，并提出从文化角度进行研究的可能路径。这两篇论文的共同点在于对社会生活中的常识现象表现出的文化敏感性及剖析文化在相关议题中的作用，并使研究服务于社会生活的专业责任感。

3. 心理干预中的文化因素

心理咨询与治疗，无论是从治疗理念、治疗思路，还是治疗方法，无不折射出文化的影子。心理治疗实践中涉及的知识与互动，都有其文化渊源（汪新建、吕小康，2004）。认知行为疗法创始人艾利斯（Albert Ellis）曾经指出，"尽管宗教和精神信仰方面的问题在20世纪早期被心理治疗严重忽略了，但最近的研究表明它们在人类的存在中有着重要的作用，而且它们可能在帮助人们消除困扰方面做出巨大的贡献"（Ellis，1999）。随着全球化加剧，文化间的迁移和交流越来越频繁，多种文化交汇与混搭的时代背景敦促我们要在心理咨询与治疗的过程中具有必要的文化敏感性。

已有研究对西方心理咨询与治疗理论进行文化反思，并予以不同程度的文化修正，以适应中国来访者的需求（钟友斌，1988：235；朱建军，2009：5）。此外，自20世纪70年代开始，台湾学者展开了"人文临床学"及"人文咨商"的探索，从传统文化中建构华人本土心理治疗理论和进行临床治疗实践。如果说这两种取向分别从中外和古今两条线索省思心理治疗的文化契合性的话，那么，王进和李强（2018）希望立足我国当下文化处境现状，对心理咨询与治疗的走向做一探讨。他们认为西方文化、中国传统文化和中国马克思主义文化是当下统摄民众的三大主流文化，因此，从这三种文化的框架中挖掘适合中国人心理健康维护的助人资源、提升助人者提供多元文化咨询的专业能力极为必要。

三　结语

全球化与现代化的浪潮席卷全球，处于巨浪之中的中国社会经历的动荡与变迁既为心理健康研究与实务工作者洞悉世道人心提供了一个极佳的机会，同时，不论愿不愿意，它也成为我们必须迎接的一个严峻挑战。《中国社会心理学评论》自创刊起，便以关注文化问题，尤其关注中国文化问题为己任。本专辑秉持《中国社会心理学评论》的一贯宗旨，并进一步以"研究和认识心理健康相关议题在本土文化中的属性与特征，发现和揭示本土文化与心理健康问题成因之间的关系，探索文化因素与心理健康促进及心理疾病的预防、治疗和康复方式的相互建构过程及特性"为目标，尝试推动具有文化适应性的心理健康议题的深化。

本专辑共刊发11篇论文，其中既有从文化共量性角度对本土概念的探

索、对影响心理健康状况的文化因素的研究，也有针对社会互动脉络中
"生命经验"的深描，还有对文化因素与心理干预之间相互建构的尝试性
探讨。可以说，本专辑所刊发的论文不但内容丰富，涵盖范围广泛，更为
重要的是为我国的心理健康研究提供了多重视角并展示了此领域的最新进
展。但还应看到的是，基于文化视角的心理健康研究依然是一株嫩绿的新
苗，它需要更多的学界同人来浇灌和施肥，共同努力，使它能够苗壮成
长，长成一棵枝繁叶茂的参天大树。

参考文献

常保瑞、谢天，2018，《情绪表达矛盾一定会带来心理症状吗？文化规范的调节作用》，
　　载《中国社会心理学评论》第 15 辑，社会科学文献出版社。

陈芬苓、徐菁苹，2008，《心与灵的健康观与疾病观——以现代泰雅族原住民为例》，
　　《台湾卫志》第 5 期，第 411～420 页。

方文，2008，《转型心理学：以群体资格为中心》，《中国社会科学》第 4 期，第 137～
　　147 页。

费孝通，2002，《重建社会学与人类学经过的回顾和体会》，载费孝通著《师承、补课、
　　治学》，生活·读书·新知三联书店。

高梅书，2018，《出狱人身份的污名赋予、应对策略及动力研究》，载《中国社会心理
　　学评论》第 15 辑，社会科学文献出版社。

季晓军，2013，《精神病人肇祸问题研究》，《江西警察学院学报》第 2 期，第 57～
　　62 页。

蒋殿龙、赵旭东，2018，《中国文化视野下的 empathy 现象分析及其译名审视》，载
　　《中国社会心理学评论》第 15 辑，社会科学文献出版社。

康萤仪、Morris、赵志裕、Benet-Matinez，2010，《多元文化心灵——文化与认知的动
　　态建构主义进路》，载《中国社会心理学评论》第九辑，社会科学文献出版社。

利爱娟、杨伊生，2018，《文化安全保护在民族认同与文化依恋间的中介作用研究》，
　　载《中国社会心理学评论》第 15 辑，社会科学文献出版社。

李勇洁、惠学健、徐江玲、张海霞、刘宝华、郭俊花，2014，《重性精神疾病患者的家
　　庭负担调查》，《中国康复理论与实践》第 10 期，第 979～981 页。

李维伦，1995，《本土心理学必须超越"心理实体论"》，《本土心理学研究》（台北）
　　第 4 期，第 367～379 页。

梁亮、吴明证，2009，《婚姻关系中的情绪表达和情绪表达冲突》，《应用心理学》第 4
　　期，第 334～338 页。

刘岚、雷蕾、陈功，2014，《北京市老年人居住安排的变化趋势》，《北京社会科学》
　　第 5 期，第 79～84 页。

刘再春，2016，《我国精神病患者收治存在的问题与对策研究——基于五个社区的调

查》，《卫生经济研究》第 12 期，第 34 ~ 36 页。

彭荣邦，2017，《文化主体策略？从殖民角度的反思》，《本土心理学研究》（台北）第
　　47 期，第 99 ~ 118 页。

秦殊、李玲，2014，《精神障碍患者主要照顾者的负担及社会支持的研究》，《医药论坛
　　杂志》第 3 期，第 35 ~ 39 页。

瞿小敏，2018，《空巢 VS. 满堂：居住安排对城市老年人心理健康的影响机制——基于
　　上海市的实证分析》，载《中国社会心理学评论》第 15 辑，社会科学文献出版社。

孙立平，1991，《后发外生型现代化模式剖析》，《中国社会科学》第 2 期，第 213 ~
　　223 页。

施媛媛、张红川，2018，《文化心理学视角下的谦虚与身心健康》，载《中国社会心理
　　学评论》第 15 辑，社会科学文献出版社。

汪新建、柴民权，2014，《中国本土心理学：理论导向、核心框架与主要挑战》，《南开
　　学报》（哲学社会科学版）第 6 期，第 144 ~ 150 页。

汪新建、吕小康，2004，《作为文化工具的心理治疗》，《自然辩证法通讯》第 6 期，第
　　15 ~ 20 页。

王进、李强，2018，《多元文化咨询之本土化路径初探》，载《中国社会心理学评论》
　　第 15 辑，社会科学文献出版社。

吴胜涛、姜颖、王毓洲、张雅婷，2018，《生命的补偿控制：肿瘤幸存者的正义观与主
　　观幸福感》，载《中国社会心理学评论》第 15 辑，社会科学文献出版社。

吴莹、韦庆旺、邹智敏，2017，《文化与社会心理学》，知识产权出版社。

许丹，2018，《创伤经历与亲社会行为的关系及机制评述》，载《中国社会心理学评
　　论》第 15 辑，社会科学文献出版社。

杨国枢，1987，《绪论：人文学及社会科学研究的台湾经验》，载赖泽涵主编《三十年
　　来我国人文及社会科学之回顾与展望》，（台北）东大图书。

杨莉萍，2003，《从跨文化心理学到文化建构主义心理学：心理学中文化意识的衍变》，
　　《心理科学进展》第 2 期，第 220 ~ 226 页。

杨曦、李凌，2018，《女性独立性发展：从二元对立到自主选择》，载《中国社会心理
　　学评论》第 15 辑，社会科学文献出版社。

叶启政，2008，《全球化与本土化的揉搓游戏：论学术研究的“本土化”》，载《本土
　　心理研究取径论丛》，（台北）远流出版公司。

伊森·沃特斯，2016，《像我们一样疯狂——美式心理疾病的全球化》，黄晓楠译，北
　　京师范大学出版社。

尤淑如，2010，《作为伦理实践的哲学咨商》，《哲学与文化》第 1 期，第 104 页。

余德慧，1998，《生活受苦经验的心理病理：本土文化的探索》，《本土心理学研究》
　　第 10 期，第 69 ~ 115 页。

赵志裕、康萤仪，2011，《文化社会心理学》，刘爽译，中国人民大学出版社。

钟友斌，1988，《中国心理分析：认识领悟心理疗法》，辽宁人民出版社。

周晓虹，2014，《转型时代的社会心态与中国体验——兼与〈社会心态：转型社会的社
　　心理研究〉一文商榷》，《社会学研究》第 4 期，第 1 ~ 23 页。

周晓璐、Andrew G. Ryder，2018，《中国躯体化？中国人抑郁与焦虑症状的文化表达》，

载《中国社会心理学评论》第 15 辑，社会科学文献出版社。

朱建军，2009，《我是谁：意象对话解读自我》，安徽人民出版社。

Bandura, A.（2001）. The changing face of psychology at the dawning of a globalization era. *Canadian Psychology*, 42（1），12 – 24.

Bem, S. L.（1981）. The BSRI and ender schema theory：A reply to Spence and Helmreich. *Psychological Review*, 88（4），369 – 371.

Castillo, R. J.（1997）. *Culture and Mental Illness*. Pacific Grove, CA：ITP.

Cattell, H. E. & Mead, A. D.（2008）. The sixteen personality factor questionaire（16PF）. *The SAGE Handbook of Personality Theory and Assessment*, 2，135 – 178.

Ellis, A.（1999）. Therapy grows up. *Psychology Today*, 32（6）：34 – 35.

Eshun, S. & Gurung, R.（2009）. Introducdion to Culture and psychopathology, pp. 3 – 17. In S. Eshun & Gurung（Eds.）. *Culture and Mental Health：Sociocultural Influences, Theory, and Practice*. Wiley-Blackwell.

Heelas, P. & Lock, A.（1981）. *Indigenous Psychologies：The Anthropology of the Self*. London：Academic Press.

Hong, Y. Y., Fang, Y., Yang, Y., & Phua, D. Y.（2013）. Cultural attachment：A new theory and method to understand cross-cultural competence. *Journal of Cross-Cultural Psychology*, 44（6），1024 – 1044.

Morris, M. W., Chiu, C. Y., & Liu, Z.（2015）. Polycultural psychology. *Annual Review of Psychology*, 66：631 – 659.

Morris, M. W., Hong, Y. Y., Chiu, C. Y., & Liu, Z.（2015）. Normology：Integrating insights about social norms to understand cultural dynamics. *Organizational Behavior and Human Decision Processes*, 129：1 – 13.

Miyamoto, Y. & Ma, X.（2011）. Dampening or savoring positive emotions：A dialectical cultural script guides emotion regulation. *Emotion*, 11（6），1346 – 1357.

Mulatu, M. S.（1999）. Perceptions of mental and physical illness in North-western Ethiopia：Causes , treatments and attitudes. *Journal of Health Psychology*, 4：531.

Sam, D. L. & Moreira, V.（2002）. The mutual embeddedness of culture and mental illness. In W. J. Lonner, D. L. Dinnel, S. A. Hayes, & D. N. Sattler（Eds.）, *Online Readings in Psychology and Culture*（Unit 9, Chapter 1）（http://www. wwu. edu/ ~ culture）, Center for Cross-Cultural Research, Western Washington University, Bellingham.

Sagiv, L. & Schwartz, S. H.（2000）. Value priorities and subjective well-being：Direct relations and congruity effects. *European Journal of Social Psychology*, 30（2），177 – 198.

Smith, P. B., Fisher, R., Vignoles V. L., & Bond, M. H.（2013）. *Understanding Social Psychology Across Cultures：Engaging with Others in a Changing World*. Sage, 361.

Sussie, E. & Regan, A. R. Gurung.（2009）. Introduction to culture and psychopathology. In *Culture and Mental Health：Sociocultural Influences, Theory, and Practice*（pp. 26 – 27）. Blackwell Publishing Ltd.

Wu, M. S., Cohen, A. B., & Han, B.（2015）. Belief in a just world versus belief in God：Relations with control and well-being in Chinese and Americans. Paper presented at

The 9th Sino-American Cultural Psychology of Religion Conference, Beijing, China.

Wu, M. S. , Yan, X. , Zhou, C. , Chen, Y. , Li, J. , Shen, X. , et al. (2011) . General belief in a just world and resilience: Evidence from a collectivistic culture. *European Journal of Personality*, 25 (6), 431 – 442.

《中国社会心理学评论》　第15辑

第 16～39 页

© SSAP, 2018

情绪表达矛盾一定会带来心理症状吗？
文化规范的调节作用[*]

常保瑞　谢　天^{**}

摘　要： 推崇"喜怒不形于色"的中国文化与鼓励"直抒胸臆"的西方文化会对"欲言又止"的心理症状造成不同的影响吗？本研究通过对来自美国（鼓励情绪表达的文化）与中国（抑制情绪表达的文化）的958份问卷的数据分析，揭示了抑制或鼓励情绪表达的文化规范在情绪表达矛盾与其后果变量的关系中所扮演的角色，证实了文化规范在其中的调节作用。具体而言，情绪表达矛盾导致问题心理症状增加和社会支持减少的结果仅出现在鼓励情绪表达的美国文化中，却没有出现在抑制情绪表达的中国文化中。有调节的中介模型进一步表明，文化规范调节了情绪表达矛盾与社会支持之间的关系——只有在美国文化中，情绪表达矛盾才因降低个体的社会支持而增加心理症状。最后，文章讨论了该研究未来的发展方向和研究局限。

关键词： 情绪表达矛盾　社会支持　文化规范

*　本研究获得湖北省教育厅人文社会科学 2014 年度专项研究项目（14Z003）、全国教育科学"十二五"规划 2015 年度教育部重点课题（DBA150237）和武汉大学第一届文化心理学研究基金博士课题的资助。感谢匿名评审、特约主编井世洁老师提出的宝贵意见。特别感谢主编杨宜音老师。本文的撰写，尤其是讨论部分特别接地气那部分的社会心理分析，在很大程度上得益于杨老师把本文作者当作自己人而给予的社会支持！

**　常保瑞，广西师范大学教育学部心理系副教授，博士；通信作者：谢天，武汉大学哲学学院心理学系副教授，博士，硕士生导师，email：txie@ vip. 126. com。

一　引言

成语"欲言又止""一吐为快""三缄其口""顾左右而言他"都是在描述人们进行语言表达时不同的控制风格。在中国文化情境中，"口无遮拦"一般是用来责怪和批评青年人因涉世未深而对表达不加控制，缺乏社会敏感性的情况，因为熟人社会中因表达失控而"祸从口出""因言获罪"的教训过多，所以，"口无遮拦"这类词多为负面评价。而在西方文化情境中，一般鼓励儿童青少年自由表达，认为表达属于个人权利，值得尊重。这一文化差异成为我们问题意识的来源。

根据观察，"欲言又止"是在东西方文化中都普遍存在的现象。当人们既渴望表达，又控制或限制表达时就会出现这一表达上的矛盾心理状态。表达上进退维谷、左右为难在动机心理学中被归为动机的趋避冲突。个体感受到表达情绪矛盾的心理状态即情绪表达矛盾（Ambivalence over Emotional Expression，AEE）。当人们在处理这一情绪表达矛盾时，受到社会文化的影响，会形成某种风格，这被人格心理学看成一种人格特质，具有这种人格特质的个体会长期处于既渴望表达情绪，又担心表达真实情绪将导致矛盾的状态之中（King & Emmons，1990）。以往大量实证研究提供了 AEE 与各种问题心理症状（以下简称"心理症状"）正相关的证据（Barr，Kahn，& Schneider，2008；Bryan et al.，2015；Lu et al.，2015）。有研究者关注了 AEE 与心理症状之间的内部心理机制，发现 AEE 会导致社会支持的降低（Bryan et al.，2014），而社会支持的下降又会导致心理症状的增加（Pauley & Hesse，2009；Stice，Ragan，& Randall，2004）。那么社会支持是否有可能在 AEE 与心理症状之间起中介作用呢？相关研究提供了进一步的支持性证据，例如，高 AEE 个体倾向于报告领悟到较少的社会支持（Bryan et al.，2014），而获得较少社会支持的个体通常有较多的负面情绪，如抑郁（Vyavaharkar et al.，2011）等。

当我们从文化心理学的视角来看时，就会发现，上述研究绝大部分是在西方文化中形成问题意识和设计完成的，而在抑制情绪自由表达的中国文化中，AEE 同样会导致心理症状的增加吗？进而，在两种不同文化规范下，社会支持在 AEE 和心理症状之间会发挥同样的中介作用吗？西方文化下情绪表达矛盾对社会支持有负向预测作用，这已经得到大量研究的验证，但在中国文化下，由于没有把情绪表达出来，情绪表达矛盾也可能对社会支持有正向作用，因为情绪抑制符合中国文化规范，社会支持的启动可能会源自其他心理机制，例如，关系责任。基于这些疑问和思考，我们认为不同文化规范在 AEE、社会支持和心理症状之间的关系的边界条件可能是回答这些问题的路径。

本研究在回顾 AEE、社会支持和心理症状之间关系的相关文献的基础上提出，社会支持在 AEE 和心理症状之间起中介作用，而不同文化规范在 AEE 和心理症状、AEE 与社会支持之间起调节作用。通过在美国和中国选取样本，对上述理论模型进行了检验。最后讨论了存在的局限性及下一步研究的方向。

二 文献回顾和研究假设

（一）情绪表达矛盾与心理症状的关系

情绪表达矛盾概念的提出，源于情绪表达与心理症状关系的研究。情绪表达（emotional expressivity）是指与情绪体验相联系的个体行为的变化，如情绪反应发生时的微笑、大笑、哭泣、皱眉等（Gross & John, 1995）。最初，研究发现情绪表达与心理健康之间的关系是相反的（Katz & Campbell, 1994; King & Emmons, 1990, 1991）。一方面很多实证研究证实情绪表达的积极效果（Antoni, 1999; Harker & Keltner, 2001），个体对情绪表达的抑制可能会增加出现各种健康问题的风险（Berry & Pennebaker, 1993; Traue & Pennebaker, 1993）。另一方面，也有大量证据表明了相反的关系，即情绪表达是不健康和有害的（Taylor & Seeman, 1999; Zuckerman, 2001）。针对不同研究与结论之间的分歧，Pennebaker（1985）指出，问题不在于缺乏情绪表达本身，而在于有表达情绪的愿望却不能这么做，并将这种"欲表达而不能表达情绪"的心理状态定义为"情绪表达矛盾"，由此拉开了探讨情绪表达矛盾与各种心理症状过程关系的深层机制的序幕。

随后，King 和 Emmons（1990）提出情绪表达矛盾的构念并编制了单维情绪表达矛盾问卷（Ambivalence over Emotional Expression Questionnaire, AEQ）。现有文献表明，该问卷具有良好的信度、结构效度，并在不同文化和不同种族背景的人群中得到较好的预测效度（Ben－Zur & Zimmerman, 2006; Krause, Mendelson, & Lynch, 2003）。相对情绪表达而言，AEE 才是各种相关心理症状更好的预测变量（Bryan et al. , 2015）。

（二）情绪表达矛盾、社会支持与心理症状的关系

AEE 在心理症状上的负面效应已经得到了很好的论证，但该效应的潜在机制只有少数研究者进行了探索。比如，早期研究者发现高 AEE 者往往过度解读、过度思虑他人情绪，这种对他人情绪的过多沉思会导致心理抑郁（King & Emmons，1990），近期亦有研究支持了这一点。比如，研究者对亚裔美国女性乳腺癌幸存者进行了调查，发现 AEE 通过侵入式思维（intrusive thought）影响抑郁症状（Lu et al.，2015）。AEE 者经常体验到是否应该表达情绪的内在冲突，感觉很无助，也几乎没有可依赖的人或物来帮忙摆脱这个处境（Lu，Uysal，& Teo，2011），这便增加了抑郁症状。Lu、Uysal 和 Teo（2011）的研究发现基本心理需要满足（general need satisfaction）及其分维度能力（competence）和关系（relatedness）、疼痛灾难化（pain catastrophizing）及其分维度无助感在 AEE 和抑郁症状之间发挥中介作用。若能得到社会支持的话，症状就会缓解很多，但是高 AEE 者对自己试图利用社会支持感到很有压力，且他们对使用社会资源的负面偏见是导致心理症状增加的主要原因（Emmons & Colby，1995）。

还有研究者从人际层面对 AEE 和心理症状之间的关系进行了探讨。Emmons 和 Colby（1995）的研究发现 AEE 可以通过社会支持影响个体的幸福感水平。社会支持是指"情绪的、信息的或实际的来自重要他人的帮助，如家庭成员、朋友或同事，实际上，需要时可以获得的来自他人的或仅仅领悟到的支持"（Thoits，2011）。以往研究也发现，恰当的社会支持能有效地缓解心理压力，增进心理健康（Vyavaharkar et al.，2011），还可以减轻抑郁症状（Cheng，1998），而缺乏社会支持的个体会遭遇到对幸福感和身心健康产生负面影响的各种风险因子。同时，大量横断研究（Pauley & Hesse，2009）和纵向研究（Stice，Ragan，& Randall，2004）也证实较低水平的社会支持可以预测未来的抑郁和焦虑症状。总之，社会支持表现出对个体心理健康的增益性功能已经得到许多研究的支持（Brissette，Scheier，& Carver，2002）。

AEE 与社会支持之间存在稳定的负相关关系。可能是因为高 AEE 个体往往报告知觉到缺乏充足的社会支持，他们从社会支持中受益的可能性也非常小（Bryan et al.，2014）；根据发展的相互作用理论（Buck，1993），社会支持的获得显然依赖个体的人格特征及其交流需求和请求获得社交网络援助的能力（Dunkel-Schetter & Bennett，1990）。AEE 个体不大可能与人交流抑郁等心理症状，这使得他人更难觉察到他们需要帮助的诉求，他们

的人际关系很糟,这反过来导致其对人际关系的不满(King, 1993);此外,高 AEE 个体往往压抑情绪表达,容易产生人际疏离和孤寂感,这会掩盖重要的社会互动讯息,对社会沟通和社会互动产生消极的影响(Butler et al. , 2003)。再者,AEE 个体对他人的支持性行为的解释带有偏见,认为他们的支持性行为是不充分的,这种朝向他人的消极态度也促使 AEE 个体倾向于使用更多的回避应对策略和更少地寻求社会支持。显然,AEE 会降低与他人准确、有效地沟通情绪的能力,随后在社会支持上的衰减可以提供情绪表达矛盾导致心理症状增加的一个解释(Emmons & Colby, 1995)。

以往研究者主要从个体内在因素层面考察 AEE 与抑郁、焦虑之间的关系,鲜有研究进一步探讨个体间因素的影响,且以往研究没有对人际敏感和敌意等与抑郁、焦虑相互独立的心理症状进行探讨,这使得我们对 AEE 和各种心理症状之间的关系缺乏深入的理解和认识。本研究将从人际关系层面,比如社会支持的视角考察 AEE 和抑郁、焦虑、人际敏感和敌意等心理症状之间的中介作用。综上,提出本研究假设 1:社会支持在 AEE 与心理症状之间起中介作用。

(三) 鼓励/抑制情绪表达的文化规范作为边界条件

1. 鼓励/抑制情绪表达的文化规范调节 AEE 与心理症状之间的关系

AEE 通过社会支持的减少从而增加心理症状的心理机制是否存在边界条件呢?回顾文献发现,不同文化规范影响着个体情绪表达的程度和规则(梁亮、吴明证,2009),即 AEE 并非对所有文化下的个体都会产生相同的心理症状效果,而是具有文化差异性。Sagiv 和 Schwartz(2000)提出的"个人与环境一致性假说"(congruence between personal values and the pre-vailing value environment)认为:如果文化环境提供了各种机会从而满足了体现在文化规范中的各种目标,且提供了对这样的文化规范重要性的支持和强化,那么,从文化环境上讲,持有与该文化环境一致的社会规范应该与适应性结果有正向相关关系,而不管该社会规范或目标的内容是什么。有实证研究支持了这一假说,例如,Soto 等的跨文化研究发现,在鼓励情绪表达的文化规范下,欧裔美国大学生的情绪表达抑制与其抑郁情绪、不良心理功能显著正相关,但变量间的这种关系并未体现在抑制情绪表达的文化规范下的中国香港大学生中(Soto et al. , 2011)。在新加坡华人大学生(Su, Oishi, & Lee, 2013)、中国香港保险工作者(Yeung & Fung, 2012)中也都没有发现这种关系。另外,研究发现,AEE 对西方文化下的高加索人有生理方面的负性影响，而情绪表达与亚裔美国人的生理负性反应有关（Butler，Lee，& Gross，2009）。

西方文化强调自由和开放的情绪表达。换言之，西方文化规范下个体的情绪表达是受到鼓励和支持的，且个体也不擅长使用情绪抑制（Butler，Lee，& Gross，2007），那么在支持情绪表达的文化规范下（如美国），个体的情绪表达矛盾是不符合文化规范的，而做出不符合文化规范的行为会导致一定的心理症状。很多西方文化背景下的研究证实了情绪表达是有益的（Harker & Keltner，2001），促进情绪表达对保持正常功能来说是基本的，情绪反应本身就存在被表达的动机性含义（Katz & Campbell，1994）。近期研究也发现，不管是在日常生活情境还是学业环境中，情绪抑制通常与大量消极心理结果有关（Farmer & Kashdan，2012；Bryan et al.，2015；Lu et al.，2015）。

中国文化抑制个体情绪的自由表达。在这种文化中，人际关系和谐被认为是核心的社会规范。有研究表明，过度表达积极情绪可能会伤害人际关系（Deng，Sang，& Luan，2013；Sang，Deng，& Luan，2014；桑标、邓欣媚，2015），消极情绪的自由表达也可能造成人际和谐的短暂中断（Soto et al.，2011），所以，人们会通过积极和消极情绪体验间的平衡来寻求一个中庸之道（Miyamoto & Ma，2011），维护与他人关系的和谐；该种文化规范要求人们谦让和克制，隐藏强烈的情绪、保持冷静被认为是成功的前提（Soto et al.，2011），随意表露情绪而不加以克制是心理不成熟（梁亮、吴明证，2009）、非理性和不合时宜（Mauss et al.，2006）的表现。正是这种抑制情绪自由表达的文化规范，不鼓励也不允许个体真实地表现他的情绪体验，致使个体从小就习得了掩盖自己的真实情绪，久而久之就内化了该种规范，没有感到激烈的内心冲突，也能够避免由强烈情绪体验所带来的潜在负面影响（Giuliani，Mcrae，& Gross，2008）。换言之，中国文化规范会增强表达抑制与消极结果变量间的正向关系，而在一定程度上削弱甚至扭转 AEE 与心理症状之间的负向关系。基于不同文化下 AEE 对心理症状不同程度的影响，提出研究假设 2：文化规范在情绪表达矛盾与心理症状之间发挥调节作用。具体假设如下：

假设 2a：在鼓励情绪表达的文化下（如美国），AEE 正向预测心理症状。

假设 2b：在抑制情绪表达的文化下（如中国），AEE 对心理症状的预测程度低于鼓励情绪表达文化下 AEE 对心理症状的预测程度。

2. 鼓励/抑制情绪表达的文化规范调节 AEE 与社会支持之间的关系

文化规范可能会影响 AEE 个体请求并接收到的社会支持的多寡。在鼓励情绪表达的文化规范下（如美国），高 AEE 可能会导致社会支持的减少。因为在这种文化中，AEE 个体通常会给人带来不友善且充满敌意的印象，这不仅会引发互动对象的负面评价，更使得对方没有意愿发展进一步的关系（Butler et al.，2003）。进而，高 AEE 者得到的社会支持就会少于低 AEE 者。AEE 与社会支持之间的稳定负相关关系也在西方（鼓励个体情绪自由表达）文化中得到了大量支持（Bryan et al.，2014；Michael et al.，2006）。反过来，如果 AEE 符合这个社会规范的话，那么 AEE 就会带来社会支持的上升或不变吗？在抑制个体情绪表达的文化规范下（如中国），该种文化规范强调维护社会群体内和谐，任何因为个体的问题而给他人带来负担的行为是不适宜的（Kim，Sherman，& Taylor，2008；Taylor et al.，2004），引起他人关注或谋取他人的帮助或做出对社会群体不合适的要求可能存在毁坏和谐的风险（Kim et al.，2007）。有研究支持了这一观点，如研究发现亚洲人和亚裔美国人更关注自己与他人的和谐关系，他们总是担忧麻烦到他人、害怕扰乱人际和谐、"丢脸"和使问题恶化，所以更不乐意寻求具体的社会支持来应对压力事件（Taylor et al.，2004），自然从社会支持中得到的好处也更少（Kim & Sherman，2007）。又如，文化和社会支持的跨文化研究发现，相对欧裔美国人，亚洲人和亚裔美国人报告应对压力时使用更少的社会支持（Taylor et al.，2004），且得到的社会支持对亚洲人来讲有负面影响，即这让亚洲人感觉到更多的压力（Liang & Bogat，1994）。在这种文化规范下，高 AEE 者更不可能轻易向别人求助，获得的社会支持相对就更少。AEE 与社会支持之间可能存在的负相关关系在亚洲（抑制情绪自由表达）文化中还未曾得到验证。由此推论，不同文化可能会是"AEE→社会支持→心理症状"之间关系的前半段路径中潜在的调节变量。鉴于此，提出本研究假设3：文化规范在 AEE 与社会支持之间发挥调节作用。具体假设如下：

假设3a：在鼓励情绪表达的文化规范下（如美国），AEE 负向预测社会支持。

假设3b：在抑制情绪表达的文化规范下（如中国），AEE 对社会支持的预测作用弱于鼓励情绪表达文化下 AEE 对社会支持的预测作用。

（四）小结

综上，本研究拟构建一个有调节的中介模型（见图1），旨在考察两种文化规范下 AEE 影响心理症状的心理机制及文化在 AEE 和心理症状之间的调节效应以及文化在 AEE 和社会支持之间的调节效应，以期为深入探讨 AEE 与心理症状之间的关系提供一定的理论指导和实践参考。

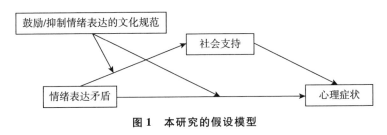

图 1　本研究的假设模型

三　方法

（一）被试

对超过正负三个标准差的美国被试数据进行删除，最后得到有效数据549 人，他们来自美国得克萨斯州的一所综合性大学，其中男生 84 人（15.3%）、女生 463 人（84.3%），未报告性别者 2 人（0.4%）。大一 65人（11.8%）、大二 122 人（22.2%）、大三 207 人（37.7%）、大四 146人（26.6%），四年级以上或学位更高者 9 人（1.6%）。年龄均在 18 岁或以上。

本研究要尽量取得各方面都与美国样本等同的数据做跨文化的对比研究，鉴于国土面积较大的国家，恰如中国和美国，其内部本身存在较大的文化差异（Talhelm et al. , 2014），因此，本研究选择了中国南部地区一所大学以匹配美国得州的一所综合性大学①。以班级为单位进行团体纸笔问卷施测。主试为经过严格培训的心理学研究生。调查前向被试说明问卷内

---

① 本研究对美国和中国两所大学在排名和在校生人数两个指标上进行了匹配。美国休斯敦大学位处美国得克萨斯州，在 2017 年 U. S. News 中位列第 184 名（HYPERLINK "http://yuanxiao. bailitop. com/uh/introduction/index. shtml"），在校生规模为 35000 人。中国广西师范大学位处中国广西，在艾瑞深中国校友会网 2017 中国大学综合实力排行榜位列第 148名（HYPERLINK "http://learning. sohu. com/20161230/n477437030. shtml"），在校生规模为 30000 人。

容将严格保密，匿名填写，问卷结果仅做科学研究之用，要求被试根据指导语认真、独立作答。被试完成全部问卷约需30分钟，所有问卷当场回收。中国样本中，研究发放问卷500份，回收有效问卷417份，对超过正负三个标准差的数据视为异常值予以删除，剔除无效问卷后，对409份有效数据进行分析，其中男生145人（35.5%），女生264人（64.5%）；大一125人（30.56%）、大二101人（24.69%）、大三122人（29.83%）、大四61人（14.91%）。年龄跨度从18岁到26岁不等，平均年龄为21.11岁（$SD = 1.55$）。

（二）研究工具

1. 情绪表达矛盾问卷

采用King和Emmons（1990）编制的AEE问卷（AEQ），该问卷主要用来评估在人际关系环境下被试知觉到的渴望表达情绪和关于表露情绪的个人顾虑之间内在冲突的频率。包括28个项目，如"我想诚实地表达我的情绪，但我担心这会让我很尴尬或受伤"等。采用5点计分（0 = 从未，4 = 经常）。本研究采用总均分，得分越高，表明个体体验到的AEE水平越高。本研究中的验证性因素分析表明该问卷的结构效度良好。在美国样本中各项指数如下：$\chi^2/df = 5.69$，CFI = 0.79，IFI = 0.79，NFI = 0.75，TLI = 0.75，RMSEA = 0.09；在中国样本中各项指数分别是：$\chi^2/df = 3.07$，CFI = 0.77，IFI = 0.78，NFI = 0.70，TLI = 0.74，RMSEA = 0.07。在当前研究中，美国样本中内部一致性系数（α系数）是0.95，中国样本中内部一致性系数（α系数）为0.91。

2. 社会支持量表

采用Sherbourne和Stewart（1991）编制和领悟到的社会支持量表（Social Support Scale，SSS），为了减少反应负担，该量表测量了各种类型的支持，而不考虑支持来源（例如，无论是来自家庭、朋友、社区还是其他支持，被试只评估支持可获得性的程度）；该量表共19个项目，采用5点计分（1 = 完全没有，5 = 所有时候），采用总均分，得分越高，表示得到的社会支持越多。本研究中的验证性因素分析表明该问卷的结构效度良好。美国样本的各项拟合指数为：$\chi^2/df = 2.64$，CFI = 0.68，IFI = 0.68，NFI = 0.67，TLI = 0.60，RMSEA = 0.21；中国样本各项拟合指数为：$\chi^2/df = 3.80$，CFI = 0.92，IFI = 0.92，NFI = 0.89，TLI = 0.90，RMSEA = 0.08。在当前研究中，美国和中国样本的内部一致性系数（α系数）均为0.96。

3. 心理症状量表

采用 Derogatis（2000）编制的简短症状量表（the Brief Symptoms Inventory，BSI）中的四个分维度，分别是抑郁、焦虑、人际敏感和敌意，主要用来测量个体上一周的抑郁、焦虑、人际敏感和敌意等水平，共 21 个项目，采用 5 点计分（0 = 一点也不，4 = 极度）。抑郁分量表包括 6 个项目，如"对什么事都不感兴趣"；焦虑分量表包括 6 个项目，如"突然没理由地感到恐惧"；人际敏感包括 4 个项目，如"觉得人们对你不友善或不喜欢你"；敌意分量表包括 5 个项目，如"感到容易烦恼或生气"。本研究采用总均分，量表得分越高，表现出来的心理症状越严重。本研究中验证性因素分析表明该问卷的结构效度良好。例如，美国样本下抑郁分量表指数为：$\chi^2/df = 13.80$，$CFI = 0.92$，$IFI = 0.92$，$NFI = 0.92$，$TLI = 0.82$，$RMSEA = 0.15$；中国样本下抑郁分量表指数是：$\chi^2/df = 13.42$，$CFI = 0.86$，$IFI = 0.87$，$NFI = 0.86$，$TLI = 0.68$，$RMSEA = 0.17$。在当前研究中，心理症状总量表在美国样本下内部一致性系数（α 系数）是 0.94，中国样本下内部一致性系数（α 系数）是 0.94。美国样本下四个分维度的内部一致性系数（α 系数）分别为 0.86、0.84、0.79 和 0.77；中国样本下四个分维度的内部一致性系数分别为 0.80、0.86、0.73 和 0.79。说明美中样本中 BSI 有良好的心理测量学特征。

（三）研究思路

跨文化研究中重要的是保证样本和测量工具的等价性。在美国样本中，我们采用原始英文量表，在中国样本中，采用回译法将英文量表翻译为中文量表。具体程序如下：首先，本研究请英文专业研究生把量表的原始英文版本翻译成中文，然后又请以英文为母语的留学生把翻译的中文版本回译成英文；其次，我们比较两个英文译本和两位译者的差异性。为了确保最合适的措辞来表征两种文化之间语言和概念的等同性，我们寻求母语是英语，且对中国语言和文化非常熟悉的留学生做了必要的修改。多次重复这个过程，直到所有的条目在意义上都是等价的。为了在美中两种文化中建立核心变量的测量不变性，我们对美中合并的数据使用 AMOS 17.0 做了一系列多组验证性因素分析，结果表明模型拟合度良好，这就允许我们假定任何差异都是由文化差异造成的，而不是测量工具不对等的缘故。

（四）数据分析与处理

采用 SPSS 22.0 和 AMOS 17.0 进行统计分析。具体步骤如下：首先，针对研究所涉及的变量，运用 AMOS 17.0 进行验证性因素分析；其次，使用 SPSS 22.0 进行描述性统计分析；最后，采用逐步回归分析、偏差矫正的非参数百分位 Bootstrap 法（Bias corrected percentile bootstrap CI method，model 8）和 Sobel 检验考察社会支持在 AEE 与心理症状间的中介作用与文化规范的调节作用。

四　结果

（一）共同方法偏差的控制与检验

本研究中的美中两个样本皆采用自陈问卷法收集数据，可能存在共同方法偏差问题（Podsakoff et al., 2003），为避免共同方法偏差对研究结果的影响，在变量的测量方面采用匿名问卷测量进行程序控制，除此之外，数据整理后使用 Harman 单因子因素检验进行统计控制。结果发现，在美国样本中，未旋转得到的特征根大于 1 的因子共有 17 个，未旋转得到的第一个因子的变异量为 22.95%。在中国样本中，未旋转得到的特征根大于 1 的因子共有 16 个，未旋转得到的第一个因子的变异量为 21.72%，皆远低于 40% 的临界标准，说明本研究美中两个样本不存在明显的共同方法偏差。

（二）各变量的描述统计与相关分析结果

为探究美中大学生 AEE 与心理症状之间的关系，首先进行相关分析，各研究变量的相关矩阵如表 1 所示，表中值表示美中大学生在各个量表/问卷上的均值、标准差和相关系数。

如表 1 所示，在美中两种文化下，AEE 与心理症状量表及其四个分维度均呈正相关，且达到显著性水平（$ps < 0.001$）。具体而言，美中两种文化下 AEE 与各变量的相关系数分别为心理症状（$r_美 = 0.46$，$r_中 = 0.38$）、抑郁（$r_美 = 0.43$，$r_中 = 0.33$）、焦虑（$r_美 = 0.42$，$r_中 = 0.36$）、人际敏感（$r_美 = 0.44$，$r_中 = 0.43$）和敌意（$r_美 = 0.28$，$r_中 = 0.27$）。在美国文化下，AEE 与社会支持达到极其显著负相关（$r = -0.20$，$p < 0.001$）；在中国文化下，AEE 与社会支持的关系未达到显著性水平（$p > 0.05$）。该相关分析结果表明适合进行下一步的中介和调节作用的检验。

表 1　美中文化下各变量的描述统计与相关分析矩阵

变量	美国							中国						
	1	2	3	4	5	6	7	1	2	3	4	5	6	7
1. AEE	—							—						
2. 社会支持	-0.20***	—						-0.02	—					
3. 心理症状	0.46***	-0.21***	—					0.38***	-0.22***	—				
4. 抑郁	0.43***	-0.24***	0.91***	—				0.33***	-0.22***	0.94***	—			
5. 焦虑	0.42***	-0.17***	0.89***	0.73***	—			0.36***	-0.19***	0.93***	0.82***	—		
6. 人际敏感	0.44***	-0.17***	0.86***	0.76***	0.73***	—		0.43***	-0.15***	0.86***	0.75***	0.75***	—	
7. 敌意	0.28***	-0.14**	0.81***	0.62***	0.61***	0.63***	—	0.27***	-0.22***	0.88***	0.79***	0.73***	0.66***	—
M	2.85	3.89	0.77	0.77	0.72	0.93	0.67	3.17	3.76	1.18	1.08	1.22	1.45	1.04
SD	0.83	0.91	0.68	0.79	0.76	0.87	0.68	0.64	0.86	0.75	0.77	0.87	0.86	0.80

注：* $p < 0.05$，** $p < 0.01$，*** $p < 0.001$；AEE 是指情绪表达矛盾。

（三）社会支持在 AEE 和心理症状之间的中介作用

首先，为了减少多重共线性影响，对所有预测变量进行均值中心化。其次，为了得出更可靠的结果，本研究采用逐步回归分析、Bootstrap 程序和 Sobel 检验等方法来检验社会支持的中介效应（见表2）。

表2　美中两种文化下家庭社会支持在情绪表达矛盾与心理症状之间的中介效应检验

主要变量	心理症状									
	美国					中国				
	B	SE	β	ΔF	ΔR^2	B	SE	β	ΔF	ΔR^2
第一步										
AEE→BSI	0.38	0.03	0.46 ***	138.00 ***	0.209	0.45	0.05	0.38 ***	68.45 ***	0.15
第二步										
AEE→ASS	-0.22	0.05	-0.20 ***	22.74 ***	0.040	-0.02	0.07	-0.02	0.10	0.00
第三步										
ASS→BSI	-0.09	0.03	-0.12 ***	73.78 ***	0.222	-0.18	0.04	-0.21 ***	46.96 ***	0.19
AEE→BSI	0.36	0.03	0.43 ***			0.44	0.05	0.38 ***		
$Z_{\text{Sobel检验}}$			2.94 ***					0.23		

中介变量	效应值 b	SE	Bootstrap 95% CI	效应值 b	SE	Bootstrap 95% CI
社会支持	0.0298	0.0096	[0.0143, 0.0526]	0.0030	0.0096	[-0.0158, 0.0229]

注：（1）* $p < 0.05$，** $p < 0.01$，*** $p < 0.001$；（2）AEE 指情绪表达矛盾，ASS 指社会支持，BSI 指心理症状；（3）用于估算偏差矫正置信区间的拔靴重抽样样本（bootstrap samples）数为5000。

结果如表2所示，逐步回归结果表明，在美国文化下，AEE 正向预测心理症状和负向预测社会支持（$\beta = 0.46$，$\beta = -0.20$，$ps < 0.001$）；中国文化下，AEE 正向预测心理症状（$\beta = 0.38$，$p < 0.001$），但对社会支持的预测不显著（$\beta = -0.02$，$p > 0.05$）。在美中两种文化下，社会支持对心理症状的预测作用均显著（$\beta = -0.12$，$\beta = -0.21$，$ps < 0.001$）。进一步分析表明，在纳入社会支持的作用之后，美国文化下，AEE 对心理症状的预测作用减小但依然显著（$\beta = 0.43$，$p < 0.001$），说明社会支持部分中介了 AEE 与心理症状之间的关系；中国文化下，AEE 对社会支持的预测作用不显著，说明社会支持并不中介 AEE 与心理症状之间的关系。为了更严谨地揭示美中文化下社会支持在 AEE 与心理症状之间的中介作用，采用

Bootstrap 程序（方杰、张敏强，2012；Hayes，2013），从基于 5000 个 bootstrap 样本所导出的"偏差校正置信区间"可以发现，美国文化下，AEE 通过社会支持对心理症状产生的间接效应达到显著性水平（Boot 95% CI 不包含 0）；中国文化下，AEE 通过社会支持对心理症状产生的间接效应没有达到显著性水平（Boot 95% CI 包含 0）。Sobel 检验也支持了这一结论（$Z_\text{美} = 2.94$，$p < 0.001$；$Z_\text{中} = 0.23$，$p > 0.05$）。总之，这三种中介效应分析方法的结论一致支持了假设 1。

（四）美中文化在 AEE 和心理症状关系中的调节作用

本研究接着检验不同文化对 AEE 与心理症状间关系的调节作用。把美中两国样本合并，美国样本编码为 0，中国样本编码为 1；对所有预测变量进行中心化处理，95% 置信区间采用 Bootstrap 方法得到（结果见表 3）。

表 3　美中两种文化在 AEE 和心理症状中的调节作用

Steps	心理症状				
	B	SE	β	t	95% CI
第一层：AEE	0.39	0.03	0.43	11.91 ***	[0.3215, 0.4484]
文化	0.67	0.05	0.47	13.09 ***	[0.5717, 0.7733]
	$\Delta F = 136.93$ *** $\Delta R^2 = 0.239$				
第二层：AEE × 文化	0.11	0.06	0.04	1.68	[−0.0187, 0.2387]
	$\Delta F = 91.93$ *** $\Delta R^2 = 0.001$				
AdjR^2	0.238				

注：$p < 0.05$，** $p < 0.01$，*** $p < 0.001$。

如表 3 所示，AEE 对心理症状的正向预测作用显著（$\beta = 0.43$，$t = 11.91$，$p < 0.001$，[0.3215，0.4484]）；文化对心理症状的预测作用显著（$\beta = 0.47$，$t = 13.09$，$p < 0.001$，[0.5717，0.7733]）；AEE 与文化的交互作用在心理症状上不显著（$\beta = 0.04$，$t = 1.68$，$p > 0.05$，[−0.0187，0.2387]）。

（五）美中文化规范在 AEE 和社会支持关系中的调节作用

逐步回归分析结果发现，美中文化下，社会支持在 AEE 与心理症状之间的中介效应并不一致，这种错综复杂的关系可能暗示着有一个或多个潜在的调节变量在起作用（温忠麟、叶宝娟，2014），因此本研究接着进行调节效应分析（见表 4）。

表 4　文化在情绪表达矛盾和社会支持中的调节作用

步骤	社会支持				
	B	SE	β	t	95% CI
第一层：AEE	-0.14	0.04	-0.14	3.03**	[-0.2149, -0.0460]
文化	-0.22	0.06	-0.14	3.33***	[-0.3409, -0.0882]
	$\Delta F = 10.29$ *** $\Delta R^2 = 0.023$				
第二层：AEE × 文化	0.20	0.08	0.08	2.30*	[0.0296, 0.3736]
	$\Delta F = 8.62$ *** $\Delta R^2 = 0.006$				
AdjR²	0.288				

注：* $p < 0.05$，** $p < 0.01$，*** $p < 0.001$。

结果见表 4，AEE 对社会支持的预测作用显著（$\beta = -0.14$，$t = 3.03$，$p < 0.01$，[-0.2149，-0.0460]）；文化对社会支持的预测作用显著（$\beta = -0.14$，$t = 3.33$，$p < 0.001$，[-0.3409，-0.0882]）；AEE 与文化的交互作用在社会支持上是显著的（$\beta = 0.08$，$t = 2.30$，$p < 0.05$，[0.0296，0.3736]），进一步的简单斜率检验（见图 2）发现，AEE 与美中文化对社会支持的交互作用在 $p < 0.05$ 水平上是显著的。

（六）有调节的中介模型

鉴于表 2 至表 4 中介效应和调节效应的分析，本研究符合有调节的中介效应检验程序（温忠麟、叶宝娟，2014），检验有调节的中介效应模型需要满足以下四个条件，则表明有调节的中介效应存在：（a）方程 1 中 AEE 对心理症状的效应显著；（b）方程 2 中 AEE 对社会支持的效应显著；（c）方程 3 中社会支持对心理症状的效应显著；（d）方程 4 中 AEE 与文化的交互项对社会支持的效应显著。在检验之前，先将所有变量均值中心化处理，然后将 AEE 与文化的中心化后的均值相乘，作为交互作用项分数。

表 5　有调节的中介模型检验

变量	方程 1 （效标：心理症状）		方程 2 （效标：社会支持）		方程 3 （效标：心理症状）		方程 4 （效标：心理症状）	
	β	t	β	t	β	t	β	t
AEE	0.44	13.33***	-0.13	-3.83***	0.41	12.69***	0.42	12.83***
文化	0.47	14.74***	0.05	1.53	0.45	13.82***	0.46	13.95***
社会支持					-0.16	-5.29***	-0.16	-5.42***

续表

变量	方程 1 (效标：心理症状)		方程 2 (效标：社会支持)		方程 3 (效标：心理症状)		方程 4 (效标：心理症状)	
	β	t	β	t	β	t	β	t
AEE × 文化			−0.13	−2.26*				
ΔR^2	0.239		0.029		0.262		0.265	
F	136.93***		8.62***		102.44***		77.83	

注：* $p < 0.05$，** $p < 0.01$，*** $p < 0.001$。

从表 5 可以看出，方程 1 中 AEE 对心理症状的正向预测作用显著（$\beta = 0.44$，$t = 13.33$，$p < 0.001$）；方程 2 中 AEE 对社会支持的负向预测作用显著（$\beta = -0.13$，$t = -3.83$，$p < 0.001$）；方程 3 中社会支持对心理症状的负向预测作用显著（$\beta = -0.16$，$t = -5.29$，$p < 0.001$），且纳入社会支持后 AEE 对心理症状的影响仍达显著性水平（$\beta = 0.41$，$t = 12.69$，$p < 0.001$），说明社会支持在 AEE 与心理症状之间起部分中介作用，由此揭示了 AEE 不仅直接影响心理症状，而且可通过社会支持对心理症状产生间接影响。方程 2 中 AEE 与文化的交互项对社会支持的负向预测作用显著（$\beta = -0.13$，$t = -2.26$，$p < 0.05$）。调节效应的 $\Delta R^2 = 0.029$，额外解释了 2.9% 的变异，使解释率由 26.2% 提高到 26.5%。有学者认为调节项前后 R^2 变化要超过 2%（甚至 3%）才有实质性意义（温忠麟、叶宝娟，2014），因此假设 3 得到支持，美中文化调节了中介过程 AEE→社会支持→心理症状的前半路径。

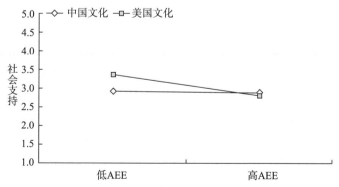

图 2 文化对 AEE 预测社会支持的调节作用（$N = 958$）

本研究的关注点是美中文化如何调节 AEE 对社会支持的影响，为此分别取美中文化的 Z 分数为 0 和正负 1，绘制交互效应图，从图 2 可以直观地看出 AEE 对社会支持的影响如何受到不同文化的调节。简单斜率检验表明（Dearing & Hamilton, 2006）：在美国文化下，AEE 对社会支持的预测作用显著（$\beta = -0.14$, $t = -4.24$, $p < 0.001$），AEE 每增加 1 个标准差，社会支持就会减少 0.14 个标准差；但中国文化下，AEE 对社会支持的预测作用未达显著（$\beta = -0.02$, $t = -0.37$, $p = 0.715$）。换一个角度说，AEE 对社会支持的影响，随着美中文化的不同而不同。在低 AEE 水平时，美国样本的社会支持显著高于中国样本，随着 AEE 水平变得越来越高，美国样本的社会支持越来越低，而中国样本的社会支持无论是在高 AEE 还是低 AEE 条件下几乎没有变化，这说明了相比美国文化，中国文化下 AEE 对社会支持的预测作用更低。该调节效应图也支持假设 3 是成立的。

五　讨论

（一）研究小结

本研究构建了一个有调节的中介模型，考察了美中文化规范在 "AEE →社会支持→心理症状" 这一中介链条中的调节作用。结果发现，AEE 增加心理症状并不存在文化差异，即 AEE 对心理症状的正向预测作用具有跨文化一致性。在美国文化下，社会支持在 AEE 与心理症状的关系中起部分中介作用，而在中国文化下，AEE 不通过社会支持对心理症状发挥作用。我们认为，这种文化差异体现出两种文化情绪表达上文化规范的差异。美国文化鼓励个体自由表达情绪，且假定个体有主动满足个人需要的自由，因此可以毫不犹豫地动员他人提供支持（Kim, Sherman, & Taylor, 2008），因此美国文化下 AEE 个体可以通过利用社会支持的缓冲效应来减轻各种心理症状，而中国（乃至整个亚洲）文化抑制情绪的自由表达，存在一种抑制情绪表达和隐藏私人想法以避免破坏与他人的和谐的社会规范（Butler, Lee, & Gross, 2007）。在该社会规范下，群体和谐受到社会推崇，情绪的自由表达可能会破坏这种群体和谐。正是这种社会规范致使个人被期望避免将个人问题带给他人来谋取他人的帮助，因此，中国文化下高 AEE 个体不会将社会支持作为缓冲器来减轻各种心理症状。此外，中国文化强调 "面子" 和关系，这会促使人们抑制情绪的自由表达以维护自己和他人的面子，避免炫耀太多来维持与他人的良好关系。研究表明 "爱面子" 以及重视和谐都显著预测个体的 AEE（Chen et al., 2005）。

（二）研究展望

对于文化规范的调节作用，未来研究仍可以继续深入。其中一个方面是，中国文化规范对抑制/鼓励情绪自由表达在交流对象上可以进一步细分。虽然，总体而言，在中国文化中，一个重要的文化规范是因个人问题寻求社会支持而给别人带来负担是不合时宜的（Kim，Sherman，& Taylor，2008；Taylor et al.，2004），但这一文化规范有其边界。比如，有研究者在理论上分析认为，在中国文化中，个人没有也不希望有牢固的自我边界，这种人我界限通透而伸缩的倾向会导致互助的义务成为"分内之事"，他们宁愿让人和我之间相互渗透，彼此依赖，"在家靠父母，出门靠朋友"的倾向使得他们更容易让对方理解自己的困境，而纳入对方责任范围（孙隆基，2004；杨宜音，1999）。我们大胆猜测，中国文化是鼓励还是抑制情绪的自由表达，可能是有边界条件的。与关系特别要好的"自己人"是不需要表达求助的，因为相互间有义务体察处于困境的自己人所需要提供的支持（杨宜音，1999）。我们（比相同状况下的美国人）更愿意暗示需要表达的情绪，甚至通过克制，不给自己人带来麻烦而表达自己对维系关系的重视。而关系的另一方则不能视而不见。然而，对于普通的亲戚、朋友、同学、陌生人，文化规范仍然表现为抑制情绪的自由表达，如果过分表达情绪不仅无法得到社会支持，反而会适得其反，被视作不成熟。本研究的一个局限是没有对文化规范本身进行测量，未来研究不仅可以进行跨文化的文化规范测量（谢天、石双，2016），还可以按照自己人/内群体与外人/外群体的划分来测量不同的文化规范，以及从提供社会支持一方的被启动和体察线索的角度深入探讨中国文化中情绪表达矛盾的处理之道。

对于文化规范的细致研究，未来研究还可以进一步检验在同质文化中，文化（社会）规范本身的动态变化，因为文化规范并非静态和一成不变的（陈维扬、谢天，2018），特别是中国社会当前正处于社会转型期，文化规范不仅是动态变动，甚至是频繁变动的（俞国良、谢天，2015）。对于这种文化规范的变迁，已有社会学方面的研究者进行了研究。比如，有研究检验了中国社会50年的变化趋势，发现家庭生活中私人化空间和个人情感表达的重要性不断增加，内外有别，个人意识日益强烈，而且越来越以自我为中心，这些现象在中国城市和许多农村已经出现（阎云翔，2006）。这提示我们，本研究发现的结论，以及上文构想的中国人在内外群体的情绪表达文化规范上的差异，很可能并非一成不变的。未来研究可以进一步探索不同年龄段的个体所知觉到的文化规范的差异，或分析不同时期的文本材料表现出来的文化规范差异（利用谷歌电子书 Ngram、微博文本等文本分析手段，如谢天等，2015）。这样我们就能更好地理解文化规范的制约下情绪表达与心理健康的关系。

（三）实践启示

培养恰当地表达个人情绪的能力对高 AEE 者的身心健康和良好人际关系的维持有着重要意义（黄任之、张庆林，2003）。如何帮助高 AEE 个体获得有效的社会支持，需要个体和社会的共同努力。一方面，AEE 个体要学会恰当地表达自己的情绪，多关注自己的心理需求而不是因为太在意外界的评价而压抑自己的想法，正如一项为期 4 年的纵向研究发现，进入大学之前使用表达抑制的个体在 4 年后有较差的社会联系（如较少的亲密关系）（English et al.，2012）。另一方面，文化作为情境因素对个体的心理和行为有重要影响，社会文化规范应该大力倡导自由地表达情绪，关注个体的心理健康，家庭应重视培养孩子的自主性、独立性和对环境掌控的自信心，社会和家庭一起营造一个安全的社会支持氛围，这样才能尽可能在中国减少 AEE，提升人们的幸福感和心理健康水平。这是本研究得到的一点实践启示。

（四）研究局限

上文已提及本文缺少对文化规范本身的测量，此外，本研究还存在如下两点局限。首先，本研究只包括两种文化，在每个研究取样中仅获得一个相对小的大学生样本，考虑到大学生样本经常偏离文化传统（Rozin，2003），研究结果可能会歪曲一些"真正"的文化差异，而狭窄的文化群体取样可能使它难以得出精准结论。未来研究可使用多个国家的样本，更深入地采用构成 AEE 动态性基础的管理内在机制的文化逻辑来探究 AEE 与心理症状之间的内在关系机制。其次，本研究抽取两个不同国家的样本来代表不同的文化，这种简单地以国家作为文化的代理变量的做法可能存在不妥的地方，因为不同样本中变量间关系的差异并不能直接归因于文化差异（梁觉、周帆，2010），据此，我们建议在未来的跨文化研究中，应该将本研究探讨的文化是否支持情绪自由表达作为情境变量来衡量文化差异，并以调节变量的形式纳入模型，探索情境对变量间关系的影响。

六　结论

一是在美国文化下，社会支持对 AEE 与心理症状之间的关系起中介作用，在中国文化下 AEE 不通过社会支持对心理症状起作用。

二是美中文化在 AEE 与社会支持之间的关系中发挥着调节作用。

参考文献

陈维扬、谢天，2018，《社会规范的动态过程》，《心理科学进展》第 26 卷第 7 期，第 1284 ~ 1293 页。

方杰、张敏强，2012，《中介效应的点估计和区间估计：乘积分布法、非参数 bootstrap 和 mcmc 法》，《心理学报》第 44 卷第 10 期，第 1408 ~ 1420 页。

黄任之、张庆林，2003，《青年情绪表达冲突》，《青年探索》第 4 期，第 31 ~ 34 页。

梁觉、周帆，2010，《跨文化研究方法的回顾及展望》，《心理学报》第 42 卷第 1 期，第 41 ~ 47 页。

梁亮、吴明证，2009，《婚姻关系中的情绪表达和情绪表达冲突》，《应用心理学》第 15 卷第 4 期，第 334 ~ 338 页。

桑标、邓欣媚，2015，《中国青少年情绪调节的发展特点》，《心理发展与教育》第 31 卷第 1 期，第 37 ~ 43 页。

孙隆基，2004，《中国文化的深层结构》，广西师范大学出版社。

温忠麟、叶宝娟，2014，《有调节的中介模型检验方法：竞争还是替补?》，《心理学报》第 46 卷第 5 期，第 714 ~ 726 页。

阎云翔，2006，《私人生活的变革：一个中国村庄里的爱情、家庭与亲密关系 1949 – 1999》，龚小夏译，上海书店出版社。

杨宜音，1999，《"自己人"：信任建构过程的个案研究》，《社会学研究》第 2 卷，第 40 ~ 54 页。

俞国良、谢天，2015，《社会转型：中国社会心理学研究的"实验靶场"》，《河北学刊》第 35 卷第 2 期，第 133 ~ 139 页。

谢天、邱林、卢嘉辉、杨杉杉，2015，《微博词语预测个体主观幸福感的实证研究》，《黑龙江社会科学》第 150 卷第 3 期，第 98 ~ 104 页。

谢天、石双，2016，《比较视角：幸福感与物质主义、传统规范的交互影响》，《黑龙江社会科学》第 151 卷第 2 期，第 96 ~ 102 页。

Antoni, M. H. (1999). Empirical studies of emotional disclosure in the face of stress: A progress report. *Advances in Mind Body Medicine*, 15 (3), 163 – 166.

Barr, L. K., Kahn, J. H., & Schneider, W. J. (2008). Individual differences in emotion expression: Hierarchical structure and relations with psychological distress. *Journal of Social and Clinical Psychology*, 27 （10）, 1045 – 1077.

Ben-Zur, H. & Zimmerman, M. （2006）. Aging holocaust survivors' well-being and adjustment: Associations with ambivalence over emotional expression. *Psychology and Aging*, 20 （4）, 710 – 713.

Berry, D. S. & Pennebaker, J. W. （1993）. Nonverbal and verbal emotional expression and health. *Psychotherapy and Psychosomatics*, 59 （1）, 11 – 19.

Brissette, I., Scheier, M. F., & Carver, C. S. （2002）. The role of optimism in social network development, coping, and psychological adjustment during a life transition. *Journal of Personality and Social Psychology*, 82 （1）, 102 – 111.

Bryan, J. L., Quist, M. C., Young, C. M., Steers, M. N., Foster, D. W., & Lu, Q. （2014）. Canine comfort: Pet affinity buffers the negative impact of ambivalence over emotional expression on PSS. *Personality and Individual Differences*, 68 （3）, 23 – 27.

Bryan, J. L., Quist, M. C., Young, C. M., Steers, M. L. N., & Qian, L. （2015）. General needs satisfaction as a mediator of the relationship between ambivalence over emotional expression and perceived social support. *Journal of Social Psychology*, 156 （1）, 115 – 121.

Buck, R. （1993）. Emotional communication, emotional competence, and physical illness: A developmental-interactionist view. In H. Traue & J. W. Pennebaker （Eds.）, *Emotional Inhibition and Illness* （pp. 32 – 56）. Seattle, WA: Hogrefe & Huber.

Butler, E. A., Egloff, B., Wilhelm, F. H., Smith, N. C., Erickson, E. A., & Gross, J. J. （2003）. The social consequences of expressive suppression. *Emotion*, 3 （1）, 48 – 67.

Butler, E. A., Lee, T. L., & Gross, J. J. （2007）. Emotion regulation and culture: Are the social consequences of emotion suppression culture-specific? *Emotion*, 7 （1）, 30 – 48.

Butler, E. A., Lee, T. L., & Gross, J. J. （2009）. Does expressing your emotions raise or lower your blood pressure? The answer depends on cultural context. *Journal of Cross-Cultural Psychology*, 40 （3）, 510 – 517.

Chen, S. X., Cheung, F. M., Bond, M. H., & Leung, J. P. （2005）. Decomposing the construct of ambivalence over emotional expression in a Chinese cultural context. *European Journal of Personality*, 19 （3）, 185 – 204.

Cheng, C. （1998）. Getting the right kind of support: Functional differences in the types of social support on depression for Chinese adolescents. *Journal of Clinical Psychology*, 54 （6）, 845 – 849.

Dearing, E. & Hamilton, L. C. （2006）. V. contemporary advances and classic advice for analyzing mediating and moderating variables. *Monographs of the Society for Research in Child Development*, 71 （3）, 88 – 104.

Deng, X., Sang, B., & Luan, Z. （2013）. Up- and down-regulation of daily emotion: An experience sampling study of Chinese adolescents' regulatory tendency and effects. *Psychological Reports*, 113 （2）, 552 – 565.

Derogatis, L. （2000）. *Brief Symptom Inventory* 18: *Administration, Scoring, and Procedures*

Manual. Minneapolis, MN: National Computer Systems.

Dunkel-Schetter, C. & Bennett, T. L. (1990). Differentiating the cognitive and behavioral aspects of social support. In B. R. Sarason, I. G. Sarason, & G. R. Pierce (Eds.), *Social Support: An Interactional View* (pp. 267 – 296). New York: Wiley.

Emmons, R. A. & Colby, P. M. (1995). Emotional conflict and well-being: Relation to perceived availability, daily utilization, and observer reports of social support. *Journal of Personality and Social Psychology*, 68 (5), 947 – 959.

English, T., John, O. P., Srivastava, S., & Gross, J. J. (2012). Emotion regulation and peer-rated social functioning: A 4-year longitudinal study. *Journal of Research in Personality*, 46 (6), 780 – 784.

Farmer, A. S. & Kashdan, T. B. (2012). Social anxiety and emotion regulation in daily life: Spillover effects on positive and negative social events. *Cognitive Behaviour Therapy*, 41 (2), 152 – 162.

Giuliani, N. R., Mcrae, K., & Gross, J. J. (2008). The up- and down-regulation of amusement: Experiential, behavioral, and autonomic consequences. *Emotion*, 8 (5), 714 – 719.

Gross, J. J. & John, O. P. (1995). Facets of emotional expressivity: Three self-report factors and their correlates. *Personality and Individual Differences*, 19 (4), 555 – 568.

Harker, L. A. & Keltner, D. (2001). Expressions of positive emotion in women's college yearbook pictures and their relationship to personality and life outcomes across adulthood. *Journal of Personality and Social Psychology*, 80 (1), 112 – 124.

Hayes, A. F. (2013). Introduction to mediation, moderation, and conditional process analysis: A regression-based approach. *Journal of Educational Measurement*, 51 (3), 335 – 337.

Katz, I. M. & Campbell, J. D. (1994). Ambivalence over emotional expression and well-being: Nomothetic and idiographic tests of the stress-buffering hypothesis. *Journal of Personality and Social Psychology*, 67 (3), 513 – 524.

Kim, H. S. & Sherman, D. K. (2007). "Express yourself": Culture and the effect of self-expression on choice. *Journal of Personality and Social Psychology*, 92 (1), 1 – 11.

Kim, H. S., Sherman, D. K., Ko, D., & Taylor, S. E. (2007). Pursuit of comfort and pursuit of harmony: Culture, relationships, and social support seeking. *Personality and Social Psychology Bulletin*, 32 (12), 1595 – 1607.

Kim, H. S., Sherman, D. K., & Taylor, S. E. (2008). Culture and social support. *American Psychologist*, 63 (6), 518 – 526.

King, L. A. & Emmons, R. A. (1990). Conflict over emotional expression: Psychological and physical correlates. *Journal of Personality and Social Psychology*, 58 (5), 864 – 877.

King, L. A. & Emmons, R. A. (1991). Psychological, physical, and interpersonal correlates of emotional expressiveness, conflict, and control. *European Journal of Personality*, 5 (2), 131 – 150.

King, L. A. (1993). Emotional expression, ambivalence over expression, and marital satisfaction. *Journal of Social and Personal Relationships*, 10 (4), 601 – 607.

Kleinman, A. (1987). Anthropology and psychiatry. The role of culture in cross-cultural research on illness. *British Journal of Psychiatry*, 151 (4), 447 – 454.

Krause, E. D., Mendelson, T., & Lynch, T. R. (2003). Childhood emotional invalidation and adult psychological distress: The mediating role of emotional inhibition. *Child Abuse and Neglect*, 27 (2), 199 – 213.

Liang, B. & Bogat, G. A. (1994). Culture, control, and coping: New perspectives on social support. *American Journal of Community Psychology*, 22 (1), 123 – 147.

Lu, Q., Uysal, A., & Teo, I. (2011). Need satisfaction and catastrophizing: Explaining the relationship among emotional ambivalence, pain, and depressive symptoms. *Journal of Health Psychology*, 16 (5), 819 – 827.

Lu, Q., Man, J., Jin, Y., & Leroy, A. S. (2015). The link between ambivalence over emotional expression and depressive symptoms among Chinese breast cancer survivors. *Journal of Psychosomatic Research*, 79 (2), 153 – 158.

MacKinnon, D. P., Lockwood, C. M., Hoffman, J. M., West, S. G., & Sheets, V. A. (2002). A comparison of methods to test mediation and other intervening variable effects. *Psychological Methods*, 7 (1), 83 – 104.

Mauss, I. B., Evers, C., Wilhelm, F. H., & Gross, J. J. (2006). How to bite your tongue without blowing your top: Implicit evaluation of emotion regulation predicts affective responding to anger provocation. *Personality and Social Psychology Bulletin*, 32 (5), 589 – 602.

Michael, Y. L., Wisdom, J. P., Perrin, N., Bowen, D., Cochrane, B. B., Brzyski, R., et al. (2006). Expression and ambivalence over expression of negative emotion: Cross-sectional associations with psychosocial factors and health-related quality of life in postmenopausal women. *Journal of Women and Aging*, 18 (2), 25 – 40.

Miyamoto, Y. & Ma, X. (2011). Dampening or savoring positive emotions: A dialectical cultural script guides emotion regulation. *Emotion*, 11 (6), 1346 – 1357.

Pauley, P. M & Hesse, C. (2009). The effects of social support, depression, and stress on drinking behaviors in a college student sample. *Communication Studies*, 60 (5), 493 – 508.

Pennebaker, J. W. (1985). Traumatic experience and psychosomatic disease: Exploring the roles of behavioral inhibition, obsession, and confiding. *Canadian Psychology*, 26 (2), 82 – 95.

Podsakoff, P. M., Mackenzie, S. B., Lee, J. Y., & Podsakoff, N. P. (2003). Common method biases in behavioral research: A critical review of the literature and recommended remedies. *Journal of Applied Psychology*, 88 (5), 879 – 903.

Rozin, P. (2003). Five potential principles for understanding cultural differences in relation to individual differences. *Journal of Research in Personality*, 37 (4), 273 – 283.

Sagiv, L. & Schwartz, S. H. (2000). Value priorities and subjective well-being: Direct relations and congruity effects. *European Journal of Social Psychology*, 30 (2), 177 – 198.

Sang, B., Deng, X., & Luan, Z. (2014). Which emotional regulatory strategy makes Chinese adolescents happier? A longitudinal study. *International Journal of Psychology*, 49

(6), 513 – 518.

Sherbourne, C. D. & Stewart, A. L. (1991). The mos social support survey. *Social Science and Medicine*, 32 (6), 705 – 714.

Soto, J. A., Perez, C. R., Kim, Y. H., Lee, E. A., & Minnick, M. R. (2011). Is expressive suppression always associated with poorer psychological functioning? A cross-cultural comparison between European Americans and Hong Kong Chinese. *Emotion*, 11 (6), 1450 – 1455.

Stice, E., Ragan, J., & Randall, P. (2004). Prospective relations between social support and depression: Differential direction of effects for parent and peer support? *Journal of Abnormal Psychology*, 113 (1), 155 – 159.

Su, J. C., Oishi, S., & Lee, R. M. (2013). The role of culture and self-construal in the link between expressive suppression and depressive symptoms. *Journal of Cross-Cultural Psychology*, 44 (2), 316 – 331.

Talhelm, T., Zhang, X., Oishi, S., Shimin, C., Duan, D., & Lan, X., et al. (2014). Large-scale psychological differences within china explained by rice versus wheat agriculture. *Science*, 344 (6184), 603 – 608.

Taylor, S. E. & Seeman, T. E. (1999). Psychosocial resources and the SES – health relationship. *Annals of the New York Academy of Sciences*, 896 (1), 210 – 225.

Taylor, S. E., Sherman, D. K., Kim, H. S., Jarcho, J., Takagi, K., & Dunagan, M. S. (2004). Culture and social support: Who seeks it and why?. *Journal of Personality and Social Psychology*, 87 (3), 354 – 362.

Thoits, P. A. (2011). Perceived social support and the voluntary, mixed, or pressured use of mental health services. *Society and Mental Health*, 1 (1), 4 – 19.

Traue, H. C. & Pennebaker, J. W. (1993). Inhibition and arousal. In H. C. Traue, & J. W. Pennebaker (Eds.), *Emotion Inhibition and Health* (pp. 10 – 31). Kirkland, WA: Hogrefe and Huber.

Vyavaharkar, M., Moneyham, L., Corwin, S., Tavakoli, A., Saunders, R., & Annang, L. (2011). Hiv-disclosure, social support, and depression among hiv-infected African American women living in the rural southeastern united states. *Aids Education and Prevention Official Publication of the International Society for Aids Education*, 23 (1), 78 – 90.

Yeung, D. Y. & Fung, H. H. (2012). Impacts of suppression on emotional responses and performance outcomes: An experience-sampling study in younger and older workers. *Journals of Gerontology*, 67 (6), 666 – 676.

Zuckerman, M. (2001). Optimism and pessimism: Biological foundations. In E. C. Chang (Ed.), *Optimism and Pessimism: Implications for Theory, Research, and Practice* (pp. 169 – 188). Washington, DC: American Psychological Association.

《中国社会心理学评论》 第 15 辑
第 40~59 页
© SSAP, 2018

空巢 VS. 满堂：居住安排对城市老年人心理健康的影响机制[*]

——基于上海市的实证分析

瞿小敏[**]

摘　要： 居住安排涉及老年人的生活方式和养老状况，与其生活质量紧密相关。老年人对理想居住安排的期待随着家庭结构的变化而转变，一定程度上体现了我国养老文化的变迁。本研究基于"2013 年上海市老年人口状况与意愿调查"，通过回归分析检验居住安排对老年人心理健康的影响，探讨"空巢"以及"三代同堂"两种居住方式对老年人心理健康状况的影响。同时，引入婚姻状况满意度与子女支持满意度作为中介变量，从婚姻关系与代际关系角度探究居住安排对老年人心理健康的影响机制。分析结果显示：第一，与跟配偶及子女一起居住相比，只和配偶居住对老年人生活满意度具有独立的正向作用；第二，只和配偶居住的老年人在婚姻、子女支持两方面满意度更高，从而间接提高了其生活满意度。城市空巢的居住方式应该被重新认识，只和配偶居住的老年人生活自主性更高、婚姻关系更好、与子女间的代际摩擦较少，从而更有可能在心理健康方面表现出优势。

关键词： 居住安排　心理健康　生活满意度　婚姻状况　代际关系

---

[*] 本文是国家社会科学基金青年项目（18CSHO14）的阶段性成果。衷心感谢匿名审稿人的宝贵意见，唯文责自负。

[**] 瞿小敏，华东政法大学社会发展学院，讲师，email：millie_qu@163.com。

中西方家庭文化迥异，我国的养老文化具有非常独有的特征。然而，随着经济发展和时代变迁，我国的家庭关系以及代际关系都在发生变化。近年来，老年人口规模的日益扩大对我国社会保障、医疗保障、社会管理、社会服务等各个方面带来了巨大挑战，尤其是如何确保大量老年人口的生活质量，使其能够拥有幸福的晚年生活，成为其中最根本的挑战。居住安排是老年人养老生活中至关重要的部分。一方面，居住安排的变化直接影响老年人的生活方式和养老状况，探讨不同居住安排下老年人的心理健康状况对了解老年人的养老需求、改善老年人福祉、认识家庭结构的变迁，从而积极应对老龄化具有重要意义。另一方面，居住安排作为养老生活的重要部分，能够展现我国家庭结构及养老文化正在发生的变迁。在家庭结构变化视角下，探究居住安排对老年人心理健康的影响机制，对深入理解我国养老文化的特点具有理论和实践意义。

一　相关研究回顾

（一）家庭结构与亲子关系的中西方差异

根据现代化理论范式，西方目前的家庭体系被视为非西方社会家庭变迁的最终形态。在有关居住方式的研究中，由现代化理论导出的一个推论是代际同住安排的日渐式微（Parsons & Bales，1955；Goode，1963）。在亲子关系，特别是子女对父母赡养这方面，中国文化有着不同于西方文化的独特之处。正因如此，许多人想知道现代化进程会不会改变中国文化在这方面原有的特点，而接近趋同于现代的西方文化（费孝通，1983）。

费孝通（1983）用以下公式来表示中西方家庭中亲子关系的差异：在西方 $F_1 \rightarrow F_2 \rightarrow F_3 \rightarrow F_4$，在中国 $F_1 \leftrightarrow F_2 \leftrightarrow F_3 \leftrightarrow F_4$（F 代表世代，→代表抚养，←代表赡养）。两种模式的差别在于中国存在子女对父母的赡养义务。在西方是甲代抚育乙代，乙代抚育丙代，简称"接力模式"。在中国是甲代抚育乙代，乙代赡养甲代，乙代抚育丙代，丙代又赡养乙代，简称"反馈模式"。中国人用"空巢"形容西方家庭里的亲子关系，在这种关系中父母辛辛苦苦把儿女抚育成人后，一旦儿女羽翼丰满就远走高飞，留给父母一个"空巢"，而这种对"空巢"的凄凉之情本身就反映出了中西方文化的差别。

亲子关系的反馈模式可以说是中国文化的特点。这种文化特点反映在养老文化方面，主要表现为老年人对于来自子女，尤其是儿子赡养的期待，即传统的"养儿防老"观念。在居住方式上，这一文化差异则表现为老年人对"三代同堂"家庭养老模式的期待。老年人与其他家庭成员共同居住生活是我国家庭养老的传统形式之一（杜鹏，1998）。几千年来，家庭养老一直是中国老年人最主要的养老方式，与子女共同居住是传统家庭中老年人近乎唯一的理想居住安排形式。然而近年来，老年人的居住安排已悄然发生了转变。随着人口老龄化水平的提高，城乡老年人在三代及以上直系家庭中生活的比例呈下降趋势，2010 年中国 65 岁以上老年人在直系家庭中生活的比例已下降至 50% 以下，老年人与已婚子女共同生活的已占多数（王跃生，2014）。根据 2012 年中国家庭追踪调查数据（CFPS 2012），"只与配偶同住"已经成为我国老年人最主要的居住方式（唐天源、余佳，2016）。

（二）我国老年人居住安排的变迁

现代化理论的发展范式中隐含着历史单线发展的假定，西方社会的变迁往往被视为现代化进程中的先导（Inglehart，1997）。从这种意义上，现代化过程在一定程度上也意味着西化，因此，目前的西方家庭体系被视为非西方社会家庭变迁的最终形态。古德（Goode，1963）以亲子关系和夫妻关系的相对重要性为标准，通过二分法将家庭划分为夫妻家庭和传统家庭，并提出现代化过程将使得所有家庭趋同为夫妻家庭，这一观点被称为趋同理论。

我国的家庭结构变迁是否会符合趋同理论的推断？我国的家庭结构表现在居住安排上呈现为何种形势？相关研究表明：首先，我国家庭正在向现代型转换（曾毅、王正联，2004）；其次，表现在居住安排方面，传统的三代同堂的居住方式正在向只与配偶同住转变（刘岚、雷蕾、陈功，2014）。近年来，老年人的居住安排情况发生了巨大变化，与子女同住的老年人的比例逐渐下降，越来越多的老年人选择与配偶单独居住或者其他居住方式（王跃生，2014；刘岚、雷蕾、陈功，2014；唐天源、余佳，2016）。三代或四代同堂已不再是人们心目中的理想居住方式。尤其在城市中，大部分老年人更倾向于与成年子女独立居住（Logan，Bian，& Bian，1998）。在当代中国城市，成年子女对父母的养老支持包括同住安排，其象征性意义大于实际支持（Xie & Zhu，2009）。当代中国老年父母与其子女的居住安排主要受双方经济资源影响，同住安排的决定主要取决于父代和子代两代人的共同协商，父代与子代双方经济上的收益成为选择是否同住的重要因素（陈皆明、陈奇，2016）。另外，拥有较高收入和较多净财富的老年人显示出更高的独立居住可能性（Costa，1999；McGarry & Schoeni，2000）。那么，在这种居住安排变化下，老年人是否能够适应新的生活方式？在新的居住安排下，老年人的心理健康状况如何？作为我国家庭文化特点的亲子关系是否会随着家庭结构转变发生本质变化？这些都是本研究要关注的问题。

（三）居住安排对老年人心理健康的影响

有关居住安排与生活满意度之间关系的研究多认为空巢老年人相对于与子女同住老年人在生活满意度方面存在明显劣势（李建新、李嘉羽，2012）。相比之下，与子女同住的老年人在获得子女日常照料、经济、情感三方面支持上具有更大优势（鄢盛明、陈皆明、杨善华，2001）。与家人同住的老年人生活满意度还受到居住方式意愿是否获得满足的影响（曾宪新，2011）。居住安排与老年人孤独感关系的研究则认为独居老年人的孤独感最强，其次是独自与他人合住的老年人，再次是与配偶同住的老年人，和配偶一起与他人合住的老年人孤独感最弱（张立龙，2015）。

在居住安排与老年人生活质量与健康状况方面，在与子女同住是否对老年人具有积极作用这一问题上尚未得出一致的结论。一种观点认为老年人与成年子女同住能够得到后者的支持，从而增进福利，对其身心健康能够起到积极作用，甚至能够降低老年人的死亡风险（张震，2002；顾大男、柳玉芝，2006）。与成年子女同住，不但会提高得到照料的概率，同时也有助于获得子女的经济支持（刘岚、雷蕾、成功，2014）。在同住的安排下子女提供料理家务、经济支持、情感体贴三方面赡养的可能性最大，其次是住在父母附近的子女，可能性最小的是住在离父母较远处的子女（鄢盛明、陈皆明、杨善华，2001）。与成年子女分开居住的老年人会面临更多挑战，整体生活状况较差（穆光宗，2002）。而另一种相反的观点则认为独立居住的老年人生活质量较高（韦璞，2009）。与成年子女同住的老年人并未在健康上占优势，他们或者增加了疾病的发病风险，或者在同住情形下由于空间的狭小、见面频率的增加，引发了更多的代际关系紧张问题，从而对老年人的身心健康更为不利（潘允康，2002）。

二　研究问题与假设

与居住安排相关的研究主要关注居住安排的影响因素（张文娟、李树苗，2004；韦璞，2009）、居住安排的变化（王萍、李树苗，2007；曲嘉瑶、孙陆军，2011；王跃生，2014；刘岚、雷蕾、陈动，2014；唐天源、余佳，2016）以及居住安排与居住意愿的关系（张丽萍，2012）。然而对于在这种居住安排变化过程中，老年人是否能够适应新的居住安排与生活方式转变，进一步地，针对不同居住安排对老年人心理健康的影响机制的研究却鲜有涉及。居住安排与家庭结构以及代际关系紧密相关，本研究将尝试从家庭关系角度解释不同居住安排下老年人心理健康的差异。在不同居住安排下，老年人心理健康方面可能展现出一定差异性，而家庭关系中两个最为重要的方面，婚姻关系以及代际关系的具体情况可能在这一过程中发挥中介作用。根据以上观点，形成的相关关系模型如图 1 所示。

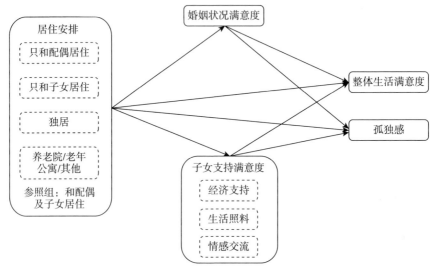

图 1　居住安排与老年人心理健康状况的研究框架

（一）居住安排与老年人心理健康的关系

居住安排对老年人心理健康的影响要从人们对居住安排的期待出发来看待。一方面，现代年轻人在成年后与老年人共同居住的意愿降低，成家成为其与老年人分开居住的最合适机会。另一方面，随着老年人居住独立性的增强，不愿意与子女同住的老年人也越来越多，由此空巢老年家庭的比例持续增加。随着 "50 后" "60 后" 相继进入老年期，以核心家庭为主的二代户比例将进一步降低，空巢化和独居化趋势将进一步增强（杜鹏，1998；曲嘉瑶、伍小兰，2013；曲嘉瑶、杜鹏，2014；孙鹃娟，2013）。本研究主要观察空巢（独居、只和配偶居住）安排相比传统居住方式（和配偶及子女居住）对老年人心理健康的相对作用。

一味将空巢视为消极现象具有明显的片面性。空巢包括独居及只和配偶居住两种情况。独居老年人由于缺少配偶陪伴在获得支持方面存在明显缺陷，但和配偶共同居住的老年人在获得生活照料和情感支持方面并不存在必然缺陷。相反，对于没有经济压力、身体健康状况良好，或者主动选择和配偶一起与子女分开居住的老年人，由于实现了生活自由，其心理健康状况或许更好。根据以上观点，提出研究假设：

> 假设 1：独居状态与老年人的心理健康状况呈负相关。
> 假设 1a：相比其他居住安排，独居老年人的生活满意度更低。
> 假设 1b：相比其他居住安排，独居老年人更容易产生孤独感。
> 假设 2：只和配偶居住状态与老年人的心理健康状况呈正相关。
> 假设 2a：相比其他居住安排，只和配偶居住的老年人生活满意度更高。
> 假设 2b：相比其他居住安排，只和配偶居住的老年人在孤独感方面不存在明显缺陷。

（二）居住安排对老年人心理健康的影响机制

空巢不仅需要区分独居与只和配偶居住，还需要区分城市空巢与农村空巢。显然，城市空巢与农村空巢存在巨大差异。与农村老年人不同，城市家庭结构以及养老方式已经发生了明显变化，城市老年人多具有稳定的收入，对子女的养老期望并不高。城市空巢老年人在一定程度上拥有更多的私人空间，其生活自主性更高，尤其在无经济压力时，在生活满意度，尤其婚姻状况满意度方面可能具有更大的优势。由于不与子女共同生活，老年人以夫妻关系为核心关系，配偶成为最主要的支持来源，更有利于夫妻关系和睦，一定程度上能够提高老年人对婚姻状况的满意度，从而间接提高其生活满意度。故本研究提出如下假设：

> 假设 3：只和配偶居住的安排，有利于提高老年人的婚姻状况满意度，从而使其获得相比和配偶及子女共同居住的老年人更高的整体生活满意度，即婚姻状况满意度在只和配偶居住与老年人生活满意度之间起正向中介作用。

现代家庭中的代际关系已经与传统家庭截然不同，与子女共同居住未必对代际关系具有积极作用。现实生活中不乏与子女共同居住的情况，这并非由于老年人的主观选择，而是受到居住条件的限制，并且，与子女共同居住的老年人在帮助子女照看孙辈、照料家务方面的压力更大，共同居住在增加了相处时间的同时也增加了产生生活矛盾的可能性。如果不能很好地协调两代人在生活节奏、生活理念、生活习惯等各方面存在的差异，共同居住对家庭关系甚至可能产生负向影响，老年人的生活满意度在这一居住安排下未必具有优势。

老年人对居住安排已经形成了新的认识，现实生活中更是不乏老年人主动选择与成年子女分开居住的情况。老年人需要从子女方面获得的代际支持通常包括经济支持、生活照料支持与情感支持。在与子女分开居住的情况下，老年人在获得子女生活照料支持方面显然不存在优势。然而，在经济支持与情感支持方面情况却更为乐观。首先，由于不与子女共同居住，子女更有可能通过给予经济支持作为未参与生活照料的补偿，从而提高老年人对子女经济支持的满意度。其次，在相互独立的居住安排下，老年人与子女因为价值观念、生活习惯等各方面差异产生代际摩擦的可能性减少，一定程度上更利于代际良性情感关系的建立，从而提高老年人对子女情感支持的满意程度。故提出以下研究假设：

> 假设 4：只和配偶居住的安排，有利于提高老年人对子女支持的满意度，从而间接提高其生活满意度，即子女支持满意度在只和配偶居住与老年人生活满意度之间起正向中介作用。

配偶已经成为满足老年人群体生活照料以及精神支持各方面需求的主要途径。而由于缺乏配偶的陪伴，作为空巢老年人群体中的另一部分，独居老年人在婚姻状况满意度以及子女支持满意度两方面同时存在局限性。相比其他居住安排，独居老年人更容易产生孤独感，从而影响其心理健康。故提出假设：

> 假设 5：独居老年人的婚姻状况满意度较低，从而使其更容易产生孤独感，即婚姻状况满意度在独居与孤独感之间起中介作用。
> 假设 6：独居老年人的子女支持满意度较低，从而使其更容易产生孤独感，即子女支持满意度在独居与孤独感之间起中介作用。

三　研究方法

（一）数据来源

本研究基于"2013 年上海市老年人口状况与意愿调查"数据，通过回归分析检验不同居住安排下老年人的生活满意度以及孤独感的差异性，进一步地，通过路径分析检验婚姻状况满意度、子女支持满意度的中介作用，从家庭关系角度阐述居住安排对老年人心理健康的影响机制。数据来源于上海市老龄科学研究中心组织的"2013 年上海市老年人口状况与意愿调查"。调查区域涉及黄浦、徐汇、杨浦、闸北、长宁、浦东、嘉定、闵行、青浦、金山共 10 个区的 35 个居（村）委会。上海市老龄科学研究中心根据各居（村）委会提交的 60 岁及以上老年人花名册抽取被访者及备用被访者名单。数据回收并清理后，60 岁及以上老年人样本量为 2806 人。样本的基本情况如表 1 所示。

表 1　相关基本情况描述统计

变量	类别	频数	百分比（%）
性别	男	1320	47.0
	女	1486	53.0
年龄	60~69 岁	1370	48.8
	70~79 岁	812	28.9
	80 岁及以上	624	22.2
	平均年龄（岁）	71.94（SD = 8.79）	
户口性质	非农业户口	2442	87.0
	农业户口	364	13.0
文化程度	小学及以下	900	32.1
	初中	938	33.4
	高中/中专/技校	549	19.6
	大专/本科及以上	394	14.0
	缺失值	25	0.9

（二）变量测量

1. 因变量

对老年人心理健康的测量同时关注积极与消极两个方面。采用整体生活满意度作为对老年人心理健康积极方面的测量，采用孤独感作为对其心理健康消极方面的测量。

生活满意度：能够反映个体生活各方面需求和愿望得到满足时所产生的主观满意程度，是衡量个体生活质量的重要维度。取决于老年人对整体生活满意度的评价，"非常满意" ＝5，"比较满意" ＝4，"不知道" ＝3，"不太满意" ＝2，"很不满意" ＝1。

孤独感：是指一种被对自己、他人和群体有意义的融合系统排斥在外时所产生的感觉（姚远，2006）。随着年龄的增长、身体机能的下降以及退出工作领域导致的社交网络规模减小，老人最容易产生的负面情绪即孤独感，通过"您是否感到孤独"进行测量，"是" ＝1，"否" ＝0。

2. 核心自变量

居住安排：与养老方式密切联系。以居住安排为核心自变量，首先要明确其测量方式。对老年人居住安排可以按照居住地点，根据居住在家庭内部或居住在机构，划分为家庭养老、社区养老、机构养老（姚引妹，2002）；或者按照居住结构，划分为单身户、夫妇户、二代户、三代户、隔代户等（杜鹏，1998；曾毅、王正联，2004；孙鹃娟，2013）；还可以根据是否与子女同住进行划分（郭志刚，2002；陆杰华、白铭文、柳玉芝，2008；曲嘉瑶、伍小兰，2013；曲嘉瑶、杜鹏，2014）。

本研究从家庭结构变迁角度讨论老年人居住安排的理想方式，对居住安排进行测量时更关注老年人与谁一同居住。将"和配偶及子女居住""只和配偶居住""只和子女居住""独居""养老院/老年公寓/其他"转化为虚拟变量。由于"和配偶及子女居住（包括孙子女）"的"三代同堂"居住方式长久以来被认为是理想的居住模式，本研究的重点是讨论作为"空巢"中最主要的组成部分"只和配偶居住"的方式与传统的"三代同堂"居住方式的相对作用，因此以"和配偶及子女居住"作为参照组。

3. 中介变量

中介变量（Mediator）是一个重要的统计概念，如果自变量 X 通过影响变量 M 来影响因变量 Y，则称 M 为中介变量。本研究以婚姻状况满意度及子女支持满意度为中介变量，尝试解释只和配偶居住的老年人心理健康状况更好的可能原因。其中，子女支持满意度包括三个方面，分别为经济支持满意度、生活照料满意度、情感交流满意度。

4. 控制变量

老年人口的一个重要特征是个体间存在相当大的差异。因此模型中引入性别（男性 ＝1，女性 ＝0）、年龄、文化程度（小学及以下 ＝1，初中 ＝2，高中/中专/技校 ＝3，大专/本科及以上 ＝4）、月收入（取对数，取值范围为 0 ~11.3）、健康状况自评（很差 ＝1，较差 ＝2，一般 ＝3，较好 ＝4，很好 ＝5）、是否有配偶（有配偶 ＝1，无配偶 ＝0）、子女数（分类变量：有 1 个子女、有 2 个子女、有 3 个及以上子女；无子女为参照组）等相关变量作为控制变量。

四　数据分析结果

（一）老年人居住安排及心理健康状况

1. 上海市老年人居住安排现状

随着年龄增长，老年人在收入、家庭状况、生活自理能力等各个方面差异性较大，因此在观察其居住安排状况时，将老年人分为 60~69 岁、70~79 岁、80 岁及以上三个年龄段（见图 2）。

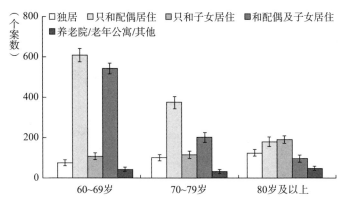

图 2　不同年龄段老年人的居住安排状况

由图 2 可以得到如下发现。第一，只和配偶居住已经成为老年人最主要的居住安排方式。在 60~69 岁老年人中，只和配偶居住的占 44.4%；在 70~79 岁老年人中，只和配偶居住的老年人占 45.7%。第二，不同年龄段老年人的居住安排仍然存在差异：随着年龄增长，只和配偶居住、和配偶及子女居住的老年人比例有所下降，同时独居、只和子女居住的比例上升。这主要是由于随着年龄增长，一部分老年人失去配偶情况增加。在配偶尚在的情况下，老年人更有可能与配偶同住；而当丧失配偶，和子女居住则是一种补救形式。相关研究表明，丧偶老年人中女性丧偶老年人更有可能与子女同住（焦开山，2013）。

事实上，空巢已成为普遍情况。根据本次的调查数据，上海市老年人空巢率较高，为 51.7%。其中，独居老年人占 10.5%，只和配偶居住老年人占 41.2%。以独居以及只和配偶居住合计计算，超过半数的老年人生活在空巢家庭。

2. 不同居住安排下老年人心理健康状况

根据本次调查：在心理健康的积极方面，老年人生活满意度均值为 3.98，较高的均值表明上海市老年人对生活满意度普遍较为满意；然而，在心理健康的消极方面，13.22% 的老年人表示感到孤独，这一部分老年人的心理健康需要受到关注，并且，孤独感的离差较大，表明老年人在孤独感感受方面的个体差异性较大。

通过交互表观察不同居住安排下老年人生活满意度及孤独感状况，分析结果如表 2 所示。

表 2　不同居住安排下老年人的心理健康状况

居住安排	生活满意度						孤独感		
	很不满意	不太满意	不知道	比较满意	非常满意	合计	否	是	合计
独居	4	42	8	190	51	295	196	99	295
	1.4%	14.2%	2.7%	64.4%	17.3%	100.0%	66.4%	33.6%	100.0%
只和配偶居住	11	55	7	787	296	1156	1071	85	1156
	1.0%	4.8%	0.6%	68.1%	25.6%	100.0%	92.6%	7.4%	100.0%
只和子女居住	5	51	11	257	82	406	318	89	407
	1.2%	12.6%	2.7%	63.3%	20.2%	100.0%	78.1%	21.9%	100.0%
和配偶及子女居住	8	98	7	526	191	830	766	67	833
	1.0%	11.8%	0.8%	63.4%	23.0%	100.0%	92.0%	8.0%	100.0%
养老院/老年公寓/其他	3	32	5	59	16	115	84	31	115
	2.6%	27.8%	4.3%	51.3%	13.9%	100.0%	73.0%	27.0%	100.0%
合计	31	278	38	1819	636	2802	2435	371	2806
	1.1%	9.9%	1.4%	64.9%	22.7%	100.0%	86.8%	13.2%	100.0%

根据表 2 数据，只和配偶居住的老年人生活满意度"非常满意""比较满意"的比例相比其他居住安排下更高。孤独感方面，只和配偶居住及和配偶及子女居住两种方式下，老年人感到孤独的比例较低。

（二）居住安排对老年人心理健康的影响

模型 1 采用线性回归，在控制性别、年龄、文化程度、月收入、健康状况、配偶状况、子女数等变量的基础上，考察居住安排对老年人生活满意度的影响。模型 2 采用 Logistic 回归，在控制相关变量的基础上，考察居住安排对老年人孤独感的影响。分析结果如表 3 所示。

表 3　居住安排对生活满意度和孤独感的回归分析

变量	模型 1		变量	模型 2	
	B	$Beta$		B	$Exp\ B$
性别 a	−0.003	−0.002	性别 a	0.327*	1.387
年龄	−4.479E−5	0.000	年龄	0.011	1.011
文化程度	0.018	0.022	文化程度	−0.094	0.910
月收入取对数	0.012	0.012	月收入取对数	−0.037	0.963
健康状况自评	0.339***	0.323	健康状况自评	−0.454***	0.635
是否有配偶 b	0.185*	0.092	是否有配偶 b	−1.105***	0.331
子女数 c			子女数 c		
有 1 个子女	0.282**	0.159	有 1 个子女	0.032	1.033
有 2 个子女	0.336**	0.184	有 2 个子女	0.127	1.135
有 3 个及以上子女	0.365***	0.190	有 3 个及以上子女	0.132	1.141
居住安排 d			居住安排 d		
只和配偶居住	0.170***	0.097	只和配偶居住	−0.061	0.941
只和子女居住	0.154*	0.063	只和子女居住	0.070	1.073
独居	0.112	0.040	独居	0.662*	1.940
养老院/老年公寓/其他	−0.236**	−0.055	养老院/老年公寓/其他	0.514	1.672
常数项	2.198***		常数项	−0.484	
N	2777		N	2781	
F	34.915***		F	256.893***	
R^2	0.141		Nagelkerke R^2	0.163	

注：* $p < 0.05$，** $p < 0.01$，*** $p < 0.001$。
参照组：a. 女性；b. 无配偶；c. 无子女；d. 和配偶及子女居住。

　　模型 1 分析结果显示：只和配偶居住显著地正向预测生活满意度，相关系数为 0.170（$p < 0.001$），这一结果验证了假设 2a。独居与生活满意度的相关系数不显著，假设 2b 未得到验证。此外，只和子女居住显著地正向预测生活满意度，相关系数为 0.154（$p < 0.05$），即只和子女居住的老年人生活满意度高于和配偶及子女共同居住的老年人。养老院/老年公寓/其他显著地负向预测生活满意度，相关系数为 −0.236（$p < 0.01$），即居住在养老院/老年公寓/其他方式下的老年人生活满意度低于和配偶及子女共

同居住的老年人。

模型 2 分析结果显示：独居显著地正向预测孤独感，相关系数为 0.662（$p < 0.05$）。这一结果表明相比其他居住安排，独居空巢老年人更容易产生孤独感。假设 1b 得到验证。独居与生活满意度的相关系数不显著，假设 1a 未得到验证。

（三）婚姻状况满意度、子女支持满意度的中介作用

1. 婚姻状况满意度、子女支持满意度在居住安排对生活满意度影响过程中的中介作用

为了验证假设 3、假设 4，以"居住安排"为外生变量，"婚姻状况满意度""子女支持满意度"为内生变量，"整体生活满意度"为因变量进行路径分析，分析结果如图 3 所示。

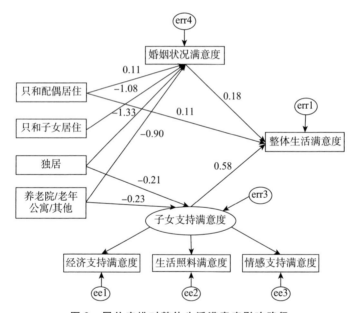

图 3　居住安排对整体生活满意度影响路径

该模型的主要适配度指标：$\chi^2 = 1578.382$（$p < 0.05$）；RMSEA = 0.171；CFI = 0.796；TLI = 0.517；ECVI = 0.588。

从图 3 中可以得到以下结果。（1）只和配偶居住正向预测婚姻状况满意度、整体生活满意度，婚姻状况满意度正向预测整体生活满意度。根据中介效应检验程序，婚姻状况满意度在只和配偶居住的安排对整体生活满意度的影响过程中具有部分中介作用。只和配偶居住对整体生活满意度总

效应为 0.1298，婚姻状况满意度的中介效应为：$0.11 \times 0.18 = 0.0198$，中介效应占总效应的比例 15.3%。假设 3 得以验证。（2）由于只和配偶居住对子女支持满意度的作用不显著，需要采用 Sobel 检验方法（Preacher & Hayes，2008）考察子女支持满意度的中介效应。$\beta_a = 0.065$（0.025），$\beta_b = 0.581$（0.026），计算得 Sobel = 2.48（$p < 0.05$），子女支持满意度在只和配偶居住的安排对整体生活满意度的影响过程中具有部分中介作用。

2. 婚姻状况满意度、子女支持满意度在居住安排对孤独感影响过程中的中介作用

为了验证假设 5、假设 6，以"居住安排"为外生变量，"婚姻状况满意度""子女支持满意度"为内生变量，"孤独感"为因变量进行路径分析，分析结果如图 4 所示。

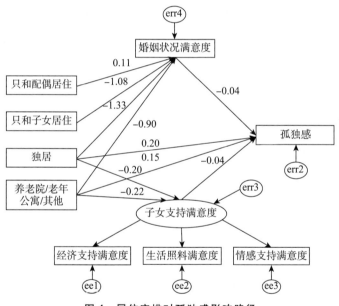

图 4　居住安排对孤独感影响路径

该模型的主要适配度指标：$\chi^2 = 1576.930$（$p < 0.05$）；RMSEA = 0.171；CFI = 0.779；TLI = 0.476；ECVI = 0.587。

从图 4 中可以看到：独居负向预测婚姻状况满意度以及子女支持满意度，婚姻状况满意度以及子女支持满意度负向预测孤独感，独居正向预测孤独感。根据中介效应检验程序，婚姻状况满意度、子女支持满意度在独居对孤独感的影响过程中具有部分中介作用。假设 5、假设 6 得以验证。婚姻状况满意度与子女支持满意度对孤独感具有缓解作用，然而独居老年人在婚姻状况满意度以及子女支持满意度两方面存在局限性，从而间接使得这一群体相比其他老年人更容易产生孤独感。

五　综合讨论

（一）对空巢的重新认识

根据我国传统的家庭观念，"三代同堂"显然是最为理想的养老安排，而与之相对应，"空巢"则代表着孤独、悲凉的晚年生活图景。然而，随着家庭结构与代际关系的变迁，对"空巢"的认知亟须重新建构。

空巢在老年人群体中已经成为一种普遍情况，超过半数的老年人生活在空巢家庭中。如果不区分空巢中独居与只和配偶居住两种情况，而直接将空巢视为贬义词，这种认识显然有失偏颇。独居老年人在获得社会支持方面存在明显缺陷，是老年人群中尤其需要被关注的弱势群体。无论是否与亲属同住，丧偶或配偶不在身边的老年人抑郁程度更高（任强、唐启明，2014）。本研究也验证了独居老年人相比其他老年人孤独感水平更高。然而，根据本研究的分析结果，空巢老年人中的另一主要部分，即只与配偶居住的老年人，在心理健康方面不仅不存在劣势，反而在生活满意度方面展现出相对优势。

随着生活节奏加快，当前家庭中的家庭结构、代际关系已经在潜移默化间发生了转变，越来越多的年轻人成家以后，选择离开父母独立居住。同时老年人的养老观念也发生了转变，尤其在城市中，老年人有养老金作为养老资金的保障，能够体恤子代工作、经济各方面的巨大压力，对子女的养老期望也相应下降了。常常可见一些自身健康、经济、住房各方面条件较好的低龄老年人对于和子女分开居住并不排斥。

家庭成员能为老年人提供更好的贴身照料和精神慰藉，增进老年人的福利（Palloni，2001）。在现代社会中，配偶已经成为增加老年人福利的最重要的家庭成员，配偶才是决定老年人幸福感的关键。只和配偶居住的老年人显现了更高的婚姻状况满意度，一定程度上是由于在单独居住的情况下，配偶成为最重要的社会支持来源，两人单独相处时间的增加一定程度上更有利于婚姻关系的改善。同时，由于不与子女共同居住，老年人不容易与子女因代际观念差异和日常生活琐事产生矛盾，两代人之间因而更容易产生距离美。在分开居住的情况下，子女由于没有参与父母的日常生活照料，更有可能通过经济支持的方式予以弥补。尽管城市老年人大多数有稳定的退休工资收入，但子女给钱能够作为孝心的表达来提高老年人的生活满足感。从这些角度来看，只和配偶居住不仅不意味着凄凉、可悲的晚年境遇，相反可能是更自由，并且更为理想的生活方式。从生命历程的角度来看，子女成家离开家庭后，空巢一定程度上可以成为老年人享受自主生活的重要阶段，尤其那些没有养老经济压力情况下的空巢，甚至可能是老年人实现个体化（贝克和贝克 – 格恩斯海姆，2011）的开始。

（二）自养、助养与全养：基于养老需求的居住安排

探讨居住安排与老年人心理健康的关系，最终是要为养老居住安排提供可参考的现实依据。在对老年人进行居住安排时要充分考虑他们在健康、经济状况、配偶状况等各方面的差异性，结合各个年龄段老年人的居住意愿与现实状况进行综合考量。

对于身体健康、经济状况较好的低龄老年人可以提倡自养。低龄老年人在家庭生活中，尤其是代际互动中仍然能够做出许多贡献。这一年龄段的老年人在居住安排上更适合与配偶共同居住。在与子女分开居住的安排下，老年人如果不需要过多地帮助子女料理家务、照看孙辈，在时间和精力安排上能够更自由，则更利于其享受晚年闲暇生活。配偶是这一阶段老年人支持的重要来源，而这一阶段老年人对子女的需求更多的是情感上的支持。

对于 70~79 岁中龄老年人可以提倡助养。这一年龄段的老年人健康状况有所下降，对生活照料的需求随之上升。在生活自理能力尚可、配偶尚在的情况下，这一阶段的老年人仍然能够适应与子女分开居住。但其对子女支持的需求大幅上升，子女应在生活照料、情感交流等方面给予老年人更全面的支持。

对于 80 岁及以上高龄老年人可以提倡全养。高龄老年人面临着丧偶和失去生活自理能力的困境。即使是配偶尚在的老年人，在生活照料方面的需求也是高龄配偶难以完全满足的。而受传统观念的影响，机构养老并不为大多数老年人所接受。此时，与子女共同居住，由子女提供生活照料支持对老年人来说是较为理想的安排。同时，与子女共同居住也更利于高龄老年人与子女的情感沟通，从而获得精神慰藉、保持心理健康。

（三）变化的居住安排与不变的亲子关系

根据现代化理论，居住方式由社会经济发展水平所决定。随着经济的发展，不同社会的家庭体系都会趋同于西方的核心家庭模式。既然独立居住已逐渐成为老年人主要的生活方式，并且这种居住安排并不意味着老年

人心理健康方面的劣势，那么这是否意味着我国的养老文化将逐渐趋同于西方社会，随着现代化进程发生本质改变？应该说，这样的分析未免过于简单化。

首先，居住安排从来就不是经济发展水平能够完全解释的，文化因素向来是解释居住安排的重要变量。如老年人在选择同住子女时具有强烈的性别偏好，更倾向于与儿子同住，这显然是传统男权文化作用的结果（郭志刚，2002）。多数老年人的居住安排是子女的发展需求与老年人自身养老需求博弈选择的结果，受到传统养老观念和现代养老观念的共同影响（王萍等，2007）。

其次，作为代际关系核心内容的亲子关系是丰富和生动的，不仅有物质的一面，还有精神的一面（费孝通，1983）。居住安排的变化可以被理解为亲子关系物质方面的变化，却远不能推断出亲子关系精神的一面。

从社会心理适应的角度来看，以全球化、工业化、城镇化、市场化、信息化为特征的现代社会是当下中国人不得不适应的外部环境（杨宜音，2002）。随着现代化带来的社会生活变迁，无论是家庭中的父代还是子代都不得不调整自己的生活使之适应新的外部环境。老年人对子女的养老期待逐渐降低，对于理想居住安排的期待逐渐发生变化，在这一过程中适应新的家庭结构与代际关系并获得较高的生活满意度等方面都表明我国养老文化在物质层面已经发生潜移默化的转变。然而，现代化模式无法解释我国家庭模式的全部，文化模式的影响仍然可以从种种现实生活中找到证据。代际情感联系仍然是我国养老文化中的本质内容。尽管养老金已成为老年人的主要经济来源，本次调查数据显示 93% 的老年人以养老金为主要经济来源，但"子女给钱"仍然能够作为孝心的体现提高老年人的生活满意度。在代际关系中，老年人在帮助照料家务、照看孙辈、给予子女经济补贴等方面仍然存在大量的代际付出。我国的老年人可能在子女经济较差的情况下给予子女经济支持；当子女在工作与生活两难时帮助子女照顾孙辈、照料家务；在子女成家并无法承担独立住房时，或为其提供独立住房，或接纳子女与自己同住，更不乏老年人在子女成家时让渡出自己的住房，这些都是老年人代际付出的具体表现。

在子女对父母的赡养方面，权威性孝道、相互性孝道以及孝道责任在当下的中国大陆仍然普遍存在。社会变迁催生了人的心理的适应性发展，由此产生的应对变迁的心理特质被概念化为"个人传统性与个人现代性"的问题，而"孝道"可以作为传统性与现代性的连接点（杨宜音、胡琳丽、张曙光，2016）。

六　结论

本研究基于上海市的实证分析发现，城市空巢中"独居"和"只和配偶居住"情况下的老年人心理健康状况呈现明显差异。独居老年人由于缺乏配偶支持，心理健康呈现明显缺陷，更容易产生孤独感。而相比其他居住方式，只和配偶居住老年人心理健康状况呈现明显优势。只和配偶居住对老年人生活满意度具有显著的正向影响，婚姻状况满意度及子女支持满意度在只和配偶居住的老年人生活满意度的影响过程中起到部分中介作用。只和配偶居住的情况下，老年人的婚姻质量与代际关系更佳，从而间接地提高了其整体生活满意度水平。

本研究力图为老年人寻求合理居住安排提供实证依据，但是仍然存在一定局限性。首先，调查数据来源于上海市，无法推及全国。要获得更为全面的信息，有待于在后续研究中深入调查。其次，居住安排对生活满意度的影响过程是复杂的，居住安排对老年人生活满意度、孤独感的作用过程中可能还存在其他中介变量。例如，只和配偶居住的老年人家庭经济情况、住房条件可能更好，休闲娱乐、体育锻炼的机会可能更多等，而这些可能性也为后续研究提供了新的方向。

参考文献

陈皆明、陈奇，2016，《代际社会经济地位与同住安排——中国老年人居住方式分析》，《社会学研究》第 1 期，第 73～97 页。

杜鹏，1998，《北京市老年人居住方式的变化》，《中国人口科学》第 2 期，第 36～41 页。

费孝通，1983，《家庭结构变动中的老年赡养问题》，《北京大学学报》（哲学社会科学版）第 3 期，第 7～16 页。

顾大男、柳玉芝，2006，《我国机构养老老年人与居家养老老年人健康状况和死亡风险比较研究》，《人口研究》第 5 期，第 49～56 页。

郭志刚，2002，《中国高龄老人的居住方式及其影响因素》，《人口研究》第 1 期，第 37～42 页。

焦开山，2013，《中国老年人的居住方式与其婚姻状况的关系分析》，《人口学刊》第 1 期，第 78～86 页。

李建新、李嘉羽，2012，《城市空巢老人生活质量研究》，《人口学刊》第 3 期，第 31～41 页。

刘岚、雷蕾、陈功，2014，《北京市老年人居住安排的变化趋势》，《北京社会科学》第 5 期，第 79～84 页。

柳士顺、凌文辁，2009，《多重中介模型及其应用》，《心理科学》第 2 期，第 433～435 页。

陆杰华、白铭文、柳玉芝，2008，《城市老年人居住方式意愿研究——以北京、天津、上海、重庆为例》，《人口学刊》第 1 期，第 35～41 页。

穆光宗，2002，《家庭空巢化过程中的养老问题》，《南方人口》第 1 期，第 33～36 页。

潘允康，2002，《社会变迁中的家庭：家庭社会学》，天津社会科学院出版社。

曲嘉瑶、杜鹏，2014，《中国城镇老年人的居住意愿对空巢居住的影响》，《人口与发展》第 2 期，第 87～94 页。

曲嘉瑶、孙陆军，2011，《中国老年人的居住安排与变化：2000～2006》，《人口学刊》第 2 期，第 40～45 页。

曲嘉瑶、伍小兰，2013，《中国老年人的居住方式与居住意愿》，《老龄科学研究》第 2 期，第 46～54 页。

任强、唐启明，2014，《中国老年人的居住安排与情感健康研究》，《中国人口科学》第 4 期，第 82～91 页。

孙鹃娟，2013，《中国老年人的居住方式现状与变动特点——基于"六普"和"五普"数据的分析》，《人口研究》第 6 期，第 35～42 页。

唐天源、余佳，2016，《我国老年人居住安排状况分析——基于 2012 年中国家庭追踪调查数据》，《南方人口》第 4 期，第 50～58 页。

王萍、李树茁，2011，《代际支持对农村老年人生活满意度影响的纵向分析》，《人口研究》第 1 期，第 44～52 页。

王萍、李树茁，2007，《中国农村老人与子女同住的变动研究》，《人口学刊》第 1 期，第 22～28 页。

王跃生，2014，《中国城乡老年人居住的家庭类型研究——基于第六次人口普查数据的分析》，《中国人口科学》第 1 期，第 20～32 页。

韦璞，2009，《老年人居住方式及影响因素分析——以贵阳市为例》，《人口与发展》第 1 期，第 103～107 页。

温忠麟、张雷、侯杰泰、刘红云，2014，《中介效应检验程序及其应用》，《心理学报》第 5 期，第 614～620 页。

乌尔里希·贝克、伊丽莎白·贝克－格恩斯海姆，2011，《个体化》，李荣山等译，北京大学出版社。

许琪，2013，《子女需求对城市家庭居住方式的影响》，《社会》第 3 期，第 111～130 页。

鄢盛明、陈皆明、杨善华，2001，《居住安排对子女赡养行为的影响》，《中国社会科学》第 1 期，第 130～140 页。

杨宜音、胡琳丽、张曙光，2016，《社会变迁适应性视角下的自我与孝道》，载《中国社会心理学评论》第十辑，社会科学文献出版社，第 44～64 页。

杨宜音，2002，《社会变迁与人的变迁：杨国枢等人关于个人现代性研究述评》，载叶启政主编《从"现代"到"本土"》，（台北）远流图书公司，第 19～40 页。

姚引妹，2002，《长江三角洲地区农村老年人居住方式与生活质量研究》，《浙江大学学报》（人文社会科学版）第 6 期，第 20～26 页。

姚远，2006，《我国老年人孤独问题的特征及对策研究》，中国老年学学会 2006 年老年学学术高峰论坛论文，第 96～97 页。

约翰·罗根、边馥芹，2003，《城市老年人口与已婚子女同住的观念与现实》，《中国人口科学》第 2 期，第 46～52 页。

曾宪新，2011，《居住方式及其意愿对老年人生活满意度的影响研究》，《人口与经济》第 5 期，第 93～98 页。

曾毅、王正联，2004，《中国家庭与老年人居住安排的变化》，《中国人口科学》第 5 期，第 2～8 页。

张立龙，2015，《居住安排对老年人孤独感的影响》，《老龄科学研究》第 2 期，第 57～64 页。

张丽萍，2012，《老年人口居住安排与居住意愿研究》，《人口学刊》第 6 期，第 25～33 页。

张文娟、李树茁，2004，《劳动力外流背景下的农村老年人居住安排影响因素研究》，《中国人口科学》第 1 期，第 42～49 页。

张震，2002，《家庭代际支持对中国高龄老年人死亡率的影响研究》，《人口研究》第 5 期，第 55～62 页。

Baron, R. M. & Kenny, D. A. (1996). The moderator-mediator variable distinction in social psychological research: Conceptual, strategic, and statistical consideration. *Journal of Personality and Social Psychology*, 51 (6), 1173 – 1182.

Costa, D. L. (1999). A house of her own: Old age assistance and living arrangements of older unmarried women. *Journal of Public Economics*, 72, 39 – 60.

Goode, William J. (1963). *World Revolution and Family Patterns*. Glencoe, IL: Free Press.

Inglehart, Ronald. (1997). *Modernization and Postmodernization*. Princeton, New Jersey: Princeton University Press.

Logan, John R., Fuqin Bian, & Yanjie Bian. (1998). Tradition and change in the urban chinese family: The case of living arrangements. *Social Forces*, 76 (3), 851 – 882.

McGarry, K. & Schoeni, R. F. (2000). Social security, economic growth, and the rise in elderly widows' independence in the twentieth century. *Demography*, 37, 221 – 236.

Palloni, A. (2001). Living arrangements of older persons. *Population Bulletin of the United Nations*, 42 (4), 1423 – 1449.

Parsons, T. & Bales, R. (1955). *Family, Socialization, and Interaction Process*. Glencoe, Scotland: Free Press.

Preacher K. J. & Hayes A. F. (2008). Asymptotic and resampling strategies for assessing and comparing indirect effects in multiple mediator models. *Behavior Research Methods*, 40 (3), 879 – 891.

Taylor, A. B., MacKinnon, D. P., & Tein, J. Y. (2008). Tests of the three-path mediated effect. *Organizational Research Methods*, 11 (2), 241 – 269.

Xie Yu & Haiyan Zhu. (2009). Do sons or daughters give more money to parents in urban China? *Journal of Marriage and Family*, 71, 174 – 186.

《中国社会心理学评论》 第 15 辑
第 60~75 页
© SSAP, 2018

文化安全保护在民族认同与
文化依恋间的中介作用研究[*]

利爱娟　杨伊生[**]

摘　要： 文化对种群和个人的进化与社会适应具有重要意义，它有助于社会秩序的构建，满足个体的认知闭合及归属需求以实现个体的安全保护。以相关理论和对 27 名大学生的访谈结果为基础，本研究编制了包含 12 个问题的文化安全保护问卷，并对内蒙古和新疆地区 384 名多民族大学生进行初测，使用项目分析、探索性和验证性因素分析进行数据处理，形成了包含 10 个题目，涉及文化传承安全保护和环境互动安全保护两个维度的文化安全保护测量工具。本研究进一步使用 Bootstrap 检验和回归分析对文化安全保护在民族认同和文化依恋中的中介作用进行检验，结果发现文化传承安全保护和环境互动安全保护在民族认同和文化依恋的回避维度之间具有中介作用，这揭示出文化对个体的安全保护对群体的民族认同和文化依恋具有重要影响。

关键词： 文化安全　文化依恋　民族认同

一　问题的提出

伴随全球化和城镇化推进，经济发展水平的不均衡和教育资源的差异

---

[*] 本文是国家社会科学基金青年项目（17CSH038）和内蒙古工业大学科学研究项目（SZD201704）的阶段性研究成果。

[**] 利爱娟，内蒙古师范大学教育科学学院，心理学博士研究生，内蒙古工业大学人文学院，讲师，email：laj1982@126.com；通信作者：杨伊生，内蒙古师范大学教育科学学院，教授，博士生导师，email：yangys1965@163.com。

等因素促使人口流动成为不容忽视的社会现实。每个国家都面临不同族群的交际广度和深度不断增加的情况。为此，我国在2014年中央民族工作会议中提出"加强各民族交往交流交融"，并把该纲领性精神写入了党的十九大报告。随着族群交往加深，作为族群差异的重要表现形式，不同群体所负载的文化也在不断"会面"。虽然不同的文化具有特定的表现形式，但它们对身处其中的个体具有同样重要的适应意义。因此，几乎所有个体发展和群体互动的心理学理论都直接或者间接探讨了文化的意义。

文化作为一种集体现象，是符号性社会互动的产物，是指某群体特有的共享知识网络，包含了一系列共享意义和共享知识，使得某一人群得以与其他人群区分开来（赵志裕、康萤仪，2011：18～23）。对群体而言，这些内容为理解社会存在、调整在集体生活中的活动以及适应外部环境提供了共同的参考框架；对个体而言，虽然没有任何一个个体能够掌握全部的共享知识，但是依然能够应用他们所能支配的文化知识来指导生活实践。因此，如果把文化看作一个有意义的知识系统，它至少应该包括共享的信仰、价值观和观念，这些形成了人们思考世界的独特方式，并通过共享知识的主体，构成了主观文化。

文化自身存在演化过程，这一过程对物种的生存、社会协调和个体适应都有重要意义。进化理论家认为文化产生于生物进化过程，并与生物进化紧密地交织在一起（Boone & Smith，1998）。与作用于生理基因的自然选择的过程相比，文化使人类能够更迅速地适应环境的变化，并通过文化觅母（memes）组成网络进行复制传播（Dawkins，1989；Gabora，1997）。文化觅母和文化觅母网络的表征和组合方式通过不断合并、重组与改变实现文化的演化，以帮助人类找到适应性方案来解决他们经常遇到的、反复出现的问题（Kenrick，Li，& Butner，2003），这些问题包括婚姻和后代抚育、自尊、社会地位、群体的形成等。

在社会层面，文化所代表的共享知识网络可以帮助文化内社会秩序的构建。在共同文化背景下，文化是用来解决和协调问题的集体建构物这一观点被普遍认可（Cohen，2001；Fiske，2000），即个体通过文化建构经历和共享表征，使用文化认可的常规性方法解决和协调问题（Kashima，1999）。与个体知识相较，文化中所蕴含的共享知识被更为广泛地共享和识别，当个人态度与文化知识相一致时，人们更愿意用这种态度来指导实践（Krauss & Fussell，1996；Lau，Chiu，& Hong，2001；Sechrist & Stangor，2001）。

在个体层面，文化对个体获取认知安全感和满足归属需求具有重要作用。作为共享知识网络的文化提供了对不确定问题取得确定答案的认知安全感，对这种安全感的需要被称为认知闭合需要（need for cognitive closure）（Kruglanski & Webster，1996）。当个体需要在一定时间压力下做出决定时（Kruglanski，Webster，& Klem，1993；Chiu et al.，2000），他们会需要认知闭合，这时可能会更加坚持文化传统。这一体验对于那些迁移至陌生文化中的个体具有重要意义：文化提供了重要的安全保护作用（利爱娟、杨伊生，2017）。研究发现，那些身边有许多本族文化群体成员的移民有更高认知闭合需要时，坚持本土文化的动机更强烈；相反，那些身边有许多移入国成员的移民则接受移入国文化的动机更强烈（Kosic et al.，2004）。除了提供认知安全感外，文化还具有满足个体归属需求的重要意义，在心理上依恋某个重要他人或某一群体的需求是人类最基本的动机（Turner et al.，1994）。除了主要的抚养者之外，社会团体（social groups）所代表的文化也可以成为依恋的对象，形成文化依恋（cultural attachment），向个体提供情感支持和保护，以帮助其获取更好的生存体验。

依恋形成的基础是个体在遇到不确定情景（例如，身体需要得不到满足、遭遇环境威胁、经历关系问题等）（Simpson & Rholes，1999）时依恋对象能够给予保护的认知。在适应不同文化时，母体文化（native culture）的认同和它带给个体的安全保护是文化依恋产生的重要条件。这在移民的相关研究中得到了证实，关于移民适应性的研究指出，心理舒适度与移民后的居住和交往环境有很大关系。当个体所在群体是整体安置或者保持母体文化时，个体的心理舒适度会更高（毕向阳、马缨，2012）；而当个体所在群体被分散安置或者远离母体文化时，心理健康水平会降低（王琳等，2009），这说明个体所认为的内群体或者内群体所在的文化带给了移民移居后的舒适感。关于跨国移民的适应研究发现，移民到国外后的中国人由于他们必须建立一个强大的社会支持系统以成功应对一个完全不熟悉，甚至是不友好的环境，他们的民族身份认同意识更强，对母体文化的价值观坚持程度更高，他们的身份认同和亲密的家庭关系是其社会支持系统的坚实基础，以助于他们应对外国的陌生环境（Laura De Pretto，2013）。国内少数民族的移民研究验证了除家庭外，宗教文化符号也具有同样的效应，即当移入地具有移民的母体文化的重要代表物时，这些文化符号会成为移民长期定居于此的重要基石（钟福国、陈芳芳、李巾，2011）。国内移民的"老乡"研究发现，文化符号的人群载体可以带来相似的安全感：熟悉的群体（老乡），即便曾经不认识，也会获取更多的信任和交往，当他们在一起相处时，共同的语言、饮食、生活习惯让内群体的凝聚力加深

（姜永志、张海钟，2014）。因此，个体对自己的母体文化的各种代表符号的认同会影响依恋，主要是由于它们使个体安全感的需要得到了满足，即文化提供了安全保护。反之，当安全感需要得不到满足时，就会出现对自己母体文化的质疑、回避甚至放弃。关于鄂温克猎民移民适应的研究证明了这一论断：当文化身份被重新划分后不能再维系生存时，鄂温克猎民移民会对自己的"猎民身份"出现"重构势头"，即当母体文化不能给移民提供基本保护时，个体会对自己的民族身份产生回避甚至放弃（谢元媛，2005）。

综上，依恋形成的过程中，个体需具备对依恋对象独特性识别的认知能力和对依恋对象的认同，在此基础上，才能形成安全基地（secure base），并从中获得情感支持。因此，认同是依恋产生的重要基础。但并非所有的认同对象都会成为个体的依恋对象。在个体成长过程中，只有特定的、能够满足个体基本安全需要的抚养者能够成为依恋对象。母体文化对个体具有重要的意义。当文化成为诸如母亲或者其他主要抚养者的依恋对象时，对母体文化的识别和认同也成为文化依恋产生的基本条件，而母体文化带来的安全和被保护的认知，使认同向依恋产生更紧密的作用。在生活变迁过程中，个体在进入新文化或与不同的亚文化接触和融入时，从母体文化中获得的协调和解决问题的一般性认识和常规性方法、母体文化所标识的内群体人际支持体系等提供的保护性能力，对个体环境适应具有重要的现实意义；反之，如果在多种因素影响下母体文化不能满足相应需要，个体会产生焦虑、回避等情绪和行为，即在适应环境的过程中，对母体文化的认知和情感之间的关系受文化满足个体适应需要的程度影响。安全作为基本需要之一，也具有这样的作用。因此，我们提出假设：文化对个体的安全保护作用在对本民族的认同和文化依恋中起到重要作用。

综上论述，本研究尝试做出以下推断：对母体文化的认同和母体文化带给个体的安全和受保护感知影响其对母体文化的依恋。通过以下两个研究进行验证：①编制文化安全保护问卷；②验证文化安全保护在民族认同和文化依恋间起中介作用。

二　文化安全保护问卷编制

（一）初测问卷

文化作为一种资源，对个体的认知安全感和归属感具有重要意义（赵志裕、康萤仪，2011：98）。综合已有相关研究，我们认为文化安全保护是指在日常生活、人际交往和社会适应中，个体在与母体文化紧密联结的身份、习俗、信仰等文化符号和文化活动中感受到更多的安全和被保护。根据文化对个体社会适应保护的基本内涵，研究者对 15 名蒙古族大学生和 12 名汉族大学生进行访谈。访谈题目为"你觉得在你的民族文化中，哪些是非常重要的又可以给你带来安全感的因素？如果到一个新的环境，比如去另一个城市或者出国，哪些与你民族身份或者民族文化相关的事会让你觉得安全？"对所得访谈结果进行整理，结合相关理论，形成了 12 个初测问题。经过 1 位心理学专业教授、1 位心理学专业副教授、3 位心理学专业讲师评估，该 12 个问题可以用来评估文化对个体的安全保护。最终确定了包含有 12 个题目的"文化安全保护初测问卷"。每个问题采用 4 级评分，1 分表示很不符合，2 分表示不太符合，3 分表示比较符合，4 分表示非常符合。

（二）被试

以内蒙古和新疆地区多民族混合高校中的某工业大学、师范大学、农业大学、商贸职业学院学生共 384 人作为研究对象，分为样本一和样本二。使用样本一中 229 人进行项目分析和探索性因素分析，其中男性 129 人、女性 100 人；蒙古族 95 人，三少民族（达斡尔族、鄂伦春族、鄂温克族）94 人，汉族 33 人，其他民族 7 人；年龄范围在 17～24 岁（$M = 19.98$，$SD = 1.91$）。使用样本二中的 155 人进行验证性因素分析，其中男性 76 人、女性 79 人；蒙古族 67 人、汉族 60 人、维吾尔族 15 人、哈萨克族 5 人、其他民族 8 人；年龄范围在 18～24 岁（$M = 20.28$，$SD = 1.77$）。

（三）项目分析

项目分析主要采用决断值（CR）和同质性检验的方法来进行。首先按照收集到的数据对问卷总分进行计算，之后按照得分高低对数据进行排列，前 27% 为高分组，后 27% 为低分组。对高分组和低分组的每一个题目的得分进行比较，得到决断值，如果被比较的项目的 CR 达到显著性水平（$p < 0.05$），即说明这个题目的区分度较好，可以被用来鉴别不同被试的反应程度，予以保留，如果没有达到显著性水平则剔除该项目。

根据吴明隆（2008）对问卷处理的要求，对文化安全保护问卷进行决断值分析，结果显示，所有题目均达到 CR 要求（$p < 0.05$，$t < 3$）。之后，分析每一题与总分的相关程度，所有题项与总分相关均达到 0.40，得分最低题项值为 $r = 0.615$，$p = 0.000$。通过进行同质性检验发现，文化安全保

护问卷的内部一致性 α 系数为 0.915，所有题项在删除该题目后 α 值均小于 0.915。共同性检验结果显示：所有题目共同性均达到 0.20，因素负荷量大于 0.45。经项目分析后，问卷 12 个题目均保留。

（四）探索性因素分析

对问卷 12 个题目利用 SPSS 20.0 进行探索性因素分析。KMO 值等于 0.898，Bartlett 球形检验后，结果显示 χ^2 值为 1562.037（$df = 66$，$p = 0.000$），适合进一步进行因素分析。

对数据进行主成分分析（PC），提取公共因素，得到初始负荷矩阵。提取特征根值大于 1 的因子，使用正交极大方差旋转法（Varimax）得到因素负荷矩阵。对数据进行因素分析时，主要采取以下标准来确定最终因素数量：因素的特征值大于 1、符合碎石图的检验、每个因素包含 3 个以上项目、题项的共同性高于 0.20、提取因素后保留的因素能够解释变异的 60% 以上、题目与因子所考察的内容一致、题项归类可以命名。

最终确定包含 10 个题目、2 个因子的因素负荷矩阵。其中因子一包含 5 个题目，命名为文化传承安全，主要是个体内部体验式的安全；因子二包含 5 个题目，命名为环境互动安全，主要是与周围环境互动时感受到的安全。量表 KMO 值为 0.907，Bartlett 球形检验结果显示，χ^2 值为 1210.691（$df = 45$，$p = 0.000$），两个因子共解释了 65.718% 的变异。

表 1　探索性因素分析结果

	成分		共同性
	环境互动安全	文化传承安全	
9. 把钱借给本民族的人，让我更放心	0.807		0.665
5. 和其他人相比，我更相信本民族的人	0.800		0.716
7. 我觉得本民族的饮食让我健康	0.763		0.659
6. 穿着本民族服装时，我更自信	0.734		0.753
10. 本民族人越多的地方，越安全	0.726		0.619
3. 回忆民族历史让我觉得自己更强大		0.883	0.786
2. 民族习惯的维持让我过得更舒服		0.743	0.647
8. 过本民族的传统节日让我觉得非常神圣		0.673	0.520
4. 在有民族元素的房间里让我觉得更安心		0.671	0.650
12. 我的民族信仰会让我过得更好		0.569	0.558
特征值	3.543	3.029	6.572
解释变异量	35.428	30.290	65.718
累计解释变异量	35.428	65.718	

（五）验证性因素分析

使用 LISREL 8.80 软件对样本二进行验证性因素分析。温忠麟（温忠麟、侯杰泰、马什赫伯特，2004）的研究指出：模型的 χ^2/df 的理论期望值是 1，χ^2/df 越接近 1，模型拟合越好，在实际分析中，该值小于 5 可以接受；AGFI 大于等于 0.8，就证明模型拟合较好；CFI 大于等于 0.9，IFI 大于等于 0.9，NFI 大于等于 0.9，认为模型拟合较好；均方根残差 RMR 小于 0.1，意味着模型拟合比较好，RMSEA 如果小于 0.1 表示模型可以接受。

对文化安全保护问卷进行验证性因素分析，并进行模型拟合，最终相关指数见表 2。可以看出量表的模型拟合较为理想。

表 2　验证性因素分析模型拟合指数

拟合指标	χ^2	df	χ^2/df	GFI	AGFI	NNFI	IFI	CFI	RMR	RMSEA
模型	81.14	34	2.39	0.90	0.84	0.96	0.97	0.97	0.027	0.096

（六）量表的信度和效度检验

1. 信度检验

对文化安全保护问卷进行 Cronbach's α 信度检验，结果见表 3。文化安全保护问卷的 Cronbach's α 信度达到了 0.890，各维度的信度都在 0.6 以上。说明该量表的信度可接受。

表 3　文化安全保护问卷信度检验

因素	环境互动安全	文化传承安全	量表总体
各维度 α 信度	0.799	0.847	0.890

2. 效标效度检验

鉴于认同是依恋的前提和基础，使用民族认同得分作为效标对文化安全保护的两个维度和总分做相关分析。使用 Phinney、Jacoby 和 Silva（2007）编制使用的民族认同量表（Multigroup Ethnic Identity Measure，MEIM）的修订版 MEIM-R 作为民族认同评价工具，该问卷在国内相关研究中（于海涛、李嘉诚、张靓颖，2017）也被使用，并被证明是研究民族认同的最为有效的工具之一。结果见表 4，文化安全保护总分和分项分数与民族认同分数显著相关（$p < 0.01$），与以往相关研究结论一致。

表4　效标效度检验

	环境互动安全	文化传承安全	文化安全保护总分
民族认同	0.234**	0.400**	0.342**

注: ** p < 0.01, 下同。

三　文化安全保护在民族认同与文化依恋间的中介作用

（一）研究方法

1. 研究对象

以内蒙古地区和新疆地区两所高校共180人为研究被试。其中男性98人、女性82人；蒙古族88人、维吾尔族58人、汉族23人、其他民族11人。年龄范围在17～24岁（$M = 20.03$, $SD = 1.45$）。所有被试均能够使用汉语进行日常学习和交流。

2. 研究工具

（1）文化依恋问卷

使用Hong等（2013）编制的文化依恋问卷（Cultural Attachment Style Scale, CAS）对个体对母体文化的文化依恋进行评估。问卷共20个题目，分为焦虑和回避两个维度，例如，使用"我经常担心其他本民族同学不想和我做朋友"反映对本民族的文化焦虑，使用"我很难让自己去相信本民族的其他人"反映对本民族的文化回避。答案采用1～7分的7点计分，1分表示非常不同意，7分表示非常同意，得分越高表示对母体文化的回避和焦虑越高。研究中使用CAS去评估个体对母体文化的依恋情况，其中文化焦虑和文化回避的α值分别为0.801和0.744。

（2）民族认同问卷

民族认同量表（Multigroup Ethnic Identity Measure, MEIM）的修订版MEIM-R被用来评估民族认同程度。量表共6个题目，答案采用5分制，1分表示非常不同意，5分表示非常同意，得分越高表示民族认同越高。本研究中该问卷α值为0.898。

（3）文化安全保护问卷

使用编制的文化安全保护问卷进行测量，得分越高的个体感知到的母体文化的安全保护越强。研究中问卷总体的Cronbach's α值为0.898；环境

互动安全的 Cronbach's α 值为 0.866；文化传承安全的 Cronbach's α 值
为 0.828。

(二) 研究结果

1. 共同方法偏差控制检验

采用问卷测量时，容易出现共同方法偏差。研究中，使用匿名法、指
导语控制和插入无关问题的方法对共同方法偏差进行程序控制（周浩、龙
立荣，2004）。对数据结果采用 Harman 单因子检验法检验共同方法偏差。
结果显示，特征值大于 1 的因子共有 8 个，且第一个因子解释的变异量为
21.20%，远低于 40% 的临界值，因此本研究的共同方法偏差不显著。

2. 主要变量的描述统计和相关分析

对被试的文化依恋、民族认同和文化保护进行描述统计和相关分析。
结果显示：文化依恋焦虑维度和回避维度显著正相关，说明文化依恋的两
个维度紧密相关；文化依恋回避维度和民族认同显著负相关，说明个体对
自己的民族认同程度越高，对民族的母体文化的回避越低；文化依恋的回
避维度与文化安全保护的环境互动安全和文化传承安全均显著负相关，说
明个体觉得自己的文化安全保护越高，则对母体文化的回避越低；民族认
同与环境互动安全和文化传承安全均显著正相关，说明民族认同越高，文
化安全保护就越高；文化依恋焦虑维度和民族认同及文化安全保护相关不
显著。

表5 描述统计及相关分析结果

	M	SD	1	2	3	4
1. 文化依恋 – 焦虑	3.35	1.11	—			
2. 文化依恋 – 回避	2.93	0.93	0.331**	—		
3. 民族认同	4.23	0.66	0.048	-0.257**	—	
4. 文化安全保护 – 环境互动安全	3.19	0.67	0.130	-0.272**	0.257**	—
5. 文化安全保护 – 文化传承安全	3.51	0.52	-0.002	-0.342**	0.389**	0.686**

3. 文化安全保护在民族认同与文化依恋间的中介作用

(1) Bootstrap 检验

使用 Bootstrap 方法对文化安全保护在民族认同与文化依恋间的中介作
用进行检验。按照中介效应分析程序（江程铭、李纾，2015），参照已有的
Bootstrap 方法（Hayes & Scharkow，2013；Preacher & Hayes，2004）进行
效应检验，样本量选择 5000，在 95% 置信区间下，中介检验的结果显示：

文化安全保护的环境互动安全在民族认同与文化依恋的回避维度上，区间没有包含 0（$BootLLCI = -0.191$，$BootULCI = -0.024$），Boot 标准误为 0.040，中介效应量为 -0.080，表明环境互动安全的中介效应显著。文化传承安全在民族认同与文化依恋的回避维度上，区间没有包含 0（$BootLLCI = -0.295$，$BootULCI = -0.066$），Boot 标准误为 0.056，中介效应量为 -0.156，表明文化传承安全的中介效应显著。文化安全保护的环境互动安全在民族认同与文化依恋的焦虑维度上，区间不包含 0（$BootLLCI = 0.006$，$BootULCI = 0.148$），Boot 标准误为 0.038，中介效应量为 0.054，表明环境互动安全的中介效应不显著。文化传承安全在民族认同与文化依恋的焦虑维度上，区间包含 0（$BootLLCI = -0.152$，$BootULCI = 0.111$），Boot 标准误为 0.065，中介效应量为 -0.001，表明文化传承安全的中介效应不显著。

（2）回归分析

Bootstrap 检验结果显示，文化安全保护在民族认同与文化依恋的回避维度间存在中介效应。对变量进行中心化处理后，使用回归分析对文化安全保护在个体对本民族的民族认同和文化依恋之间的中介作用路径系数进一步确定。结果显示，民族认同能够显著负向预测文化依恋的回避维度和显著正向预测文化安全保护的文化传承安全（$\beta = -0.251$，$p < 0.01$；$\beta = 0.384$，$p < 0.001$）；当民族认同和文化传承安全共同预测文化依恋的回避维度时，民族认同的预测作用不再显著（$\beta = -0.139$，$p > 0.05$），说明文化传承安全在民族认同和文化依恋回避维度之间起完全中介作用（温忠麟、叶宝娟，2014）。同时，民族认同能够显著正向预测文化安全保护的环境互动安全（$\beta = 0.273$，$p < 0.001$）；当民族认同和环境互动安全共同预测文化依恋的回避维度时，民族认同的预测作用依然显著（$\beta = -0.194$，$p < 0.05$），说明环境互动安全在民族认同和文化依恋回避维度之间起部分中介作用（见表6、表7和图1）。

表 6 民族认同和文化传承安全对文化依恋（回避）的预测

预测变量	回归方程 1 (文化依恋 - 回避)			回归方程 2 (文化传承安全)			回归方程 3 (文化依恋 - 回避)		
	SE	β	t	SE	β	t	SE	β	t
民族认同	0.107	-0.251	-3.305**	0.059	0.384	5.300***	0.112	-0.139	-1.748
文化传承安全							0.139	-0.293	-3.692***
R^2	0.063			0.148			0.136		
F	10.922**			28.095***			12.701***		

注：*** $p < 0.001$，下同。

表7 民族认同和环境互动安全对文化依恋（回避）的预测

预测变量	回归方程1 (文化依恋－回避)			回归方程2 (环境互动安全)			回归方程3 (文化依恋－回避)		
	SE	β	t	SE	β	t	SE	β	t
民族认同	0.107	－0.251	－3.305 **	0.079	0.273	3.618 ***	0.109	－0.194	－2.498 *
环境互动安全							0.104	－0.211	－2.719 **
R²		0.063			0.705			0.104	
F		10.922 **			13.087 ***			9.3721 ***	

注: * p < 0.05。

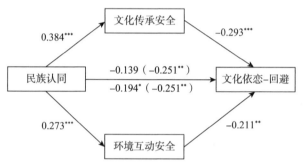

图1 文化安全保护中介效应分析

四 讨论分析

（一）文化对个体的安全保护

本研究发现，文化安全保护问卷包括文化传承安全和环境互动安全两个维度。文化传承安全主要涉及民族文化中的历史、习俗、符号和信仰。环境互动安全主要涉及文化带来的内群体人际信任、对外沟通自信体验、环境互动安全。文化传承安全是一种内部体验式的安全取向，是个体在母体文化中体验到的舒适。环境互动安全强调个体与外部环境进行交互作用时体验到的文化带给的安全，包括人际、环境互动中的信任和自尊实现。因此，文化传承安全是一种指向内部的静态体验式安全，环境互动安全则是指向外部的动态比较式安全（见表8）。这表明文化对个体安全保护是一个二维结构。产生该结构的主要原因在于文化具有满足归属感和认知闭合需要的作用。首先，进化心理学认为独居是一种危险的行为，Dunbar（2004）指出灵长类动物靠群居生活使自己免遭捕食。对人类而言，文化使个体具有属于某个群体的心理认同和归属感，获得进化带给人类生物适应性优势（赵志裕、陈侠，2013）。其次，人们在与环境的互动中，需要获得认知安全感，满足认知闭合需要，以帮助建构秩序清晰、结构化明确和可预测的社会实在（Kruglanski & Webster，1996）。通过以上机制，文化最终发挥归属、信任、自尊与安全保护的作用。

表8　文化对个体安全保护的二维结构

区　别	文化传承安全	环境互动安全
状态	相对稳定	受个体经验影响较大
特点	体验式安全	互动比较式安全
指向性	对内：个体内部文化体验	对外：个体与外部相互作用
要素	历史、习俗、符号、信仰	内群体认同、自尊、生物安全
产生动机	归属需要的满足	认知闭合需要的满足
传递过程	文化觅母	个体与周围环境互动
主要的保护作用	归属、信任和舒适感	自尊、信任和安全感

（二）　文化安全保护对民族认同与文化依恋的影响

个体进入新环境与主流文化中的个体或群体的互动过程，也是各种文化的互动和文化适应（acculturation）的过程（Berry et al.，2006）。文化适应过程中，民族认同的保护机制已经被很多研究所证实，例如种族歧视研究发现民族认同是最重要的保护性因素之一（Yoo & Lee，2008；Yip，Gee，& Takeuchi，2008）。当个体在与外群体互动中自尊、安全、信任等社会需要不能满足时，内群体（例如，同一民族、同一种族等）成员彼此之间的高度认同可以对这种缺失进行补偿性的满足，以保证个体生存意义中归属、认同等心理体验需要满足的维持。认同是依恋产生的重要前提，认同对象和认同程度的差异都会对文化依恋产生影响。当个体从母体文化进入新环境时，对自己民族的认同影响其对母体文化的文化依恋；同样，对需要适应的主流文化的认同也影响对它的文化依恋。当然，这样的影响还受母体文化与主流文化的地位高低、文化的包容性等多种因素的制约。在具体过程中，该影响体现为对母体文化的应对态度和策略。而使用的具体文化策略又直接影响其整体适应，并带来压力、焦虑等体验（Greenland & Brown，2005）。

聚焦到我们的研究中：个体与环境的互动过程中通过母体文化感受到认同、自尊和安全，会增加对它的依恋，降低文化回避；同时，当民族的母体文化历史传承和具体符号表征能够为个体带来安全体验时，同样会降低文化回避，即个体从母体文化中体验和获取到安全、保护和支持作用时，母体文化所代表的民族认同就会增加对母体文化的依恋；但是在进行新环境适应时，两种文化相遇互动的背景下，个体不能从自己的民族身份或者母体文化中获得所需的安全感，母体文化不能对个体起到足够的保护作用，个体会对母体文化产生回避排斥，促使其去新的文化中寻找安全，以满足基本的心理需要。因为文化安全保护对个体适应具有这样的价值，回溯以往跨文化适应相关研究，它能让我们从适应的心理机制这一整合视角重新解读关于社会适应与心理适应、整体搬迁与个体移民或分散安置的研究结论的异同：单独移民或分散安置的移民在适应当地生活过程中心理舒适度低于整体搬迁的个体；整体搬迁的移民虽然心理舒适度更高，但由于大部分时候生活在原有群体中，对搬入地的文化适应的程度低于分散安置的移民（风笑天，2008；叶继红，2010；刘伟等，2014）。作为被动剥离母体文化的独立个体，分散安置的移民不能从母体文化中获取相应的环境互动安全保护，文化的依恋感受得不到满足，因此表现出心理的不适应；相反地，整体搬迁的个体虽然进入新环境，但是由于其紧密互动的群体的高度相似性，他们还处于母体文化的"环绕"，并在当中体验到安全保护，满足了心理的依恋需要，因此做出更为积极的心理体验判断。

综上，个体对母体文化带来的安全保护作用的认知，影响到其对母体文化的态度，具体为文化安全保护在民族认同和文化依恋间起中介作用，即个体民族认同对文化依恋的影响通过文化安全保护起作用。

五　结论与展望

（一）研究结论

第一，文化安全保护问卷包含文化传承安全和环境互动安全两个维度共 10 个题目。

第二，文化安全保护在民族认同与文化依恋回避维度间起中介作用。

（二）研究展望

本研究对文化安全保护的量化评估，以及文化安全保护在民族认同与文化依恋之间的关系进行了探索，揭示了文化适应过程中个体体验到群体感受的部分规律性条件。但文化对个体影响的因素具有多种类和复杂性的特点，综合使用质性和量化、问卷和实验等方法进一步探索当中的内部机制，是今后还可以继续研究的方向。

同时，研究结果揭示在不同族群交往交流交融过程中，凸显文化积极保护作用是增进文化积极情感的重要手段，这也能够成为促进族群关系和谐发展的重要方法之一。因此，对凸显文化积极保护作用具体方法的寻找也可以成为研究者进一步思考的领域。

参考文献

毕向阳、马缨，2012，《重大自然灾害后社区情境对心理健康的调节效应——基于汶川地震过渡期两种安置模式的比较分析》，《中国社会科学》第 6 期，第 151～169 页。

风笑天，2008，《安置方式、人际交往与移民适应——江苏、浙江 343 户三峡农村移民的比较研究》，《社会》第 2 期，第 152～161 页。

江程铭、李纾，2015，《中介分析和自举（Bootstrap）程序应用》，《心理学探新》第 5 期，第 458～463 页。

姜永志、张海钟，2014，《老乡社会表征与老乡信任感关系刍议》，《西华大学学报》（哲学社会科学版）第 5 期，第 110～113 页。

Laura De Pretto，2013，《意大利温州移民的社会认同：亚洲价值观的坚持和双文化的可能性》，博士学位论文，华东师范大学。

利爱娟、杨伊生，2017，《外群体知觉与文化依恋：民族本质论的中介作用》，载《中国社会心理学评论》第 12 辑，社会科学文献出版社，第 37～51 页。

刘伟、祝春兰、马亮、张利，2014，《中国移民的文化适应研究综述》，《宁波大学学报》（教育科学版）第 5 期，第 5～9 页。

温忠麟、侯杰泰、马什赫伯特，2004，《结构方程模型检验：拟合指数与卡方准则》，《心理学报》第 2 期，第 186～194 页。

温忠麟、叶宝娟，2014，《中介效应分析：方法和模型发展》，《心理科学进度》第 5 期，第 731～745 页。

王琳、丛建妮、汪洋、刘琴、李敏，2009，《不同安置方式对移民心理健康影响》，《中国公共卫生》第 3 期，第 259～261 页。

吴明隆，2008，《问卷统计分析实务》，重庆大学出版社。

谢元媛，2005，《敖鲁古雅鄂温克猎民生态移民后的状况调查——边缘少数族群的发展道路探索》，《民俗研究》第 2 期，第 50～60 页。

叶继红，2010，《城郊失地农民的集中居住与移民文化适应》，《思想战线》第 2 期，第 61～65 页。

于海涛、李嘉诚、张靓颖，2017，《跨界民族大学生国家认同的内容及其测量》，载《中国社会心理评论》第 11 辑，社会科学文献出版社，第 133～144 页。

赵志裕、康萤仪，2011，《文化社会心理学》，中国人民大学出版社。

赵志裕、陈侠，2013，《中国社会心理学评论》第六辑，社会科学文献出版社，第 1~13 页。

钟福国、陈芳芳、李巾，2011，《探讨整合取向的民族社会工作——以甘肃七墩回族东乡族乡社区移民项目为例》，《甘肃社会科学》第 1 期，第 25~28 页。

周浩、龙立荣，2004，《共同方法偏差的统计检验与控制方法》，《心理科学进展》第 6 期，第 942~950 页。

Berry, J. W. , Phinney, J. S. , Sam, D. L. , & Vedder, P. （2006）. Immigrant youth in cultural transition. *Zeitschrift Fur Padagogik*, 55 （55）, 303 – 332.

Boone, J. L. & Smith, E. A. （1998）. Is it evolution yet? A critique of evolutionary archaeology. *Current Anthropology*, 39 （S1）, S141 – S174.

Chiu, C. Y. , Morris, M. W. , Hong, Y. Y. , & Menon, T. （2000）. Motivated cultural cognition：The impact of implicit cultural theories on dispositional attribution varies as a function of need for closure. *Journal of Personality and Social Psychology*, 78 （2）, 247 – 259.

Cohen, D. （2001）. Cultural variation：Considerations and implications. *Psychological Bulletin*, 127 （4）, 451 – 471.

Dawkins, R. （1989）. The selfish gene （2nd edition）. *Economic Journal*, 110 （466）, 781 – 804.

Dunbar, R. I. M. （2004）. Gossip in evolutionary perspective. *Review of General Psychology*, 8 （2）, 100 – 110.

Fiske, A. P. （2000）. Complementarity theory：Why human social capacities evolved to require cultural complements. *Personality and Social Psychology Review*, 4 （1）, 76 – 94.

Gabora, L. （1997）. The origin and evolution of culture and creativity. *Journal of Memetics：Evolutionary Models of Information Transmission*, 1 （1）. http：// cfpm. org/jom-emit/1997/ vol1/ gabora_ l. htm.

Greenland, K. & Brown, R. （2005）. Acculturation and contact in Japanese students studying in the United Kingdom. *The Journal of Social Psychology*, 145 （4）, 373 – 390.

Hayes, A. F. & Scharkow, M. （2013）. The relative trustworthiness of inferential tests of the indirect effect in statistical mediation analysis：Does method really matter? *Psychological Science*, 24 （10）, 1918 – 1927.

Hong, Y. Y. , Fang, Y. , Yang, Y. , & Phua, D. Y. （2013）. Cultural attachment a new theory and method to understand cross-cultural competence. *Journal of Cross-Cultural Psychology*, 44 （6）, 1024 – 1044.

Kashima, Y. （1999）. Culture, groups, and coordination problems. *Psychologische Beiträge*, 41, 237 – 251.

Kenrick, D. T. , Li, N. P. , & Butner, J. （2003）. Dynamical evolutionary psychology：Individual decision rules and emergent social norms. *Psychological Review*, 110 （1）, 3 – 28.

Kosic, A. , Kruglanski, A. W. , Pierro, A. , & Mannetti, L. （2004）. The social cognition of immigrants' acculturation：Effects of the need for closure and the reference group at entry. *Journal of Personality and Social Psychology*, 86 （6）, 796 – 813.

Krauss, R. M. & Fussell, S. R. （1996）. Social psychological models of interpersonal communicationg. *Social Psychology Handbook of Basic Principles*, 96 (6), 655 – 701.

Kruglanski, A. W. & Webster, D. M. (1996). Motivated closing of the mind: "seizing" and "freezing". *Psychological Review*, 103 (2), 263 – 283.

Kruglanski, A. W., Webster, D. M., & Klem, A. (1993). Motivated resistance and openness to persuasion in the presence or absence of prior information. *Journal of Personality & Social Psychology*, 65 (5), 861 – 76.

Lau, Y. M. I., Chiu, C. Y., & Hong, Y. Y. (2001). I know what you know: Assumptions about others' knowledge and their effects on message construction. *Social Cognition*, 19 (6), 587 – 600.

Phinney, J. S., Jacoby, B., & Silva, C. (2007). Positive intergroup attitudes: The role of ethnic identity. *International Journal of Behavioral Development*, 31 (5), 478 – 490.

Preacher, K. J. & Hayes, A. F. (2004). SPSS and SAS procedures for estimating indirect effects in simple mediation models. *Behavior Research Methods Instruments and Computers*, 36 (4), 717 – 731.

Sechrist, G. B. & Stangor, C. (2001). Perceived consensus influences intergroup behavior and stereotype accessibility. *Journal of Personality and Social Psychology*, 80 (4), 645.

Simpson, J. A. & Rholes, W. S. (1999). Attachment theory and close relationships. *American Journal of Psychotherapy*, 53 (2), 269 – 270.

Turner, J. C., Oakes, P. J., Haslam, S. A., & Mcgarty, C. (1994). Self and collective: cognition and social context. *Personality and Social Psychology Bulletin*, 20 (5), 454 – 463.

Yip, T., Gee, G. C., & Takeuchi, D. T. (2008). Racial discrimination and psychological distress: The impact of ethnic identity and age among immigrant and united states-born Asian adults. *Developmental Psychology*, 44 (3), 787.

Yoo, H. C. & Lee, R. M. (2008). Does ethnic identity buffer or exacerbate the effects of frequent racial discrimination on situational well-being of Asian Americans? *Journal of Counseling Psychology*, 55 (S), 70 – 87.

《中国社会心理学评论》　第 15 辑

第 76～89 页

© SSAP，2018

生命的补偿控制：肿瘤幸存者的
正义观与主观幸福感[*]

吴胜涛　姜　颖　王毓洲　张雅婷[**]

摘　要： 以往研究表明，相信"世界稳定有序、人们各得其所"的正义观作为世俗世界的付出回报观与意义建构系统，在中国文化下具有重要的适应功能，特别是有助于那些处于生活逆境的弱势群体应对生活压力、重建生活信心。然而，正义观能否在有生命威胁的疾病条件下起作用，我们却知之甚少。通过对北京某医院恶性肿瘤幸存者和健康对照组的调查，我们发现：肿瘤幸存者持有与健康人同等水平的正义观，他们的正义观并没有因为疾病威胁而减弱；相对于健康人，肿瘤幸存者的正义观可以更好地预测主观幸福感（更多的积极情绪、更少的抑郁症状），并且生命控制感可以显著地中介正义观与主观幸福感的关系。本研究表明正义观具有一定的心理适应功能，对于正遭受疾病生死折磨的人而言更是起到补偿控制作用。这意味着，提倡一种公正合理的付出回报观在中国文化下具有重要的临床实践价值。

关键词： 正义观　幸福感　补偿控制　肿瘤幸存者

---

[*]　本研究得到首都医学发展基金常见恶性肿瘤幸存者研究项目（No. 2007 - 1049）、北京协和医院主动脉夹层动脉瘤研究项目（No. 0539400）以及国际合作项目"文化与补偿控制"（No. JW2016004）的资助。本研究启动时，第一作者为中国科学院心理研究所博士研究生。感谢于凤花、高金金同学对数据收集和整理的协助，以及李娟研究员对研究过程的支持。

[**]　通信作者：吴胜涛，厦门大学新闻传播学院，副教授，email：michaelstwu@ gmail. com；姜颖，北京协和医院，主任医师，email：jiangying6161@ sohu. com。王毓洲，北京协和医院主任医师；张雅婷，厦门大学医学院本科生。

一　前言

人在根本上有一种追求并维持控制感的动机（Kelley，1971）。在日常生活中，人们通过赋予其所处的物理环境、社会环境以良好的秩序来获得对这个世界的控制感（Kay et al.，2009）；当有证据表明世界杂乱无序或不可控时，个体就会想方设法地重申秩序的存在，为此会从认知上虚幻出一些秩序模型（Whitson & Galinsky，2008）。即便这些认知模型的元素并不具有内在的关联性与客观性（如"踩踩脚"就会有"好运气"），但这种无关信息的意义联结被证明是内隐地自动加工的（Proulx & Heine，2009）。

（一）正义观与文化

正义是人类社会的首要美德和秩序体现，大量研究表明，个体的正义观越强，其自身的控制感就越强（Feather，1991；Rubin & Peplau，1973，1975；Witt，1989；Zuckerman & Gerbasi，1977）。正义动机理论（Just Motive Theory）认为，人类有一种相信"世界稳定有序、人们各得其所""善有善报、恶有恶报"的动机。得其应得（Deservedness）、付出有报（Reward for Application），因为只有这样，个体才有信心面对其所处的物理、社会环境；否则，个体将无法树立长远目标，甚至无法遵从日常行为规范（Lerner，1977，1980；Lerner & Miller，1978）。由于正义观如此重要，人们很难放弃这一观念。

从"应得"的角度，如果有证据表明这个世界实际上并非公平正义或井然有序的，我们将会非常烦恼。于是，宁愿否认事实上的不公，也不愿转变观念。然而，正义观作为一种对事实上并不总是公正的客观世界的一种幼稚看法，是人类对外部世界的正向错觉，会被生活于其中的我们所采用，进而帮助我们低估显而易见的不公（Lerner，1980）。西方研究者较多从分配是否"应得"的视角来理解正义问题，将正义观看作一种反社会的观念体系，它促使个体去指责或贬低弱势群体，如穷人（Furnham & Gunter，1984）、失业者（Reichle，Schneider，& Montada，1998）、老年人（Lipkus & Siegler，1993）、被强暴者（Jones & Aronson，1973）等。但值得注意的是，近来西方关于正义观是一种反社会态度的传统观点受到文化社会心理学研究者的质疑和挑战。柏拉图以来，"不应得"（Undeserved）或充满不公与假象的洞穴是西方文化对世俗世界的基本预设——正因为此岸世界是无序的、不可控的，所以追求善的理想国或理念世界才显得符合逻辑和律令；相反，以儒家传统为代表的中国文化保留了对世俗世界的逻辑肯定和道德美化——因为此岸世界是和谐、有序的，彼岸世界的"怪、乱、力、神"则只需存而不论（Cohen，Wu，& Miller，2016）。以往的跨文化研究确实也发现，东亚人比欧美人持有更强的正义观（Furnham，1985，2003）。

从"报"的角度，正义观提供了一种对未来的期待和对生活的希望，否则个体将失去人生奋斗的动力。以中国文化为背景的研究较多触及了正义问题中"报"的成分，他们的研究发现正义观作为世俗世界的付出回报观与意义建构系统，在心理健康与生活适应上具有重要的功能，例如，可以起到心理缓冲和正向激励的作用，帮助那些遭遇生活逆境、对生活缺乏掌控的弱势群体缓解压力，并激励他们努力工作、投资未来（Bond et al.，2004；Wu et al.，2013）。尤其在倡导"天道酬勤"与"祸福相依"的中国文化下，正义观甚至起到了意义建构和价值尺度的作用。我们的研究发现，中国人的正义观越强，其在灾难下的心理复原越好；在未来时间框架下（特质性的未来取向或情境性的未来希望），正义观的健康促进效应更大（Wu et al.，2011，2013）。从"报"的角度入手，正义观能够促进中国人的亲社会行为并表现出其积极的适应功能，例如，促进幸福感（蒋奖、王荣、张雯，2013），减少攻击（Poon & Chen，2014）和腐败（Bai，Liu，& Kou，2014）——这些适应功能在西方文化下很少被发现（Wu，Cohen，& Han，2015；吴胜涛等，2016）。

（二）正义观与补偿控制

越来越多的证据表明，正义观不仅在特定的文化环境下具有重要的适应功能，在特定的生活情境下也起到维持控制感、秩序感、意义感的作用，特别是在弱势情境下尤为重要，因为正义观所蕴含的社会秩序与生活信心可以对相对失控的生活起到次级控制或心理补偿的作用（Cohen，Wu，& Miller，2016；Kay et al.，2009；Wu，Cohen，& Han，2015；Wu et al.，2011）。例如，通过对西方研究的系统梳理，我们发现，尽管正义观随着年龄的增长而有所减弱，但正义观其实在成年期仍然会保持稳定，甚至在老年期会有所上升（Maes & Schmitt，2004；Oppenheimer，2006），在受到威胁时还会进一步强化（Callan，Ellard，& Nicol，2006）。与之相类似，那些未能享受中产阶级或大学生优越生活的弱势群体（如接受住房救济的居民）的正义观也较强（Sutton & Winnard，2007）。关于 36 个中国文化样本（$N=8396$）的元分析也发现，中国人总体而言相信这个世界是公平合理的，尤其是在非学生样本、弱势情境下更是如此（吴胜涛等，2016）。比如，灾区民众（Wu et al.，2009；Zhu et al.，2010）、贫困地区的青少年（Wu et al.，2011），其一般正义观会相对较强，其对生活满意度和心理复原的预测效应也较大。

在心理补偿的框架下，正义观是一种重要的思维策略和重建控制感的价值路径。在日常生活中，正义补偿的思维倾向可以有效地对弱势群体当前的劣势地位给予心理补偿（Gaucher et al.，2010）；在灾难等极端条件下，人们仍会看到一线希望，从劣势情境中发现阳光的一面（Anderson，Kay，& Fitzsimons，2010）。近年来，正义观研究也被应用到临床领域，比如，肿瘤幸存者、关节炎和纤维肌痛的慢性疼痛患者群体（McParland & Knussen，2010；Park et al.，2008）。然而，正义观是否能够帮助那些遭受疾病痛苦的人获得控制感，我们知之甚少。一些研究者认为，病痛经历并不是一个单纯的物理或生理过程，而是通过有意义的社会认知（Park，2010），在社会环境中发生的心理与社会过程（Platow et al.，2007）。事实上，控制感早已被应用到临床实践，比如，乳腺癌的治疗与康复领域（Taylor，Lichtman，& Wood，1984）。尽管如此，很多病人还是会出现回避外部世界的倾向（Ho et al.，2003）。因此，一般意义上的正义观（通常与医疗情境无关）是否有益于提升患者的控制感，仍然是一个有待检验的问题。

（三）研究问题与假设

众所周知，恶性肿瘤又被称为"癌症"，会极大地威胁患者的生命机体和生活质量，动摇他们的生命掌控感和幸福感。因此，研究肿瘤幸存者幸福感、生命控制感及其背后的社会心理因素，具有重要的临床实践意义。通过对北京某医院恶性肿瘤幸存者和健康对照组的调查，本研究旨在探索正义观能否在疾病条件下发挥补偿控制的作用，提升患者的主观幸福感。以往研究发现，在面临灾难、贫穷等生活逆境时中国人的正义观仍然保持稳定，且能够对心理复原有正向的预测效应（Wu et al.，2011，2013），因此，在本研究中我们对正义观也做出类似假设：（1）与健康对照组相比，肿瘤幸存者的正义观保持稳定，正义观并不会因为疾病威胁而减弱；（2）肿瘤幸存者的正义观对主观幸福感有显著的预测效应，健康被试的正义观与主观幸福感的关系较弱或不显著；（3）肿瘤幸存者的生命控制感在正义观与主观幸福感之间起到显著的中介作用，健康被试的生命控制感中介作用不显著。

二 方法

（一）被试

近五年来被确诊为恶性肿瘤的 54 例成人患者作为实验组（23 名女性，年龄在 18～88 岁），以及 51 名健康受试者（31 名女性，年龄为 21～79 岁）作为对照组。肿瘤组被试为北京某三甲医院肿瘤科门诊或住院部的肿瘤幸存者，均接受过化疗或正在接受化疗。所有肿瘤幸存者均在 2005 年以后被诊断为恶性肿瘤，其中消化系统肿瘤 20 例、呼吸系统肿瘤 15 例、内分泌系统肿瘤 11 例、其他系统肿瘤 8 例；肿瘤早期 7 例、中晚期 39 例、不确定 8 例；已接受手术或化疗的 40 例、正准备手术或放疗的 14 例。健康被试为于同一家医院的门诊咨询者或与肿瘤患者无亲属关系的门诊陪护者，并通过疾病筛查清单排除脑和神经系统疾病、心血管疾病、呼吸系统疾病、消化系统疾病、泌尿生殖系统疾病、骨骼肌肉组织疾病、五官科疾病、内分泌血液系统疾病、传染病、精神科疾病等急性或慢性病患者。良性肿瘤患者未被纳入本研究的调查范围。

（二）实验材料及过程

中文版正义观量表（Dallbert，1999；Wu et al.，2011）。包含 6 个题项（如"我认为这个世界基本上是公正合理的"；"我相信，总的来说，人们得到的都是他们应该得到的"；"我相信，从长远来看，遭遇不幸的人将会得到补偿"），1～6 点计分（1 = 极不赞同，6 = 极其赞同），得分越高表示正义观越强，越倾向于认为世界稳定有序、人们各得其所，测量信度良好（肿瘤幸存者 α = 0.83，健康被试 α = 0.69）。

中文版积极情绪、消极情绪量表（Kahneman et al.，2004；吴胜涛等，2009）。包含 4 个积极情绪词（如"快乐""能干"），8 个消极情绪词（如"失落""愤怒"）。被试在 0～4 点量尺上（0 = 从不，4 = 总是）报告他们最近一个月的情绪状态，测量信度良好，其中积极情绪，肿瘤幸存者 α = 0.64，健康被试 α = 0.65；消极情绪，肿瘤幸存者 α = 0.85，健康被试 α = 0.77。

中文版简明抑郁症状检核表（Derogatis，2001；王征宇，1984）。该量表最初源于 SCL - 90，包含 6 个题项（如"孤独""苦闷"），被试在 0～4 点量尺上（0 = 没有，4 = 严重）报告他们最近一周的抑郁症状，测量信度良好（肿瘤幸存者 α = 0.83，健康被试 α = 0.75）。

针对疾病应对经历改编的生命控制感量表（Ho et al., 2003, 2010）。包含 3 个题项（如"得病后，我仍然对生活充满希望"；"得病后，我更加懂得生命的意义"；"我相信我一定能战胜眼前的疾病"）。被试被要求在 0 ~ 4 点量尺上（0 = 从不，4 = 总是）报告他们在罹患癌症后的控制感（肿瘤幸存者）或是在过去疾病（如轻微感冒、外伤等非致命疾病）经历中的控制感（健康被试），得分越高表明在病痛情境下的生命控制感越强，测量信度良好（肿瘤幸存者 α = 0.82，健康被试 α = 0.86）。

本研究得到中国科学院心理研究所科学研究伦理委员会审核通过。问卷在诊室发放，研究结束后每个被试得到了一个价值五元左右的礼物作为酬谢。在填答问卷前，被试及 65 岁以上老人的家属签署知情同意书，然后由医生通过一个疾病筛查清单跟被试确认患病或健康状况，最后由研究助理阅读指导语，由被试本人填写心理量表。

三　结果

（一）数据预处理

考虑到肿瘤幸存者的病情和疗程差异，首先对所有变量在肿瘤类型和是否接受手术、化疗上的组间差异进行检验。结果显示，不同肿瘤类型（$F = 0.01 ~ 1.85$，$p = 0.15 ~ 0.99$）以及是否接受手术、化疗（$t = -0.94 ~ 0.44$，$p = 0.35 ~ 0.82$）的被试在正义观、积极情绪、消极情绪、抑郁症状和生命控制感的得分上均无显著差异。因此，后续的分析把所有肿瘤幸存者合并处理。

（二）假设检验

独立样本 t 检验显示，肿瘤幸存者与健康被试的正义观、积极情绪、消极情绪、抑郁症状和生命控制感的差异均未达到显著水平，即肿瘤幸存者的正义观、主观幸福感并没有因为疾病生死的威胁而下降，其生命控制感与健康被试相当。详见表 1。

表 1　肿瘤幸存者与健康被试的正义观、生命控制感和主观幸福感

	肿瘤幸存者（$N = 54$）		健康被试（$N = 51$）		t	p
	Mean	*SD*	*Mean*	*SD*		
正义观	4.65	0.96	4.65	0.63	-0.01	0.99

续表

	肿瘤幸存者（$N=54$）		健康被试（$N=51$）		t	p
	Mean	*SD*	*Mean*	*SD*		
生命控制感	3.48	0.66	3.25	0.82	1.54	0.13
积极情绪	2.60	0.71	2.82	0.51	-1.79	0.08
消极情绪	1.09	0.69	1.16	0.52	-0.63	0.53
抑郁症状	0.51	0.68	0.37	0.48	1.20	0.23

相关分析表明，正义观与生命控制感、积极情绪显著正相关，与消极情绪显著负相关；生命控制感与积极情绪显著正相关，与消极情绪和抑郁症状显著负相关（见表2）。

表2　正义观、生命控制感与主观幸福感的相关分析

	生命控制感	积极情绪	消极情绪	抑郁症状
正义观	0.22*	0.30**	-0.28**	-0.11
生命控制感		0.28**	-0.38**	-0.29**
积极情绪			-0.36**	-0.55**
消极情绪				0.59**

注：* $p<0.05$，** $p<0.01$。

以身体状况为调节变量（肿瘤＝1，健康＝0），以正义观为自变量，积极情绪、消极情绪和抑郁症状为因变量，性别、年龄为协变量，进行简单调节模型分析（Hayes，2013）。结果表明，正义观与积极情绪的关系受到身体状况的显著调节作用，$F(1, 97)=5.62$，$p<0.05$，$\Delta R^2=0.05$。如图1（上）所示，对于肿瘤幸存者而言，正义观显著地正向预测积极情绪，$t=4.24$，$p<0.001$；而对于健康被试，正义观与积极情绪的关系不显著，$t=-0.15$，$p=0.88$。同时，正义观与抑郁症状的关系也受到身体状况的显著调节作用，$F(1, 91)=6.21$，$p<0.05$，$\Delta R^2=0.06$。如图1（下）所示，对于肿瘤幸存者而言，正义观显著地负向预测抑郁症状，$t=-2.20$，$p<0.05$；而对于健康被试，正义观与抑郁症状关系不显著，$t=1.61$，$p=0.11$。然而，身体状况对正义观与消极情绪关系的调节效应没有达到统计显著水平，$F(1, 97)=0.16$，$p=0.69$，$\Delta R^2=0.00$。

考虑到肿瘤幸存者的正义观可以显著预测积极情绪和抑郁症状，我们进一步以其生命控制感为中介变量进行简单中介模型分析（Hayes，2013）。如图2（A）所示，肿瘤幸存者的正义观预测积极情绪的总体效应

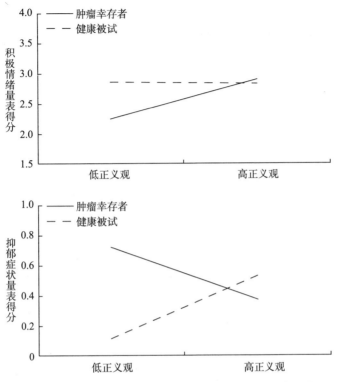

图1　身体状况（肿瘤 VS. 健康）对正义观与积极情绪（上）、抑郁症状（下）的调解作用

（$B = 0.33$，$SE = 0.09$，$t = 3.52$，$p < 0.01$，$\Delta R^2 = 0.20$）、直接效应（$B = 0.27$，$SE = 0.10$，$t = 2.84$，$p < 0.01$）均达到显著水平[1]，同时间接效应 $B = 0.05$，$SE = 0.04$，CI [0.01，0.16]；由于间接效应置信区间不跨零，故生命控制感在正义观与积极情绪之间起部分中介作用。如图2（B）所示，肿瘤幸存者的正义观预测抑郁症状的总体效应显著（$B = -0.18$，$SE = 0.10$，$t = -1.84$，$p < 0.05$ 单侧，$\Delta R^2 = 0.06$），而直接效应不显著（$B = -0.06$，$SE = 0.09$，$t = -0.73$，$p = 0.47$）[2]，间接效应 $B = -0.12$，$SE =$

---

[1] 肿瘤幸存者的正义观能够显著预测生命控制感（$B = 0.22$，$SE = 0.09$，$t = 2.38$，$p < 0.05$），生命控制感显著预测积极情绪（$B = 0.25$，$SE = 0.14$，$t = 1.82$，$p < 0.05$ 单侧）。由于上述相关分析已表明生命控制感与积极情绪存在显著的正相关，故此处可以做单侧假设，0.05 水平单侧显著在统计上可以接受。

[2] 由于上述调节效应分析已表明肿瘤幸存者的正义观能够显著地负向预测抑郁症状，故此处可以做单侧假设，0.05 水平单侧显著在统计上可以接受。此外，肿瘤幸存者的正义观能够显著预测生命控制感（$B = 0.21$，$SE = 0.09$，$t = 2.21$，$p < 0.05$），生命控制感显著预测抑郁症状（$B = -0.56$，$SE = 0.13$，$t = -4.44$，$p < 0.01$）。

0.07，CI =［-0.35，-0.04］；由于间接效应置信区间不跨零，故生命控制感在正义观与抑郁症状之间起完全中介作用。

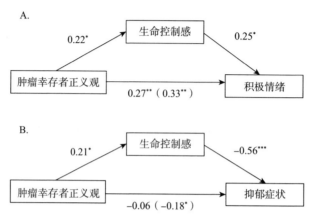

图 2　恶性肿瘤幸存者的生命控制感在正义观和积极情绪（A）或抑郁症状（B）之间的中介作用

注：*p < 0.05，**p < 0.01，***p < 0.001。

四　结论与讨论

　　通过对恶性肿瘤幸存者和健康对照组的调查，本研究发现，恶性肿瘤幸存者与健康人的正义观、积极情绪、消极情绪、抑郁症状和生命控制感基本持平，患者的正义观、主观幸福感以及对生命的掌控感并没有因为疾病而减弱；进一步的调节与中介模型分析显示，相对于健康人，肿瘤幸存者的正义观可以更好地预测主观幸福感（更多的积极情绪、更少的抑郁症状），并且生命控制感可以显著地中介正义观与主观幸福感的关系。上述结果再次证明，正义观具有一定的心理适应功能，对遭遇生活逆境的中国人起到补偿控制的作用（Cohen，Wu，& Miller，2016；Wu et al.，2011，2013）；在疾病条件下，提倡公正合理的付出回报观有利于恶性肿瘤幸存者提升生命控制感和主观幸福感——这与西方肿瘤患者生存质量的研究发现相一致，对中国临床康复研究具有一定的启发意义（Park，2010；Park et al.，2008）。

　　为什么恶性肿瘤在生理上对患者造成致命威胁的同时，并没有给他们的生命质量造成致命打击？究其原因，可能是社会认知在疾病应对上发挥了重要作用。具体而言，正义观作为一种补偿控制源（Cohen，Wu，&

Miller，2016；Kay et al.，2009），在肿瘤幸存者对生命的掌控受到威胁的情况下提供了心理层面的控制感和意义感——因为相信公正合理、付出有报，所以在患病条件下就会产生这样的心理预期（Park et al.，2008）：只要努力付出（坚持治病、坚强生活），就会获得好的回报（如疾病康复、生活幸福）。所谓"九死一生""否极泰来"，这样的积极社会认知与心理预期，人们在身体健康时往往体会不深、作用不大，但在生命受到威胁时感受强烈、效应凸显——身体状况在正义观与主观幸福感之间的调解作用支持了这一点。进而，中介分析也表明，公正合理、付出有报的信念给了肿瘤幸存者更强的生命控制感，例如增强了生命的意义和希望、坚定了他们战胜疾病的信心，这些都是主观幸福感（更多积极情绪、更少抑郁症状）的保护因素。以往研究也发现，高正义观的人往往能在劣势情境中发现阳光的一面（Anderson，Kay，& Fitzsimons，2010）。

尽管本研究关于正义观、生命控制感、主观幸福感的假设均得到了支持，但是效应量并不大。例如，身体状况（肿瘤 VS 健康）对正义观与主观幸福感（较多积极情绪、较少抑郁症状）的调节效应 ΔR^2 只有 0.05 左右，身体状况对正义观与一般意义上消极情绪的调节效应并不显著。此外，癌症患者的生命控制感预测积极情绪、正义观预测抑郁症状的效应量不大，仅达到单侧显著水平。分析导致这些不足的原因，一方面，本研究的肿瘤幸存者组和健康对照组的样本量都较小，以致随机误差较大，一些影响主观幸福感的重要人口学变量（如婚姻状况、受教育水平、经济收入水平等）没有在考虑之列；另一方面，本研究没有对恶性肿瘤幸存者的并发疾病进行很好的控制，例如一些慢性病（如尿毒症、冠心病）患者可能长期受到不致命但很痛苦的疾病折磨，其正义观和生命控制感在疾病应对中的心理能量可能容易随时间而消耗殆尽。上述因素在将来的研究中应该得到更加系统的控制和考察。

参考文献

蒋奖、王荣、张雯，2013，《"蚁族"群体的公正世界信念与幸福感研究》，《心理发展与教育》第 2 期，第 208～213 页。

王征宇，1984，《症状自评量表（SCL - 90）》，《上海精神医学》第 2 期，第 68～70 页。

吴胜涛、潘小佳、王平、诺德曼、李会杰，2016，《正义动机研究的测量偏差问题：关于中国人世道正义观（公正世界信念）的元分析》，载《中国社会心理学评论》第 11 辑，第 162～178 页。

吴胜涛、王力、周洁明、王文忠、张建新，2009，《灾区民众的公正观与幸福感及其与非灾区的比较》，《心理科学进展》第 3 期，第 579～587 页。

Anderson, J. E. , Kay, A. C. , & Fitzsimons, G. M. (2010) . In search of the silver lining: The justice motive fosters perceptions of benefits in the later lives of tragedy victims. *Psychological Science*, 21 (11) , 1599 – 1604.

Bai, B. , Liu, X. , & Kou, Y. (2014) . Belief in a just world lowers perceived intention of corruption: The mediating role of perceived punishment. *PloS One*, 9 , e97075.

Bègue, L. & Bastounis, M. (2003) . Two spheres of belief in justice: Extensive support for the bidimensional model of belief in a just world. *Journal of Personality*, 71 (3) , 435 – 463.

Bond, M. , Leung, K. , Au, A. , Tong, K. , & Chemonges-Nielson, Z. (2004) . Combining social axioms with values in predicting social behaviours. *European Journal of Personality*, 18 , 177 – 191.

Callan, M. , Ellard, J. , & Nicol, J. (2006) . The belief in a just world and immanent justice reasoning in adults. *Personality and Social Psychology Bulletin*, 32 (12) , 1646 – 1658.

Campbell-Sills, L. & Stein, M. (2007) . Psychometric analysis and refinement of the Connnor-davidson Resilience Scale (CD-RISC): Validation of a 10-item measure of resilience. *Journal of Traumatic Stress*, 20 (6) , 1019 – 1028.

Cohen, A. B. , Wu, M. S. , & Miller, J. (2016) . Religion and culture: Individualism and collectivism in the east and west. *Journal of Cross-Cultural Psychology*, 47 (9): 1236 – 1249.

Cubela Adoric, V. , Kvartuc, T. , Ramona Bobocel, D. , & Hafer, C. L. (2007) . Dealing with strain at the workplace: A just world perspective. *European Psychologist*, 12 (4) , 261 – 271.

Dalbert, C. (1999) . The world is more just for me than generally: About the personal belief in a just world scale's validity. *Social Justice Research*, 12 (2) , 79 – 98.

Derogatis, L. (2001) . BSI 18, *Brief Symptom Inventory* 18: *Administration, Scoring and Procedures Manual*. Minneapolis, MN: NCS Pearson, Inc.

Feather, N. T. (1991) . Human values, global self-esteem, and belief in a just world. *Journal of Personality*, 59 (1) , 83 – 107.

Folkman, S. , Lazarus, R. S. , Dunkel-Schetter, C. , DeLongis, A. , & Gruen, R. J. (1986) . Dynamics of a stressful encounter: Cognitive appraisal, coping, and encounter outcomes. *Journal of Personality and Social Psychology*, 50 (5) , 992 – 1003.

Furnham, A. & Gunter, B. (1984) . Just world beliefs and attitudes towards the poor. *British Journal of Social Psychology*, 23 (3) , 235 – 269.

Furnham, A. (2003) . Belief in a just world: research progress over the past decade. *Personality and Individual Differences*, 34 (5) , 795 – 817.

Furnham, A. (1985) . Just world beliefs in an unjust society: A cross cultural comparison. *European Journal of Social Psychology*, 15 (3) , 363 – 366.

Gaucher, D. , Hafer, C. L. , Kay, A. C. , & Davidenko, N. (2010) . Compensatory rationalizations and the resolution of everyday undeserved outcomes. *Personality and Social Psychology Bulletin*, 36 (1) , 109 – 118.

Hayes, A. F. (2013). *Introduction to Mediation, Moderation, and Conditional Process Analysis: A Regression-based Approach.* New York, NY: The Guilford Press.

Ho, S., Ho, J., Bonanno, G., Chu, A., & Chan, E. (2010). Hopefulness predicts resilience after hereditary colorectal cancer genetic testing: A prospective outcome trajectories study. *BMC Cancer*, 10 (1), 279.

Ho, S. M. Y., Kam Fung, W., Chan, C. L. W., Watson, M., & Tsui, Y. K. Y. (2003). Psychometric properties of the Chinese version of the Mini-Mental Adjustment to Cancer (MINI-MAC) scale. *Psycho-Oncology*, 12 (6), 547 – 556.

Jones, C. & Aronson, E. (1973). Attribution of fault to a rape victim as a function of respectability of the victim. *Journal of Personality and Social Psychology*, 26 (3), 415 – 419.

Kahneman, D., Krueger, A. B., Schkade, D. A., Schwarz, N., & Stone, A. A. (2004). A survey method for characterizing daily life experience: The day reconstruction method. *Science*, 306, 1776 – 1780.

Kay, A. C., Whitson, J. A., Gaucher, D., & Galinsky, A. D. (2009). Compensatory control: Achieving order through the mind, our institutions, and the heavens. *Current Directions in Psychological Science*, 18 (5), 264 – 268.

Kelley, H. H. (1971). *Attributions in Social Interaction.* Morristown, NJ: General Learning Press.

Lerner, M. J. (1977). The just motive: Some hypotheses as to its origins and forms. *Journal of Personality*, 45 (1), 1 – 52.

Lerner, M. J. (1980). *The Belief in a Just World: A Fundamental Delusion.* New York and London: Plenum Press.

Lerner, M. J. & Miller, D. T. (1978). Just world research and the attribution process: Looking back and ahead. *Psychological Bulletin*, 85 (5), 1030 – 1051.

Lipkus, I. M., Dalbert, C., & Siegler, I. C. (1996). The importance of distinguishing the belief in a just world for self versus others: Implications for psychological well-being. *Personality & Social Psychology Bulletin*, 22 (7), 666 – 677.

Lipkus, I. M. & Siegler, I. C. (1993). The belief in a just world and perceptions of discrimination. *The Journal of Psychology: Interdisciplinary and Applied*, 127 (4), 465 – 474.

Maes, J. & Schmitt, M. (2004). Transformation of the justice motive? Belief in a just world and its correlates in different age groups. In C. Dalbert & H. Sallay (Eds.), *The Justice Motive in Adolescence and Young Adulthood: Origins and Consequences* (pp. 64 – 82). London: Routledge.

McParland, J. & Knussen, C. (2010). Just world beliefs moderate the relationship of pain intensity and disability with psychological distress in chronic pain support group members. *European Journal of Pain*, 14 (1), 71 – 76.

Oppenheimer, L. (2006). The belief in a just world and subjective perceptions of society: A developmental perspective. *Journal of Adolescence*, 29, 655 – 669.

Park, C. (2010). Making sense of the meaning literature: An integrative review of meaning making and its effects on adjustment to stressful life events. *Psychological Bulletin*, 136 (2),

257 - 301.

Park, C., Edmondson, D., Fenster, J., & Blank, T. (2008). Meaning making and psychological adjustment following cancer: The mediating roles of growth, life meaning, and restored just-world beliefs. *Journal of consulting and clinical psychology*, 76 (5), 863 - 875.

Platow, M. J., Voudouris, N. J., Gilford, N., Jamieson, R., Najdovski, L., Papaleo, N., et al. (2007). In-group reassurance in a pain setting produces lower levels of physiological arousal: Direct support for a self-categorization analysis of social influence. *European Journal of Social Psychology*, 37 (4), 649 - 660.

Poon, K. - T. & Chen, Z. (2014). When justice surrenders: The effect of just-world beliefs on aggression following ostracism. *Journal of Experimental Social Psychology*, 52, 101 - 112.

Proulx, T. & Heine, S. J. (2009). Connections from Kafka: Exposure to meaning threats improves implicit learning of an artificial grammar. *Psychological Science*, 20 (9), 1125 - 1131.

Reichle, B., Schneider, A., & Montada, L. (1998). How do observers of victimization preserve their belief in a just world cognitively or actionally? In L. Montada & M. J. Lerner (Eds.), *Responses to Victimization and Belief in a Just World* (pp. 55 - 86). New York: Plenum.

Rubin, Z. & Peplau, A. (1973). Belief in a just world and reactions to another's lot: A study of participants in the national draft lottery. *Journal of Social Issues*, 29 (4), 73 - 93.

Rubin, Z. & Peplau, L. A. (1975). Who believes in a just world? *Journal of Social Issues*, 31 (3), 65 - 89.

Sutton, R., Douglas, K., Wilkin, K., Elder, T., Cole, J., & Stathi, S. (2008). Justice for whom, exactly? Beliefs in justice for the self and various others. *Personality and Social Psychology Bulletin*, 34 (4), 528 - 541.

Sutton, R. & Winnard, E. (2007). Looking ahead through lenses of justice: The relevance of just-world beliefs to intentions and confidence in the future. *British Journal of Social Psychology*, 46 (3), 649 - 666.

Taylor, S. E., Lichtman, R. R., & Wood, J. V. (1984). Attributions, beliefs about control, and adjustment to breast cancer. *Journal of Personality and Social Psychology*, 46 (3), 489 - 502.

Whitson, J. A. & Galinsky, A. D. (2008). Lacking control increases illusory pattern perception. *Science*, 322 (5898), 115 - 117.

Witt, L. A. (1989). Urban-nonurban differences in social cognition: Locus of control and perceptions of a just world. *The Journal of Social Psychology*, 129 (5), 715 - 717.

Wu, M. S., Cohen, A. B., & Han, B. (2015). *Belief in a just world versus belief in God: Relations with control and well-being in Chinese and Americans*. Paper presented at The 9th Sino-American Cultural Psychology of Religion Conference, Beijing, China.

Wu, M. S., Sutton, R. M., Yan, X., Zhou, C., Chen, Y., Zhu, Z., et al. (2013). Time frame and justice motive: Future perspective moderates the adaptive function of general belief in a just world. *PloS One*, 8 (11), e80668.

Wu, M. S. , Yan, X. , Bonanno, G. A. , Belkin, G. , Wang, T. , Wang, W. , et al. （2011）. The psychological typhoon eye effect: Geographic and temporal variations of belief in a just world and satisfaction with life after disaster. Unpublished manuscript.

Wu, M. S. , Yan, X. , Zhou, C. , Chen, Y. , Li, J. , Shen, X. , et al. （2011）. General belief in a just world and resilience: Evidence from a collectivistic culture. *European Journal of Personality*, 25 （6）, 431 – 442.

Wu, M. S. , Zhou, C. , Han, B. , Chen, Y. , & Zhu, Z. （2011）. *Wronged and deserved: The self-others' distinction of belief in a just world.* Paper presented at the 7th Chinese Psychologists Conference, Taipei.

Wu, S. , Wang, L. , Zhou, M. , Wang, W. , & Zhang, J. （2009）. Belief in a just world and subjective well-being: Comparing disaster sites with normal areas （in Chinese）. *Advances in Psychological Science*, 17 （3）, 579 – 587.

Zhu, Z. H. , Wu, S. T. , Li, J. , Shi, Z. B. , & Wang, W. Z. （2010）. Belief in a just world and satisfaction of teachers in 5. 12 Sichuan earthquake. *Chinese Journal of Clinical Psychology*, 18 （1）, 79 – 84.

Zuckerman, M. & Gerbasi, K. C. （1977）. Belief in internal control or belief in a just world: The use and misuse of the IE scale in prediction of attitudes and behavior. *Journal of Personality*, 45 （3）, 356 – 378.

Yu, Y. -S. （2003）. Between the heavenly and the human. In W. Tu & M. E. Tucker （Eds.）, *Confucian Spirituality*. New York, NY: The Crossroad Publication.

《中国社会心理学评论》 第 15 辑
第 90～118 页
© SSAP，2018

出狱人身份的污名赋予、应对策略及动力研究

——基于 J 省 T 市 26 名出狱人的深度访谈[*]

高梅书[**]

摘　要：本研究运用深度访谈法对 J 省 T 市 26 名出狱人进行研究发现，出狱人在出狱初期遭受公众污名和自我污名的双重困扰。前者表现为重刑主义等文化传统所赋予出狱人的负面标签，社会保障、职级晋升等方面对出狱人的制度排斥以及人际疏离和就业歧视；后者表现为出狱人自我负面标签、自我价值的怀疑及自我边缘化。但出狱人并非污名化的消极接受者，在感戴之情、责任意识以及"面子关怀"等强大动力的激发下，他们努力建构自己的空间：首先通过选择性比较及自我合理化等防御性策略进行自我协商，接纳现实处境；进而通过积极预期、个人资源的充分挖掘、寻求"自己人"的支持抑或重建"圈子"等建构性策略重构普通社会成员乃至优势群体成员身份以消解污名化身份。为减轻出狱人的污名困扰，促进其顺利融入社会，本文提出了多层面建议。

关键词：出狱人　公众污名　自我污名　应对策略

一　问题的提出

在当前社会急剧转型期，我国犯罪率居高不下。目前全国监狱总共有

* 基金项目：国家社会科学基金项目（16CSH066）；教育部人文社会科学青年基金项目（17YJC840042）。

** 高梅书，南通大学管理学院副教授，博士，email：gaomeishu@163.com。

押犯 160 余万人。除了极少数例外，其中绝大部分监狱犯人会回归社会。他们回归社会后，成为社会中的一个特殊群体——出狱人。严格意义上说，出狱人有广义和狭义之分。广义的出狱人，指凡是被判处过刑罚或曾被监禁、收审等回归社会的人员，包括刑满释放人员；被判处管制、缓刑在社会执行的人员；保外就医、监外执行人员及假释人员。狭义的出狱人，即刑释出狱人，指被判处有期徒刑、无期徒刑、死刑缓期两年执行，在监狱服刑期满或经减刑后刑罚执行完毕释放回归社会的人员。本文中的出狱人主要包括刑满释放人员和假释人员。出狱人因其曾经的犯罪经历极易受到社会的污名化。正如戈夫曼所说，"犯罪是个人品格的污点"，"这种污名符号（stigma symbols）引人关注不光彩的身份差距、在打碎一副本可以浑然一体的画面方面特别有效，人们对此人的评价随之降低"（戈夫曼，2009：5、61）。犯罪这种污名符号往往使其拥有者身份受损，社会地位贬低，社会信誉与社会价值丧失。那么，在中国这样一个极为重视人伦道德教化、耻感文化比较发达的社会环境下，出狱人遭遇了哪些污名化困境？他们是如何应对污名化困境的？是什么样的力量推动他们积极对抗污名的？本文尝试通过对 26 名出狱人的深度访谈，对这些问题做探索性研究。

二 文献回顾

语义学考古认为，"污名"（stigma）一词源自古希腊，最初是指用灼热的烙铁在侍奉神的人身上留下记号，具有宗教含义。后来转变为用刺或者烙的方式在奴隶或罪犯的躯体上留下记号，以标示其社会等级、身份地位的低下。1963 年，美国社会学家欧文·戈夫曼将污名（stigma）一词引入社会学领域，明确地将"stigma"等同于使个体异于常人的一种"不名誉"的特征，而且如上文所说，戈夫曼专门对犯罪这种"不名誉"的符号进行了论述。在戈夫曼之后，社会心理学家 Jones 等用不名誉的"记号"（mark）替换了戈夫曼的不名誉的"特征"，并引入"印象吞没"（impression engulfment）概念阐述了污名化的形成过程。Jones 等认为，在社会互动过程中，人们以不名誉的记号为基础形成了对记号背负者的整体印象，这一印象逐渐淹没了记号背负者本身，从而实现了从记号到污名的转化（Jones et al.，1984：8 - 9）。Crocker 等（1998：504）指出，"一些属性或特征代表了在特定社会背景中受贬抑的社会身份，当一个人拥有（或被认为拥有）这些属性或特征时，污名化就会发生"。Corrigan（Corrigan &

Amy，2002）进一步指出污名是由"公众污名"与"自我污名"相统一而构成的整体，前者指社会对被污名群体的刻板印象，后者则指公众污名产生之后被污名者出现的自我贬损。

由上文可知，污名从词源学上看就与犯罪有密切关联。可以说，犯罪自古以来就是一种不名誉的行为。由于犯罪本身的不名誉性，背负罪名者极易因"印象吞没"机制而被污名化，即便已经接受了矫正的刑释人员等出狱人也常陷入污名化困境。这种污名化困境通常既包括公众污名也包括自我污名，而且二者之间相互作用、相互促进。当然，作为被污名者的出狱人，并非刻板印象的受害者和消极接受者，相反，他们也在努力地建构自己的空间并积极追求成就的获得（Oyserman & Swim，2001）。

但文献梳理发现，国外研究仅仅停留于描述出狱人的污名预期、污名感知及这些预期和感知对其社会适应的影响，而对出狱人污名身份的内外在建构机制缺乏深入挖掘，即未能对社会观念、社会制度如何对出狱人进行外在的污名建构以及出狱人自身如何对外在污名进行内化吸收而形成自我污名等复杂的过程进行研究，也未能对出狱人的主体性给予足够重视，对于出狱人应对污名的策略研究很不深入。

关于污名预期的研究，国外的研究者得出了不同的结论。Benson 等（2011）研究发现，大部分被访者污名预期较弱，对出狱后的生活抱有比较乐观的态度。而 Winnick 和 Bodkin（2008）的研究则认为，大多数人预期出狱后会遇到比较严重的歧视和排斥。关于污名预期与种族之间的关系，也存在不同的结论。Harris（1976）研究发现，犯罪人的污名预期存在一定的种族差异。对于黑人来说，虽然负有较高的刑事责任（犯更严重的罪行）但污名预期较低，而白人即使负有较低的刑事责任者也有较高的污名预期。Benson 等（2011）却发现污名预期不受种族的影响，而更多受个性及社会联结状况等因素的影响。那些自我控制能力差、与父母的联结较弱、对犯罪积极定义的监狱犯人有较强的污名预期。另外，羞耻感强的人也有较强的污名预期。还有研究发现，污名预期与受教育程度有一定关联，受教育程度较高者比受教育程度较低者有更强的污名预期（LeBel，2012）。

上述研究只是描述了监狱犯人的污名预期状况，并各有侧重地讨论了种族、个性、受教育程度、羞耻感、社会联结状况等对污名预期的影响，但未能对污名意识（perceived stigma，即意识到的污名）和污名预期（anticipated stigma，即预期的污名）的关系以及污名意识、污名预期对出狱后行为的影响进行研究。这一研究不足在新近的一项研究中得到了弥补

（Moore，Stuewig，& Tangney，2016）。Moore 等假设污名意识会影响监狱犯人的污名预期，而污名预期又可能会导致他们出狱后在多方面的糟糕的适应状况（比如重新犯罪、物质依赖、精神健康状况、社区适应）。研究结果表明，污名意识确实可以通过污名预期预测他们比较差的社区适应，也就是说，污名意识越高的人污名预期也越高，而污名预期越高则呈现越差的社区适应。

关于污名感知，大多数研究发现出狱人普遍感知到不同程度的污名。污名化导致出狱人在寻找并维持一份稳定的工作、修复破裂的家庭关系及社区融入等方面都存在一定的障碍（Visher & Travis，2003）。当然，也有研究发现，并非所有人都对出狱人有同等程度的污名，与那些跟出狱人没有直接接触的人相比，家人及熟悉他们的人对他们有更少的污名。另外，不同的出狱人感到的污名程度也有差别，那些有多次违反假释规定的经历、与其他犯罪人员有更强烈的认同、在犯罪比较严重的社区长大、与家庭及朋友的联系纽带脆弱的出狱人感知到更多的污名（LeBel，2012）。也有少数研究发现，某些出狱人并未感知到污名。Harris（2001：173－174）对因酒驾入刑的犯罪人的研究发现，无论是被判处传统的刑事法院处罚者还是被判处家庭小组会议形式处罚者都未感到被污名化。至于为什么不同的出狱人感知到的污名程度不同，这些研究并未详细讨论。或许前文 Moore 等的研究结论可以做出一定的解释，即污名意识会影响污名预期，进而影响污名感知。而污名意识又与犯罪类型、入狱次数（初次入狱还是多次入狱）、个人的社会联结状况等因素相关。

关于污名对出狱人的影响，理论上有两种截然不同的观点。"重整羞耻理论"（Reintegrative Shaming Theory）认为污名不利于出狱人复归社会，因为污名给出狱人贴上耻辱性标签，给其在社会融入中带来诸多障碍。标签理论也持同样观点。威慑理论（Deterrence Theory）则认为污名化有利于阻止犯罪人重新犯罪，因为他们出狱后感到羞耻，遭遇到家人、朋友、雇主等的排斥和疏离，付出了"依附代价"（attachment cost），这可以警醒他们不敢再从事犯罪行为。实证研究也有不同的研究结论。Schneider 和 McKim（2003）研究发现，他人的污名没有对假释人员的行为产生直接影响。假释人员感受到的污名主要来自雇主、执法人员及社区。但这种污名被假释人员感受到的来自家人和朋友的支持所抵消，所以假释人员并没有严重的自我污名。Tewksbury（2012）对 24 名性犯罪者的研究发现，污名内化使他们感到羞愧、沮丧和恐惧，并感觉到标签化身份的不公以及对赋予污名者充满愤恨。还有研究发现，不同阶层的出狱人受到的污名影响不一样。Kerley 和 Copes（2004）研究发现，白领罪犯在出狱后更容易复原（重新振作）。然而，如果他们在 24 岁之前遭到多次逮捕或监禁，白领罪犯与街头罪犯（street-level offenders）一样难以获得稳定的就业。面对污名情境，出狱人采取的应对策略主要有隐瞒、退缩及预防性告知。Winnick等（Winnick & Bodkin, 2008）调查发现，尽管大多数人预料到出狱后可能会遭到比较严重的排斥，但作为一种适应策略，他们更倾向于进行预防性告知而不是回避或隐瞒。当然，当遇到可能引起排斥的情况，比如歧视性观念或减少就业机会时，他们往往会采取回避和隐瞒策略。当遇到"明智"的家人和朋友时，他们更倾向于预防性告知而不是隐瞒。另外，白人罪犯更注意隐瞒前犯罪人身份，因为前犯罪人身份会阻碍白人特权，而隐瞒可以使白人优势继续保持，尤其是在劳动力市场中，所以白人犯罪者更加严格保密前犯罪人身份，而且他们的隐瞒容易成功，因为白人一般不会被认为有犯罪记录。而对黑人犯罪者而言，种族污名也许能代替犯罪污名，所以对犯罪污名的管理就显得不那么迫切（Winnick & Bodkin, 2009）。

国内除了香港学者崔永康、郑国贤（2016）对香港年轻男性刑释人员的自我污名进行了研究，尚未见到其他直接以污名为主题的对出狱人群体的研究。出狱人的污名化问题大多在出狱人的社会排斥、社会融入等主题中有所涉及。其中莫瑞丽（2010：64～229）、骆群（2012：87～160）、吴鹏森和石发勇（2014）对犯罪人的社会排斥研究与污名化主题最为接近。他们主要对社区服刑人员及刑释人员在就业、婚恋、人际交往、社会保障等方面遭遇的排斥状况进行了描述。

鉴于国内外学者对出狱人身份的污名建构机制及对出狱人应对污名的主体性策略研究尚不够深入，本文将侧重从外在的社会结构环境及出狱人内在的个体因素两个层面探究出狱人身份污名的赋予机制，并关注出狱人的主体能动性，深入挖掘其面对污名情境所采取的丰富的因应策略以及背后的动力因素，尤其是具有本土文化特色的动力因素。

三 研究方法

由于污名感知及应对过程往往涉及非常私人化的且丰富的内心体验，而且国内既有文献中对出狱人身份污名的实证研究非常少，所以本文对出狱人身份污名这一主题开展质性的探索性研究。

本文的研究方法主要是深度访谈法。笔者于 2013 年 8 月至 2015 年 8 月对 J 省 T 市的 26 名出狱人就社会适应问题进行了为期 2 年的定性调查。

污名化是大多数出狱人所面临的重要适应性问题之一，污名与"抗污"几乎伴随其社会适应全过程，因而也是重要的访谈内容之一。在正式访谈之前，初步拟定了访谈提纲对 6 名访谈对象进行了预访谈，在预访谈的基础上对访谈提纲进行了修改和完善。访谈内容主要包括被访者对自己出狱人身份的感受、他们在就业和人际交往等方面是否遭遇过歧视以及应对歧视的策略等。正式访谈以半结构方式进行，每名被访者的访谈次数在 3～5次，每次访谈时间为 50 分钟至 3 个小时不等。在征得被访者同意的基础上对访谈内容进行了录音。只有 2 名被访者不同意录音，于是采取了边访谈边记录的方式，访谈结束后立即对访谈资料进行了整理。所有访谈录音全部转录成文字材料。以下引用的访谈文本编码采用姓名缩写字母的形式，研究的结果和讨论建立于对访谈内容的分析上。本文侧重从研究对象视角诠释其被歧视及污名的境遇并探讨在中国文化语境下出狱人污名身份的建构机制、主体性应对策略及其内在动力，以期为出狱人的去污名化帮扶工作提供一定的理论参考。

26 名被访者的基本信息见表 1。

表 1　被访者基本信息

案例序号	姓名代码	性别	年龄	婚姻状况	案由	刑期	犯罪前工作情况
1	CJ	男	57	已婚	受贿	11 年	公司负责人
2	CJF	男	38	已婚	协助组织卖淫	5 年 6 个月	个体户
3	CJR	男	46	已婚	重大责任事故	3 年	公司负责人
4	CMH	男	48	已婚	受贿	10 年	教师
5	CR	男	32	未婚	故意杀人	无期	学生
6	CX	男	41	已婚	挪用公款	10 年 6 个月 尚未归还的 949765.9 元 继续予以追缴	会计
7	GJ	男	31	离异	诈骗	6 年	医生
8	HJJ	男	29	未婚	盗窃	10 年 6 个月	公司雇员
9	JZP	男	51	已婚	受贿	5 年	公司负责人
10	LYJ	男	53	已婚	受贿	5 年	公务员
11	LYM	女	57	已婚	受贿	5 年	公务员
12	LZ	男	42	未婚	流氓（1996 年判刑）	20 年	个体户
13	PX	男	54	已婚	受贿	10 年	教师
14	QJH	男	56	已婚	贪污受贿	18 年	教师

续表

案例序号	姓名代码	性别	年龄	婚姻状况	案由	刑期	犯罪前工作情况
15	QXH	男	47	已婚	诈骗虚报注册资本	20 年	公司雇员
16	SF	男	30	已婚	贩卖毒品	4 年 6 个月	无业
17	TGJ	男	47	离异	容留卖淫	7 年	个体户
18	WW	男	50	已婚	受贿	5 年	公务员
19	WZR	男	51	已婚	交通肇事	4 年	驾驶员
20	WZX	男	65	未婚	惯窃	无期	无业
21	XLH	女	58	离异	非法吸收公众存款	3 年 6 个月	个体户
22	XXM	男	55	已婚	受贿	19 年	公司负责人
23	YXL	男	57	已婚	诈骗	15 年	公司负责人
24	ZL	女	44	已婚	利用邪教组织破坏法律实施	3 年	服务员
25	ZP	男	53	离异	盗窃	无期（案发时正值严打）	工人
26	ZZ	男	46	已婚	故意伤害	5 年	个体户

26 名被访者中，男性 23 人，女性 3 人。年龄为 29～65 岁。婚姻状况，18 人已婚，4 人离异，4 人未婚。刑期在 10 年及以上的有 13 人，刑期在 3 年及以上 10 年以下的有 13 人。案由涉及十几种犯罪类型，大多以非法谋取经济利益为目的。案发前职业，既有在国家机关及国有企、事业单位工作的公职人员，也有在私营企业及其他企业就业的人员，还包括个体户、无业、学生等，职业类型比较广泛。

四　出狱人身份污名的建构

出狱人的污名身份是客观的外在建构和主观的内在认同相互作用共同建构的结果。其中，外在建构包括抽象意义上对出狱人污名化的公共观念、制度排斥以及微观层面对出狱人的人际疏离和就业歧视；内在建构则是指出狱人对污名身份的内化及由此产生的自我贬抑的观念和行为。

（一）出狱人身份污名的外在建构

1. 社会分类与贴标签

受重刑主义及注重人伦道德教化等文化传统的影响，我国公众很容易通过社会分类将出狱人建构为社会中的他者、异类，贴上"坏人"标签。"好人—坏人"这一显示着群体之间高下优劣的二元概念借助大众传媒及其他社会舆论的各种话语建构过程不断强化，进而形成公众根深蒂固的歧视与偏见（管健，2006）。

重刑主义思想在我国传统法律文化中由来已久，深刻地影响着国人对犯罪人的刻板印象。我国长期高度的封建专制统治，形成了以国家主义为前提、以刑法工具论为基础、以重刑主义为主体的刑法思想（胡学相、周婷婷，2005）。重刑主义就像一个无法摆脱的幽灵，一直在国人的心中游荡。古往今来，社会成员通过整合国家重刑主义指导下的对犯罪恶的宣传及个人的相关经验，将犯罪人跟丑恶、残酷、令人憎恶等特定认知模式联系在一起。笔者对 J 省 T 市 138 名公众关于社区矫正态度的调查验证了公众对犯罪人的偏见广泛存在。比如当问及"如果您的邻居是一名社区服刑人员，您会有怎样的感觉"时，43.5% 的人感到不安，7.2% 的人感到恐怖，二者相加总和达 50.7%，也就是说，超过半数的被调查者对于身边的社区服刑人员不放心，有戒备心理。

公众对犯罪人的偏见和歧视，多数出狱人有比较深刻的感知。

> （从监狱）回来以后，能感觉到周围的人的那种异样的目光，有时候也会从亲戚那边听到邻居们的各种不好的议论，就连一些小孩子都指指点点，甚至走路避着我走，肯定是他们的家长在背地里说了些什么。（被访者 CR）
>
> 对我适应社会影响最大的因素是，有这个（犯罪）经历，我很难跟别人平起平坐，他们很少以正常的态度和眼光来对待我。（被访者 CX）
>
> 出事以后，各种风言风语都来了，好像我这个人什么坏事都干了，有很多都是别人编造出来的。我们出来后以这种身份、这种形象跟别人打交道太难了。（被访者 SF）

儒家文化极为注重人伦道德教化，犯罪被视为缺乏教化的严重道德失范行为。中国的封建宗法社会是"伦理本位的社会"，"中国人就家庭关系推广发挥，以伦理组织社会"（梁漱溟，2005：57~58）。在这样的伦理社会中，人与人之间的名分、地位、关系、责任、义务等诸多方面都是靠从小的道德教化得以实现的。中国的孩子从小就在家庭、社区中接受道德教化，若出现不轨行为，常被认为是教化不够造成的（Yang & Kleinman，

2008）。若出现犯罪这样的严重越轨行为，犯罪者本人往往背负沉重的道德污名。

2. 制度排斥

这里将那些以不同层次的立法和规范性文件为形式的对出狱人的社会排斥现象称为制度排斥，主要包括就业制度、户籍制度以及社会保险等其他权益的限制性制度。应培礼（2014）通过北大法律信息网检索，发现对刑释人员的制度排斥范围较广，相关法律法规及规范性文件有 362 部。

在就业方面，一些法律法规对出狱人的从业范围有严格的限制。比如《教师法》第 14 条规定："受到剥夺政治权利或者故意犯罪受到有期徒刑以上刑事处罚的，不能取得教师资格；已经取得教师资格的，丧失教师资格。"本研究 26 名被访者中，有 3 名被访者犯罪前从事教师职业，他们出狱后都丧失了教师资格。

> 以前我是老师，现在虽然改造出来了，但是不能做老师了，不知道干什么，所以现在很迷茫，很苦闷。（被访者 QJH）
>
> 我出事前是教师，在监狱里也是做教员，出来后不能做老师了，靠亲戚朋友介绍搞过工程，也打过工，但都不太适应，现在在家里伺候瘫痪在床的老岳父。（被访者 CMH）
>
> 我以前是教师，现在做不成教师了，只能打打工，在我姐姐家的厂里帮帮忙。（被访者 PX）

《会计法》第 40 条规定："因有提供虚假财务会计报告，做假账，隐匿或者故意销毁会计凭证、会计账簿、财务会计报告，贪污，挪用公款，职务侵占等与会计职务有关的违法行为被依法追究刑事责任的人员，不得取得或者重新取得会计从业资格证书。"

> 我出事前在银行里做会计，现在虽然有这个技术，但没有会计从业资格证了，无法再从事会计工作了，想自己做生意，但又缺资金，很迷茫。（被访者 CX）

被访者 CX 由于挪用公款被判处 10 年 6 个月有期徒刑，出狱后不得重新取得会计从业资格证书，尽管有会计技术，却无法从事会计工作。除了《会计法》，还有诸如《注册会计师法》《执业医师法》等都将受过刑罚处罚的人作为从业禁止人员。

在户籍方面，2003 年 7 月之前被判刑人员均需注销户籍，在此之前的服刑人员刑释后面临户籍安置问题，与户籍相关的其他利益也很难得到保障，甚至被剥夺。

在其他权益方面，有些出狱人还受到包括资质考试排斥、职级晋升排斥以及不得从事一些民事行为的限制等。本研究在调研过程中发现，出狱人（尤其是犯罪前是公务员及事业编制的出狱人）在社会保险方面普遍遭遇到较严重的制度排斥，他们对此有较强烈的情绪反应。

> 现在养老保险、医疗保险都没有了，又没有工作，一个男人都花老婆的工资，心里真不是滋味。（被访者 QJH）

> 我们这些人到退休年龄一点养老保险、医疗保险都不能享受，这对我们来说太残酷了，都用老公和儿子的钱，说话都不硬气。（被访者 LYM）

这些限制虽在一定时期有一定的合理性，但也存在限制过于宽泛、执行不够规范等问题（应培礼，2014），给出狱人心理上带来很大影响，甚至造成客观上的生活困难，不利于其回归社会、融入社会。

3. 人际疏离

出狱人与社会接触的第一步通常是接触原来认识的亲戚、朋友、同事等熟人，他们希望重新联结原有的社会关系，通过原有人际网络的修复，建立人际交往圈子，同时通过这些交往圈子获取一些就业方面的信息或资金等方面的支持，进而能够正常地进入社会领域工作，融入社会。但当他们尝试联系之前的朋友、同事、亲戚等熟人的时候，不少人遭遇了冷眼甚至言语上直言不讳的蔑视。

> 出来以后，以前的同事给我带来的不适应很大，出来以后多多少少有点被人歧视的感觉，以前很要好的朋友，明显态度就不太一样了，有一些个别的还是很好的，但是绝大部分是歧视的，戴着有色眼镜。现在最主要是人际交往方面的问题，我们也希望得到别人的关心，因为现在靠自己比较困难，但是又受到一些歧视。（被访者 CX）

> 我出来七八个月了，人际交往到现在还比较窄。现在你想真心跟人家相处，很想有一个朋友，但人家不这么想。从他们的眼神中，我能感觉到他们多少是对我有顾忌的。现在比如说我想去找一些以前的熟人聊天，能感觉到他们是不太愿意跟我讲话的。（被访者 CR）

回来后想借点钱做生意，但是借钱没有那么容易。只有几个战友还是比较好的，其他很多朋友我出来之后都不愿意见我的面。（被访者 QXH）

我本来想借助原来的人脉做工程，但是后来发现，人家嘴上答应他们单位的工程给我做，但迟迟没有行动，甚至我打电话都不接了。后来遇到几个人都这样拖延以后，我才意识到他们迟迟都不落实行动，并不是一种巧合，是他们根本就没打算把工程给我做。（被访者 JZP）

出狱人在尝试修复因入狱而断裂的人际关系的过程中，不少人遭受了很大的挫折，自尊心严重受挫。原先的朋友、熟人、亲戚之所以疏远他们，可能有多种原因。有的是担心与犯罪人来往，被其他人冠以与"坏人"为伍的恶名，有的人是担心这些出狱人向其借钱或进行其他形式的求助，有的则是基于对出狱人过去历史的了解而对其存有恐惧、防备心理，尤其对那些犯了盗窃、抢劫、故意杀人等在公众印象中很不好的罪行的出狱人防备心理更强（骆群，2012：101～106）。

4. 就业歧视

这里的就业歧视指的是出狱人在求职和就业过程中感受到的被歧视现象。《刑法》第100条规定："依法受过刑事处罚的人，在入伍、就业的时候，应当如实向有关单位报告自己曾受过刑事处罚，不得隐瞒。犯罪的时候不满十八周岁被判处五年有期徒刑以下刑罚的人，免除前款规定的报告义务。"一般正规劳动力市场中的用人单位在签订合同前都要求应聘者出具无犯罪记录证明。这一前科汇报制度直接将出狱人排斥于正规劳动力市场之外。

像我们这些人正规单位是进不去的，因为那些正规单位一般都会与你签劳动合同，而在签合同之前都要求你拿出无犯罪记录证明。（被访者 GJ）

即便是打零工，用人单位若知道他们有犯罪历史一般也都拒绝录用。有的出狱人即使隐瞒犯罪历史实现了就业，用人单位知道他们有犯罪记录后也可能以种种理由为借口将其解雇。

我之前到一个超市去应聘工作，这个超市部门领导在岗前培训时说，如果你有什么不良的记录老实交代，不然他们会去查的，如果查

出来，就不会这么客气了。然后我就实话实说告诉他们我的情况，他们就拒绝录用我了。（被访者 SF）

我（从监狱）出来后曾经找到一份工作，在一个私人办的工厂里打工，但那个老板后来知道我有犯罪记录就找了借口说我不适合那个工作将我辞退了。（被访者 CJF）

（二）出狱人污名身份的内在认同——自我污名

自我污名是公众污名产生之后被污名者将对其不利的意识内化而出现的自我贬损。出狱人一般在即将出狱及出狱初期自我污名意识较为强烈。与国外的研究结论一样，那些污名意识越强烈的出狱人社区适应状况越差，越容易自我怀疑和退缩。本文侧重从自我污名化过程的角度呈现出狱人的自我污名状况。

1. 负向自我标签

不少出狱人将社会对犯罪人的刻板印象加以内化，给自己贴上"劳改释放犯""坐过牢的人"等负面标签。

我要出来的时候心情很复杂，很矛盾。一方面，觉得出来肯定比在里面好。但另一方面，又觉得自己是劳改释放犯，没脸见人，越是临近回来的时候，这种感觉越强烈。恨不得远走高飞，跑得远远的，跑到没有一个人认识我的地方才好。（被访者 CJR）

我们这些人类似于过去的"四类分子""黑五类"吧。总觉得抬不起头，低人一等。（被访者 LYM）

在监狱里大家都是同一种人，无所谓，但出来在社会上总感觉坐过牢很丑，怕人家眼神当中看出问题。（被访者 TGJ）

2. 自我价值的怀疑

出狱人的自我污名不仅体现在给自己贴上负面标签这样的社会声誉的贬损，还体现在更深层次的对自我价值的怀疑。自我价值的怀疑主要包括两个方面：一是对人际关系的怀疑，怀疑别人是否还接纳自己、认可自己；二是对自己的就业能力的怀疑。

有几个企业请我过去做事，我这段时间为什么没出去，我就想，以前我们关系是不错，现在还行不行，毕竟在（监狱）里面三年多，他们也没来看过我，我不知道他们是虚情假意还是真心邀请我去做事。专业方面，我原来是学建筑专业，在（监狱）里面待了三年多时间，知识都有点生疏了，也得再看看，复习复习。甚至还有些新的知识需要学习学习。（被访者 LYJ）

现在好多大学生都找不到工作，像我这种从监狱出来的人，而且没有多少文化，没有文凭，靠自己是很难找到工作的。（被访者 SF）

我们现在这种身份，人家可能一般也不愿意跟我们走得太近。（被访者 WW）

3. 自我边缘化

由于意识上觉得自己出狱人身份不光彩而且对自己的价值存在怀疑，不少出狱人在行为上表现出自我边缘化，主要表现在较低的社会交往意愿，甚至自我封闭。

回来后总觉得自己坐过牢，有污点，没脸见人，不但自己丢脸，还给家里人丢脸。所以回来半个多月时间都没有出门，也不想讲话，朋友、同学打电话，自己都不愿意接。（被访者 CJR）

（从监狱）刚出来总害怕见到熟人，不想出门。有时候去菜市场买菜看到熟人，我就绕路走，不好意思，毕竟坐过牢，看到熟人心理上还是会有点不舒服，觉得没面子。所以我基本上都在家里看电视，很少下楼，只有朋友叫我或者来我家找我，我偶尔才会跟他们玩玩。（被访者 CJF）

毕竟我在里面十几年，原来的朋友是很难理解我们的心情的，所以很少跟他们交往。（被访者 LZ）

我在里面十几年，出来后，以前一起玩的那些同龄人都已结婚生子，孩子都十来岁了，我跟他们已没有共同语言，现在我就是孤家寡人一个。（被访者 CR）

原来的朋友都没有联系了。他们也没来找我，我也不想去找他们，我去找他们不是自取其辱吗？（被访者 PX）

本研究中的 26 名被访者中 24 名提及从监狱出来觉得没面子，丢人，不好意思见人。之所以觉得没面子，是因为他们首先给自己贴上了"罪犯""劳改释放犯"等负面标签。犯罪历来被国人视为一种严重的道德污名。在传统中国社会，"人们总是避开法庭……牵涉到一项诉讼中去，本身就不光彩。体面的人们都以自己一生从未进过衙门或法庭而自豪"（林语堂，2007：155）。费孝通在《乡土中国》一书中专门讨论了传统中国是无讼社会，"打官司也成了一种可羞之事，表示教化不够"（费孝通，1998：56）。这些厌讼传统和面子文化已经深深嵌入中国人的血脉，因而有些出狱人正因为自己觉得"丢掉"了面子，所以不肯外出，逃避社会交往。

五　出狱人应对污名的策略

虽然不少出狱人出狱初期深受公众污名和自我污名的困扰，但是，随着时间的推移，大多数出狱人还是发挥了较强的主体性，积极应对污名。出狱人首先运用选择性比较和自我合理化两种认知策略说服自己接纳现实，在接纳现实的基础上，进一步对未来进行积极预期，并对内充分挖掘个人资源、对外寻求"自己人"的支持抑或重建圈子，努力建构新的人际交往及就业空间，重构普通社会成员甚至优势群体成员身份，最终淡化乃至彻底洗刷"罪犯"污名。

（一）选择性比较及自我合理化

1. 选择性比较

向下比较理论认为人们在面临压力或威胁时，倾向于与比自己差的人进行比较以达到自我增强的目的（金盛华，2005：160～163）。当负面生活事件威胁到自尊的时候，人们的主观幸福感通过追求向下比较得到增强或恢复，从而使自我感觉比较良好。有多种向下比较的机制，出狱人运用较多的向下比较机制主要是"选择性的聚焦"。

有些犯罪前担任领导职务的出狱人将自己的境况与比自己职务高的犯罪者进行比较。

> 人家市长、省长坐牢回来也照样活，我们这些小官坐牢算什么？（被访者 LYM）
> 我们这个行业是高危行业，一拨一拨地都进去了，局长副局长都出事了，他们出来后都活得好好的，我们这些中层干部受点挫折也无所谓了。（被访者 WW）

不少出狱人将自己与那些暴力犯罪者相比较，觉得老百姓对自己的歧视没有对暴力犯罪者严重，从而获得自我安慰。

> 我们这些经济犯与那些抢劫、杀人、放火的人是有很大不同的，那些人在老百姓的心目中形象是很差的，老百姓是很排斥他们的。（被访者 PX）
>
> 我们这些人对社会的威胁性没那么大，人家即使知道我们的情况，也不会太歧视吧，我们毕竟跟那些暴力犯罪是不一样的。（被访者 LYJ）

甚至有些人将自己的境况跟那些出狱后无家可归者相比较，通过比较增加自己的幸福感。

> 我的家人对我不离不弃，回来后有个温暖的家庭，有地方住，有饭吃，跟那些出来后无家可归的人相比，我感觉幸福多了。（被访者 SF）

2. 自我合理化

除了上述选择性比较策略，自我合理化是出狱人运用较多的另一种应对污名的策略。出狱人对社会成员针对自己的污名化给予合理化诠释，从而使自己接纳当下的处境，达到内心的安宁。

有些人从人的自利性角度来理解他人的行为，宽慰自己。

> 人走茶凉是古话。出来后，有些人见到了不理你甚至绕路走很正常。（被访者 QJH）
>
> 现在我们不在那个位子上了，人家也不图你什么，所以不搭理你也是能理解的，人都是很现实的。（被访者 WW）

有些人通过换位思考对对方的行为做合理化解释。

> 出事以后，许多人对我们疏远了，我也不怪人家，我换位思考的话，也许换作别人，我不知道自己会如何对他，也许我还不如他现在对我的态度呢。（被访者 CX）

（二）积极预期及个人资源的充分挖掘

1. 积极预期

心理学家发现，"想象"这一心理过程具有"超前认知"的功能。

"当对未来的想象伴之以对事物的因果判断或发生概率判断时，就成为预期。""对未来的积极预期，会化解目前生活中的不尽如人意之处，着眼未来，一切向前看，从而提高满意感。"（杨宜音、张曙光，2015：69～70）出狱人通过对未来的积极预期，缓解污名化给自己带来的压力，改善精神状况，提高生活满意度。

> 我们这些人摔了个大跟头，但还是要振作精神，重新奋斗，不能颓废，不能让别人瞧不起。等我成功了，说明我没有被打倒，我胜利了。（被访者 CJR）
>
> 有些人在言语上就能让你感觉到瞧不起你……遇到这样的事情只能自立自强，自己调整心态。谁也不能确保明天怎么样，还是要靠自己努力，当你情况好转了，地位跟他平等了，或者超过他了，他就会主动来找你了。（被访者 CX）
>
> 我这个人还是比较要强的，将来一定要做出点样子给别人看看，证明我是有能力的。（被访者 JZP）

从以上几名被访者的叙述中，我们可以看出，他们并没有因为别人的歧视而一蹶不振。相反，对于这种歧视，他们将其作为一种鞭策，作为一种压力和动力，以一种不服输的心态与之抗争。出狱人在逆境中仍然对未来抱有积极预期，体现了民族品性中隐忍自强之特点。梁漱溟综合近现代诸多学者的观点，将中国民族品性概括为十个特点，其中坚忍和韧性就占了两点。他说，"坚忍则谓自己能忍耐至甚高之程度。克己、自勉、忍辱等都属于此"，"韧性止于牢韧，弹性则并有弹力"（梁漱溟，2005：25）。出狱人口中的"自立自强""我没有被打倒"等字眼正体现了"坚忍""牢韧""有弹力"等特性。忍有三大功能：一是个人生存或生活的福祉，如避祸求福、平安保身、海阔天空；二是人际和谐或息事；三是社会成就，如富贵利益、出人头地、成事及增长见识（杨国枢、黄光国、杨中芳，2008：597）。CX、CJR 等人对社会歧视的韧性抗争，发誓要自强，要重新奋斗，也是在运用忍的心理策略因应遭遇到的挫折，从而达到暂时的海阔天空及未来的出人头地等目的。

在对未来积极预期的基础上，出狱人重新检视了自我资源，挖掘自身及其所处环境中的优势，为实现预期目标做准备。

2. 个人资源的充分挖掘

科尔曼将资源看作能满足人们需要和利益的物品、非物品以及事件。

科尔曼将资源进行了分类：第一类是私人物品；第二类是事件，如选举；第三类是某些专长，如专门技术，或信息灵通，或相貌出众等（科尔曼，1999：40~41）。

根据科尔曼对资源的分类，结合访谈资料内容分析，出狱人所挖掘到的资源主要有资金、专业技术证书等私人物品及驾驶技术、管理经验等专长，有的人实在资源匮乏，甚至将吃苦耐劳精神视为自己的优势资源以激励自己振作起来重新开始。

JZP、CJ等犯罪前是公司高层管理人员，家里有一定的积蓄。

> 我们这些人出来生活没问题，手头有一定的积蓄，一直思考这些积蓄如何投资，我们这些人输不起了，投资要特别谨慎。（被访者JZP）

> 手头有点资金，打算儿子做法人，我跟他一起搞房地产。（被访者CJ）

WW将自己的各类代表专业水平的证书挂靠到建筑公司获取报酬。

> 我手头有几本证书，建造师证、监理工程师证等，刚从里面出来的时候，不知道干什么，就将这些证书挂靠在一些建筑公司赚钱。我就不出去工作，我就把我的这些证书挂靠在人家建筑公司，一个月也有几千块钱收入，也养得活自己。（被访者WW）

在专长方面，不少出狱人对自己的人力资本进行了充分挖掘和运用。

本研究中，有4名被访者充分运用了自己的驾驶技术，其中3名给私人公司开车送货（CX、GJ、SF），1名做了驾校的教练（CJF）。

还有一些出狱人客观评估了自己的专业技术水平并充分地予以发挥。比如上文提到的WW，除了将证书挂靠在建筑公司获取报酬，还从徒弟处承接一些小工程项目来经营。再如，CJR曾经开设监理公司，因重大责任事故罪入狱，监理公司执照被注销，出狱后运用自己的监理工程师技术到朋友的公司做副总。

有些出狱人觉得，只要自己有吃苦耐劳的精神，一切都可以从头再来。

> 我虽然没什么技术，但我之前当过兵，能吃苦。只要愿意吃苦，

踏踏实实干活，一切都会好起来的。（被访者 HJJ）

（三）寻求"自己人"的支持抑或重建圈子

1. 寻求"自己人"的支持

> 我刚出来的时候到我妹妹家的汽车美容店上班……朋友嘛，真正的朋友还是一直有联系的。我在监狱这么多年，有三个玩得好的兄弟每年坚持来看我，出来后，我就请他们给我物色女朋友，我现在的女朋友就是其中一个朋友给介绍的。（被访者 LZ）

> 我在监狱里的时候，我爱人得了乳腺癌，多亏我的兄弟姐妹和战友帮忙，捡回了一条命。我出来以后，战友们还想办法给我介绍工作。总之，真朋友还是来往的，假朋友都淘汰了，哈哈。（被访者 YXL）

> 我出来后，一哥们介绍我到他的好朋友开的装潢材料公司上班，直到现在还在那里上班。（被访者 TGJ）

为了规避相关制度的限制以及前科汇报等制度引起的排斥，多数出狱人通过亲朋好友介绍工作。在本研究访谈的 26 名被访者中，6 名被访者由于年龄较大或身体欠佳等原因，没有参加工作，3 名被访者自己创业，剩余的 17 名被访者中，13 名都是通过亲戚朋友介绍的工作，其中 2 名就是在亲戚朋友家的厂里上班。也就是说，17 名找工作的出狱人中，有 13 名是通过亲朋好友介绍的工作。除了介绍工作，介绍对象这样的人生大事也大多是由知根知底的亲朋好友帮忙的，比如此处的被访者 LZ。

需要说明的是，本研究发现，给出狱人介绍工作或提供工作岗位的亲戚朋友并非一般的亲戚朋友，只有那些称得上"自己人"的亲戚朋友才会给予出狱人就业等方面实质性的帮助。这里的"自己人"概念是杨宜音教授对中国文化中的"关系"进行分类时提出的（杨宜音，2001；杨宜音、张曙光，2015：69）。杨宜音教授根据先赋性与交往性两个维度提出了中国关系的"自己人／外人"分类法。先赋性高且交往性高以及先赋性低且交往性高的两类人称为"自己人"。"'自己人'是中国人在先赋性的亲属制度上创造的交往空间，也是交往双方个人特性好恶的真情表达。"（杨宜音、张曙光，2015：164）本研究发现，真正对出狱人不离不弃、倾情给予帮助的主要是家人和关系亲密的朋友，也就是杨宜音教授所说的"自己人"。"自己人"有个共同特点就是交往性高。正是在密切的交往中建立了深厚的感情，而且对对方的品性非常了解，才不会因犯罪而对其污名化。另外，就用人单位角度而言，只有通过双方共同的"自己人"牵线搭桥，用人单位才会相信此人虽然曾经犯了某种罪行，但此刻已值得信任。其他学者的研究也发现了类似情形。储琰（2013）、骆群（2012：87～100）等在上海的调研均发现，社区服刑人员的亲属关系网络出现了某种程度的断裂，他们往往遭遇到至亲以外的亲戚的冷落却得到了亲密朋友的帮助。

2. 重建圈子

除了寻求"自己人"的支持，有些情况特殊的出狱人除了自己的家人，其他人际网络几乎断裂，只能重建社交圈子。此种情况一般跟犯罪类型及刑期长短有较大关联。

> 我在里面待了十几年，出来之后，以前认识的那些人现在也基本上疏远了，走不到一起了。我出来之后就成了一个孤家寡人。现在就盼望着能尽快找份工作，通过工作结识一些人。（被访者 CR）
>
> 我由于出了这个事情，原来圈子里可能对我不太信任，以前的同学、朋友基本都不来往了，现在来往的主要是在新的工作岗位上结识的朋友。（被访者 GJ）

从犯罪类型来看，一般而言，犯了盗窃罪、抢劫罪、诈骗罪（尤其对熟人进行诈骗）、故意杀人罪等罪行的出狱人，即便是关系较好的朋友也会对其疏远。被访者 GJ 由于对熟人进行了诈骗，以前的同学、朋友基本不再跟他来往。除了犯罪类型，刑期较长也会对出狱人的人际网络产生较大影响。比如被访者 CR，之所以出狱后成了"孤家寡人"，一方面跟他的犯罪类型（故意杀人罪）有关，周围的邻居可能觉得他脾气不好，对他仍有戒心，另一方面跟他服刑期较长也有很大关系。他在监狱服刑了 15 年，入狱前还是 17 岁的未成年人，15 年后，当时的同龄人都已成家立业，跟他已经没有共同语言。由于入狱之前的社会网络几乎断裂，他们基本上是通过新的工作岗位重建自己的社交圈子。在新的圈子里，为了避免遭受歧视，他们一般都极力隐瞒犯罪历史，尽量不披露身份。用他们自己的话说，"别人如果不问的话，我们肯定不会主动提起这段历史"。

（四）重构身份认同

虽然出狱初期，大多数出狱人深受"罪犯"污名困扰，但作为能动的主体，他们并没有气馁，而是通过选择性比较、自我合理化、积极预期等认知的调整以及充分挖掘个人资源、寻求"自己人"支持及重建圈子等能动性行为努力地建构自己的空间并积极追求成就的获得，以解构这种污名化的社会认同并重构主流社会群体身份。"认同解构意味着行动者对其身上的某种群体资格不再有认同感，他寻求放弃或脱离这种群体资格，并致力于追寻新的群体资格即认同重构。"（方文，2008：84）

身份认同的重构是从类化自我，或者说是从对自我类别化开始的。出狱人的自我类别化是基于对自己的年龄、技术、经济资本等条件综合权衡后做出的。

本研究发现，出狱人主要有两种类型的身份重构：一是重构普通群体身份，二是重构优势群体身份。

26 名被访者中，CJ、JZP、CJR 三名被访者重构了优势群体身份。

> 刚出来的时候觉得原来的位子没有了，好像不如别人了。但通过与儿子一起搞房地产，事业做起来以后就没有那种感觉了，底气也足了。（被访者 CJ）

> 我一开始想过做工程，也想过开饭店，但那些都非常依赖人脉，现在不在位子上，原来的人脉不起作用了。最后决定开个海鲜礼品店。海鲜礼品店去年中秋节前开业的，一个中秋节营业额二三十万，春节期间又卖了一百来万。通过这个海鲜店的成功经营，我逐渐找回了原来的感觉，人也变得自信了。当然海鲜礼品店只是个过渡，我现在逐渐回归本行，海鲜店仍然带着做，同时还做些小工程，将来打算做大做强，创出自己的公司品牌。（被访者 JZP 一年后第二次接受访谈）

> 我现在虽然是在朋友公司里打工，做副总，但我仍然年薪几十万，仍然开几十万的车，说明我没有被击垮，我振作起来了，我胜利了。（被访者 CJR）

上面三名被访者中，CJ 和 JZP 犯罪前分别是国有银行高级管理人员和国有企业下属企业总经理，出狱后分别通过成功开发房地产和开海鲜店逐渐"找回了原来的感觉"。CJR 虽然在朋友公司打工，但凭借经验和专业技术，做了副总，年薪几十万，他觉得自己重新振作起来了，胜利了。这三名被访者犯罪前事业都比较成功，出狱后凭借较好的经济基础、丰富的管理经验或较强的专业知识以及不服输的精神重新获得"成功人士"群体资格，构建了优势群体身份。类似性、接近性和情境显著性都是决定外群体可比性的变量（方文，2008：83）。行动者在任何具体语境下，都同时负荷多元资格群体和多元认同，但哪种群体资格会被激活和凸显，以引导和调节实际的社会行为，主要和行动者的社会知识体系有关。此处的三名被访者正是具备了这些条件才得以实现优势群体身份的重构。

除了上述 3 名被访者重构了优势群体身份，还有 2 名被访者重新违法犯罪，26 名被访者中的其他 21 名被访者基本都逐渐摆脱污名困扰，重构了普通社会成员身份。

> 我现在是无官一身轻，全心全意为家庭服务，也不错。以前在单位做领导，为家里做得不够，现在刚好弥补弥补……我现在也想通了，反正过去也过去了，想那么多干吗，你老是把这件事情放在心上放不下来太累了。所以我一般不会像刚出来时想那么多。现在就过过普通人的日子也挺好的。（被访者 LYM）
>
> 现在我也不再迷茫了，也不羡慕有钱人了，觉得只要家人平平安安就好，自己就是一个普通人，打打工过着普通人的生活就好。（被访者 SF）
>
> 我经过大半年的摸索，发现创业没那么容易，后来在网上找了个驾驶员的工作，给私人老板开车。工作以后很快就适应了，觉得自己像个正常人了，心里也不再那么迷茫了，也不觉得自己很另类了。现在是比上不足比下有余，生活还过得去。（被访者 CX）

此处的被访者 LYM 由于年龄原因（57 岁）没有再就业，而是回归家庭，"全心全意为家庭服务"，自己也从中感受到了自身的价值。与 LYM 类似，还有另外 5 名被访者由于年龄或身体原因或者家中老人孩子需要照顾，也没有参加工作。其他的被访者都像此处的 SF 和 CX，通过打工，逐渐融入社会。

总之，除了 2 名被访者在污名困境中采取消极对抗方式而重新犯罪（因本文主题着重讨论出狱人积极应对污名问题，故这 2 个消极案例不予赘述），其他 24 名被访者最后都逐渐摆脱了"犯罪人"的污名困扰，重构了自己较为认同和接纳的身份，回归了正常的社会生活。

那么是怎样的动力推动他们积极地与污名抗争的呢？本研究发现，对家庭的责任感、对家人及社工等给予自己帮助之人的感恩以及挽回面子是他们积极"抗污"的三大动力。

六　出狱人积极"抗污"的动力

（一）感戴之情

"感戴是个体对他人、社会和自然给予的恩惠在内心的认可，并意欲回报的一种认识、情怀和行为。"（魏晓华，2008：10）访谈过程中，许多出狱人表达了对给予自己帮助的家人、亲友及司法所等相关部门工作人员的感戴之情。

出狱人提到最多的是对家人的感激，其次是其他的亲戚朋友。

> 我在（监狱）里面三年多，家里人每个月去看我，嘱咐我要好好改造，盼着我回来。特别是我老婆，我特别感激她的不离不弃。回来的半年时间里我没有工作，家人也毫无怨言，很感激他们对我的包容。没有家人的帮助就没有我的今天。我现在要踏踏实实工作，安安稳稳过日子，要珍惜一家人在一起的生活。（被访者 SF）

> 我刚回来的时候特别郁闷、懊悔，甚至有几次在家里发脾气，哭啊、闹啊。我老公和儿子整天小心翼翼，对我特别好，什么事情都顺着我的意思来。后来自己也逐渐想开了，看在老公和儿子的份上，我必须调整心态，乐观地面对生活。我整天不愉快，他们也过得不开心。（被访者 LYM）

> （从监狱）回来以后，老婆提出离婚，我那时想死的心都有，整天不出门，自己闷在家里。我父母怕我出事，经常开导我，哄我出去转转。后来看父母那么焦心，也都六七十岁的年纪了，觉得自己必须坚强，必须振作精神，不能总让他们操心，然后逼自己开始在网上找工作，最后找了一份开车的工作，慢慢就走上正轨了。（被访者 GJ）

> 我爱人的兄弟姐妹以及我的战友对我这个家庭帮助太大了，我在（监狱）里面十几年，老婆得了乳腺癌，两个孩子都未成年，多亏他们的帮助才挺过来。我出来后无论遇到多大困难，都要积极乐观面对，我要尽我所能地报答回馈他们。（被访者 YXL）

而少数无家可归者，得到了司法所等相关部门的很多帮助，他们对此深怀感激。TGJ 便是一个非常典型的案例。

当时找工作处处碰壁，有些黑道上的朋友叫我加入他们，我没去。司法所那么多好心人关心我，帮助我申请最低生活保障，帮助我租房，还帮我申请法律援助，免费替我打官司，我不能对不起他们，不能再做违法犯罪的事情。我现在在一家装潢材料店里打工，送货卸货。这份工作虽然比较辛苦，但我很珍惜，工作很认真。现在各方面比较稳定，基本上是能坚持的，相信以后会越来越好。（被访者 TGJ）

知恩、感恩、报恩是中华民族的优良传统，我国感恩文化源远流长。上述这些被访者在犯罪、入狱及出狱初期，人生陷入低谷阶段，他人的帮助就像雪中送炭，带给他们无比的温暖，他们对此充满感激。心理学研究表明，感恩之情是一种积极的情绪，可以激发一个人的幸福感和向善之心。当受惠者体验人际感恩后，其行为往往发生积极变化，表现出更多的亲社会行为（Bartlett et al.，2012）。尤其是遭受普遍污名化的出狱人，对于帮助他们的人感恩之情更显浓烈。这种感恩之心正是他们抵抗污名的强大精神力量。

（二）责任意识

这里的责任意识包括对家庭的责任意识和对社会的责任意识。访谈过程中，更多的出狱人明确提到了对家庭的责任。关于社会责任，虽然多数人没有直接提及，但不少人表示，自己的法律意识增强了，决心做一个守法公民，不再做危害社会、危害他人的事情，这也可以视为一种对社会的责任意识。

我出（监狱）大门的那一天就感觉自己肩上有责任。我是家里的独子，我在里面六年多，父母为我操了太多心，不能再让他们操心了。还有我女朋友这些年一直在等我，我出来几个月我们就结婚了，再过几个月我们的孩子就出生了，我要承担起儿子的责任、丈夫的责任和父亲的责任。刚出来半个月没有出门，觉得不好意思，但后来想想总不能一直待在家里吧。然后就硬着头皮到姐夫店里打工，工作一段时间慢慢就适应了。（被访者 HJJ）

我是假释出来的，现在还要在社区接受矫正，遇到麻烦尽量忍耐，少惹事，否则又会被关进劳改队。我都三十几岁的人了，要承担起一个成年人的责任，以后有了小孩也会有更大的责任。不管社会上的人怎么看我，为了家人，我要尽量融入社会，好好工作。（被访者 SF）

> 我现在就为了我女儿也要好好工作，要供她上学。女儿在上中专，等她毕业了，能找个工作，我才能轻松点。（被访者 TGJ）

HJJ 和 SF 都是在出狱后当上父亲的，TGJ 出狱后他的女儿在上中专。他们三人在接受访谈期间，不止一次提到要尽到一个做父亲的责任。对家人的责任感成为他们积极"抗污"的强大动力。即便遭遇就业、人际交往等方面的污名和排斥，为了家人，他们也会极力"忍耐"或"硬着头皮"迎接挑战。正如梁漱溟（2005：15）所说，"家庭对中国人而言具有特殊的意义……中国的家庭伦理甚至成为宗教的替代品，因为中国的家庭伦理融合人我泯忘躯壳，虽不离现实而拓远较一步，使人从较深较大处寻取人生意义……当中国人厌倦于人生之时，总是在这里面（义务感和远景）重新取得活力，而又奋勉下去"。HJJ 等出狱人正是对家庭高度的责任感使他们能够鼓起勇气，重新振作起来，积极应对污名化的逆境。

（三）"面子关怀"

> 现在做事虽然有很多困难，但也要硬着头皮做，人活着不就是为了个面子嘛！我以前在单位能做经理，能把单位搞得好，现在也要做出点事情给别人看看，不然人家瞧不起你，说你以前都是靠单位、靠国家支持才做得好的。（被访者 JZP 第一次接受访谈）

> 我是个很要面子的人。出事后，我的监理公司执照被吊销了，不能开公司了，只好去打工。打工也要打出点名堂来，现在在朋友开的公司里当副总，年薪几十万，开几十万的车。证明我没有被打败，我又站起来了。我终于为自己争了一口气。（被访者 CJR）

像 CJR、JZP 等出狱人有强烈的"争口气""做出点事情给别人看看""挽回面子"等"面子关怀"（face concern）。"脸面对中国人而言是全方位的生活方式和最重要的社会理想，它使中国人在社会生活中既有积极向上的一面，也有消极退守的一面。"（翟学伟，2011：343）出狱人作为一种被标上污名印记的群体常常有强烈的羞耻感，觉得没面子。为了挽回面子，他们努力解构这种污名化的社会认同并重构主流社会群体身份，这就是面子文化所具有的积极向上的一面，即激励人们为了面子而奋斗。

那些声称为挽回面子而努力克服困难再干一番事业的被访者，大多曾经事业有成，有较强的成就动机。心理学研究表明，"面子需求"和"社会取向的成就动机"有较大的相关性。"面子关怀"的风格表现为"争取脸面取向"者通常具备追求增加面子、好冒险及竞争、喜欢社会称赞、进取式的自我提升等特质（黄光国，2010：93）。CJR、JZP 在访谈过程中就经常提到"要奋斗""要让别人看得起"等争取脸面的字眼。当然他们能够重构自己成功人士身份，争回面子，也是以一定的资源作支撑的。在具备经济资本（JZP）或文化资本（CJR）的前提下，加之受到"人走茶凉"等特定情境的刺激，他们内在的不服输、爱面子的心理被激发出来，于是迎难而上，努力追求新成就的获得。

七　结论与讨论

本研究以质性研究的方式，探讨了出狱人身份污名的建构机制，并从"局内人"视角解读了出狱人对污名身份的主体性应对策略及其背后的动力因素。研究发现，出狱人的污名困境是外在建构和内在认同相互作用的结果。我国的重刑主义法律文化及注重人伦道德教化的儒家文化传统在观念层面赋予出狱人负面标签。多达数百条对出狱人就业、户籍、社会保险等权益的限制性政策构成了对出狱人的制度排斥。在人际交往及求职过程中遭遇到的歧视和疏离加剧了他们的污名感知。这些现实遭遇与个体对传统文化及社会舆论中罪犯负面形象的内化与认同相互交织，导致出狱人在出狱初期陷入污名化困境。但作为能动的主体，出狱人并非总是污名化的消极接受者，随着时间的推移，他们努力发挥主体性，积极建构新的空间。不少人首先通过选择性比较抑或自我合理化等防御性策略进行自我协商，以求得内心的释然，接纳现实处境。然后通过积极预期、个人资源的充分挖掘、寻求"自己人"的支持抑或重建圈子等建构性策略积极消解污名，重构身份认同。面子、恩惠、家庭等文化符号经常出现在出狱人对抗污名化情境的叙事中。对给予自己帮助之人的感戴之情、对家庭的责任意识以及挽回面子是出狱人积极"抗污"的强大动力。

对出狱人身份污名的建构机制、出狱人群体应对污名的策略和动力因素的分析，为相关制度设计及出狱人帮扶实务工作提供了以下有益参考。

第一，出狱人的污名包括公众污名和自我污名两个方面，而且二者之间相互影响相互强化。自我污名会影响出狱人对他人态度的主观诠释。公众污名如果非常严重势必会加剧出狱人的自我污名。所以，需要对出狱人的自我污名和公众污名从微观、中观、宏观等多个层面进行干预。因长期受"耻刑"社会心理的影响，出狱人认识到公众对犯罪人的污名，认同和内化那些对自己不利的信念、态度或行为，具有强烈的自我污名意识。这种强烈的自我污名意识对出狱人的心理幸福感有显著的负面影响。可以借鉴一项针对香港的艾滋病患者自我污名的认知行为干预项目的做法，在出狱初期甚至出狱之前就帮助出狱人辨别并改变关于自身判断的不正确观念，提高他们应对压力的技能，以获得更多的社会支持并减少心理压力（刘颖、时勘，2010）。在宏观和中观层面，一方面，倡导政策制度的改革，对刑释人员的养老保险、就业等方面歧视性或限定性条件做出调整，比如废除前科报告制度、建立有限前科封存制度等。另一方面，加强社区宣传工作，宣传刑罚人道化宽宥化理念，同时，组织出狱人与社区群众共同参与社区公共事务，使社区群众在与出狱人的互动中加强接触和了解，以减少对他们的偏见和歧视。

第二，基于"感戴之情、责任意识和'面子关怀'是出狱人积极对抗污名的强大动力"这一研究发现，建议相关部门在出狱人帮扶中努力激发他们的责任意识、感恩情绪和面子心理。而要激发他们的责任意识、感恩情绪和面子心理，则需要实实在在的帮扶措施。比如可以通过家庭服务增强出狱人家庭的凝聚力，激发其对家庭的责任感。尤其对那些存在家庭矛盾，甚至濒临解体的家庭，要给予及时的帮助和介入。国内外研究都表明，一个完整幸福的家庭对出狱人顺利回归社会起着举足轻重的作用（高梅书，2013）。另外，对于那些无家可归者，政府和社会的帮扶要及时到位。比如上文提到的 TGJ 在夫妻离异、房屋被拆迁，几乎走投无路的困境下，是街道司法所领导及社工的热心帮助将他一次次从重新犯罪的边缘感化回头。我国应该借鉴国际做法鼓励社会组织等社会力量参与到出狱人的帮扶工作中。可喜的是 2016 年 10 月司法部、中央综治办、民政部、财政部联合制定印发了《关于社会组织参与帮教刑满释放人员工作的意见》，该《意见》在社会组织参与帮教刑释人员工作的组织引导、政策支持、组织实施等方面都做了明确的规定，可望使刑释人员的帮扶工作更扎实有效地开展（高梅书，2017）。尤其在出狱初期，许多出狱人为了挽回面子，决心改头换面，重新开始。这时候政府和社会应在创业就业等方面给予帮助，助推他们挽回面子，若得不到及时帮助，遭遇歧视，他们很可能由于丢失了面子而自暴自弃，重新犯罪。

需要说明的是，本文仅是基于对出狱人的调查，从出狱人视角理解到的污名状况。将来有必要针对我国民众对出狱人的污名态度进行广泛而深入的调查研究，并结合文化道德理论，探讨我国民众在犯罪污名方面的特点。甚至还可以对不同文化中的犯罪污名现象进行跨文化研究，以验证社会文化对犯罪污名的影响。

参考文献

储琰，2013，《规训社会中的权力逻辑与刑释人员的认同困境——基于福柯的〈规训与惩罚〉》，《广西社会科学》第 12 期，第 122～127 页。

崔永康、郑国贤，2016，《罪犯标签：香港年轻男性刑释人员的受歧视感和自我污名》，邱格屏、计月译，《青少年犯罪问题》第 5 期，第 111～119 页。

方文，2008，《学科制度和社会认同》，中国人民大学出版社。

费孝通，1998，《乡土中国　生育制度》，北京大学出版社。

高梅书，2013，《国外出狱人社会适应研究及对当代中国的启示》，《华东理工大学学报》（社会科学版）第 1 期，第 32～43 页。

高梅书，2017，《出狱人自我认同重构过程的质性研究》，《南通大学学报》（社会科学版）第 2 期，第 120～125 页。

管健，2006，《身份污名的建构与社会表征——以天津 N 辖域的农民工为例》，《青年研究》第 3 期，第 21～27 页。

郭金华，2015，《污名研究：概念、理论和模型的演进》，《学海》第 2 期，第 99～109 页。

胡学相、周婷婷，2005，《对我国重刑主义的反思》，《法律适用》第 8 期，第 71～72 页。

黄光国，2010，《儒家社会中的道德与面子》，载黄光国主编《人情与面子——中国人的权力游戏》，中国人民大学出版社，第 71～126 页。

金盛华，2005，《社会心理学》，高等教育出版社。

科尔曼，1999，《社会理论的基础》，邓方译，社会科学文献出版社。

梁漱溟，2005，《中国文化要义》，上海世纪出版集团。

林语堂，2007，《中国人》，学林出版社。

刘颖、时勘，2010，《艾滋病污名的形成机制、负面影响与干预》，《心理科学进展》第 1 期，第 123～131 页。

骆群，2012，《弱势的镜像：社区矫正对象社会排斥研究》，中国法制出版社。

莫瑞丽，2010，《刑释人员回归社会中的社会排斥研究》，中国社会科学出版社。

〔美〕欧文·戈夫曼，2009，《污名——受损身份管理札记》，宋立宏译，商务印书馆。

魏晓华，2008，《中国人的报恩心理研究》，硕士学位论文，南京师范大学心理学系。

吴鹏森、石发勇，2014，《社会资本和社会排斥：刑释人员回归社会的影响因素分析》，《安徽师范大学学报》（人文社会科学版）第 5 期，第 584～590 页。

吴莹，2011，《群体污名意识的建构过程——农民工子女"被歧视感"的质性研究》，《青年研究》第 4 期，第 16～28 页。

杨国枢、黄光国、杨中芳，2008，《华人本土心理学》，重庆大学出版社。

杨宜音、张曙光，2015，《社会心理学》，首都经济贸易大学出版社。

杨宜音，2001，《"自己人"：一项有关中国人关系分类的个案研究》，《本土心理学研究》（台北）总第 13 期，第 277～316 页。

应培礼，2014，《论刑满释放人员回归社会的制度排斥》，《法学》第 5 期，第 132 ~ 138 页。

翟学伟，2011，《中国人的脸面观：形式主义的心理动因与社会表征》，北京大学出版社。

Andreas, S. & McKim, W. （2003）. Stigmatization among probationers. *Journal of Offender Rehabilitation*, 38, 19 – 31.

Bartlett, M. Y., Condon, P., Cruz, J., Baumann, J., & Desteno, D. （2012）. Gratitude: Prompting behaviours that build relationships. *Cognition and Emotion*, 26, 2 – 13.

Benson, M. L., Alarid, L. F., Burton, V. S., & Cullen, F. T. （2011） Reintegration or stigmatization? Offenders'expectations of community re-entry. *Journal of Criminal Justice*, 39, 385 – 393.

Corrigan, P. W. & Amy C. W. （2002）. The paradox of self-stigma and mental illness. *Clinical Psychology: Science and Practice*, 9, 35 – 53.

Crocker J., Major B., & Steele C. （1998）. Social stigma. In Gilbert D. T., Fiske S., Lindzey G. （Eds.）. *The Handbook of Social Psychology* （pp. 504 – 533）. New York: McGraw-Hill.

Harris, A. R. （1976）. Race, commitment to deviance and spoiled identity. *American Sociological Review*, 41, 432 – 442.

Harris, N. （2001）. Shaming and shame: Regulating drunk driving. In Ahmed, E., Harris, N., Braithwaite, J., & Braithwaite, V. （Eds.） *Shame Management through Reintegration* （pp. 173 – 205）. Cambridge: Cambridge University Press.

Jones E. E., Farina, A., Hastorf, A. H., et al. （1984）. *Social Stigma: The Psychology of Marked Relationships*. New York: Freeman.

Kerley, K. & Copes, H. （2004）. The effects of criminal justice contact on employment stability for white-collar and street-level offenders. *International Journal of Offender Therapy and Comparative Criminology*, 48, 65 – 84.

LeBel, T. P. （2012）. Invisible stripes? Formerly incarcerated persons' perceptions of stigma. *Deviant Behavior*, 33, 89 – 107.

Moore, K. E., Stuewig, J. B., & Tangney, J. P. （2013）. Jail inmates' perceived and anticipated stigma: Implications for post-release functioning. *Self and Identity*, 12, 527 – 547.

Moore, K. E., Stuewig, J. B., & Tangney, J. P. （2016）. The effect of stigma on criminal offenders' functioning: A longitudinal mediational model. *Deviant Behavior*, 37, 196 – 218.

Oyserman, D. & Swim, J. K. （2001）. Stigma: An insider' view. *Journal of Social Issues*, 57, 1 – 14.

Schneider, Andreas & Wayne Mckim. （2003）. Stigmatization among probationers. *Journal of Offender Rehabilitation*, 38, 19 – 31.

Tewksbury, R. （2012）. Stigmatization of sex offenders. *Deviant Behavior*, 33, 606 – 623.

Visher, C. A. & Travis. J. （2003）. Transitions from prison to community: Understanding individual pathways. *Annual Review of Sociology*, 29: 89 – 113.

Winnick, T. A. & Bodkin, M. (2008). Anticipated stigma and stigma management among those to be labeled "Ex-Con." . *Deviant Behavior* , 29, 295 – 333.

Winnick, T. A. & Bodkin, M. (2009). Stigma, secrecy and race: An empirical examination of black and white incarcerated men. *American Journal of Criminal Justice*, 34, 131 – 150.

Yang, L. H. & Kleinman, A. (2008). "Face" and the embodiment of stigma in China: The cases of schizophrenia and AIDS. *Social science and medicine*, 67, 398 – 408.

《中国社会心理学评论》 第 15 辑
第 119～141 页
© SSAP，2018

女性独立性发展：从二元对立到自主选择

杨 曦 李 凌*

摘 要：近年来，越来越多的女性表现出反性别刻板印象的行为，"女汉子"是其中一个典型代表，这一现象折射出女性独立性的发展，会拓宽人们的性别认知，但也会使女性因仍受制于既有性别角色期待的惯性，遭遇冲突。本研究以 8 位自评他评独立性均高的高学历女性作为典型个案进行深度访谈，并采取解释现象学方法对资料进行系统分析，以探究女性对自身独立的认知内容、情感体验，特别是与此相关的自我威胁、人际冲突等方面的压力感受及应对调适机制。研究发现：（1）受访女性对独立性的认知主要体现在处理独立与求助、依赖等的关系上，且普遍经历从刻板二元对立到被动松动再到自主变通的发展过程；（2）受访女性的独立行为和独立意愿可能相互一致也可能彼此割裂，两者一致时，个体主动寻求独立，体验到自豪感、力量感等积极情绪；两者割裂时，个体表现为被迫独立，体验到难受、委屈等消极情绪；（3）女性独立的内涵具有层次性，其核心是个体的自主性。本研究的结果表明，女性独立性发展体现出社会期望与自我发展间的交互作用，更契合本土理论中自立人格的内涵和双元自主的意义。同时，也预示了自主性主导下能力和关系两类基本心理需求之间的可能平衡，及其超越性别和文化现象的普遍意义。

关键词：女性独立性 自立人格 双元自主 个案研究

---

* 杨曦，中国科学院自然科学史研究所，助理工程师，综合业务主管；通信作者：李凌，华东师范大学心理与认知科学学院应用心理学系，副教授，硕士生导师，email：lli@psy.ecnu.edu.cn。

一　前言

自古以来，不乏女性兼具男性的特质。早在《诗经》中，即有关于"女士"的记载，意指有男性般的德行、能力以及胸襟的女性（曾本君，2016），此外，还有"女丈夫""女先生"等称呼。虽然在"三从四德"的主流文化背景下，她们仅属少数，但也不乏其例。

时至近代，面对西方列强的入侵，时代造就出许多具有独立自主、刚正不阿等特质的女性作为男性革命道路上的同行者（刘胜枝，2006）。在这一时期，越来越多的女性走出闺房，接受教育，更有以秋瑾、吕碧城等为代表的女性，昂首走在了革命队伍的前列，与男性平分秋色。

中华人民共和国成立后，我国法律明确规定男女平等，个体的自由及独立性得以更加充分的发展。中华人民共和国成立初期，许多女性走出家庭，与男性一同投入经济社会的建设中，此时社会上大力宣扬"妇女能顶半边天""不爱红装爱武装"，形塑着女性中性化甚至是女性男性化的形象。极端的"走出家庭"尽管给女性带来"心灵的集体化"的解放感和平等感（郭于华，2003），但是也因为忽略了女性的其他需求而不尽合理，所以，女性在"走出家庭"之后又有了一部分人的"回归家庭"（程勇真，2001）和更多人的"兼顾家庭"。但是，新社会对女性的要求，以及女性对自身发展的需要，使女性在"回归家庭"之后，经过不断的摸索和尝试，发展出新的女性社会形象，即互依与独立并存的新形象。这里的互依，并非主从式的女方依从男方，而是独立双方之间的互依。

但总体而言，男性和女性还是被期待和赋予了不同的特质，积淀而成为性别刻板印象。而"独立性"向来被认为是男性所具有的特质。Bem（1981）在性别图式理论中指出，人们一般认为男性特质具有工具性、任务以及成就导向的特点，且工具性导向中，最突出的就是独立性；相反，顺从、依赖则被认为是女性特质。依主流文化，女性在社会中更被期待表现顺从、依赖，作为主体男性的"他者"而存在，即借助男性定义女性，女性的意义更是通过顺从和依赖男性来获得（冷东，1999；武志红，2012：165～172）。

不过，近年来"反性别刻板印象"的两性角色层出不穷。"女汉子"就是其中的一个典型。2013 年，一条名为"女汉子的自我修养"的微博引发热议，之后许多女性以此自居或被指称，"女汉子"一词也被评为"2013 年十大网络流行语"之一。2015 年，春晚小品《喜乐街》中，贾玲扮演的女汉子深受观众的喜爱，将"女汉子"一词再次推至高潮。由大众所建构起来的"女汉子"形象被刻画为："行为举止不拘小节、性格开朗直爽、心态乐观、能扛起责任，在生活中比较有气场；工作中果断、冷静，逻辑非常清楚，跟男人一样地战斗，甚至气场盖过男人，但在生活中能将工作中的一面收放自如。"（麻晓森，2015；李蓉蓉，2014）可见，与以往"假小子""男人婆"等类似概念更多强调女性外表形象或行为举止如男性般粗放不同，此次对"女汉子"的关注点主要集中于内在特质方面，例如，她们比起传统标准下柔弱、依靠、被动、顺从的女性，多了男性特质中的独立、坚强、自主、自信（孙艳艳，2014）。"女汉子"一词，是由"女"加中心语"汉子"构成的偏正结构短语，"汉子"原指成年男性，在中国传统文化中是刚毅、坚强与独立的象征，带有褒扬的意指，而偏正结构词语更突出的是性别属性"女"，即具有汉子般坚强、独立的女性（聂敏，2014）。所以，与"假小子""男人婆"等相比，"女汉子"也被赋予更多积极情绪，似乎更贴合 Bem（1981）所指的理想化性别——"双性化"的特征。

不过，我们先前的一项研究发现，大学生对"女汉子"的态度表现出内隐与外显的分离，尽管在外显态度上表现更为积极，但在内隐态度中仍然将"女汉子"与消极词汇联系更为紧密。而且，男性存在"女汉子婚恋难"的外显刻板印象，女性似乎不明显，但两性都表现出类似的内隐刻板印象（崔文倩，2014：14～25）。生活中重要领域的态度和选择，应该更能反映人们的核心信念，这也构成了人们自我发展的具体生态环境，制约其发展进程和心理体验。因此，我们提出，"女汉子"现象凸显及大众对其相对积极的态度，可以作为性别刻板印象松动、性别角色多元化倾向的一个体现，但尚未达成"双性化"兼容并蓄的理想状态。在当下，更应该作为一种"反性别刻板印象"现象来关注。而反刻板印象的相关研究发现，人们在面对违背性别刻板印象的信息时，会采用一系列防御机制以维护原有刻板印象（刘晅、佐斌，2006），这也会限制"女汉子"的发展，造成一定的心理冲突，需要调适。

如前所述，"女汉子"更多还是一种社会现象，透过这一现象及大众的相关反应，我们希望探究变迁社会中性别角色带来的变化与挑战背后的社会心理过程。首先需要廓清"女汉子"的核心特质是什么。在我们前期所做的一项"大众观"的调查中发现，无论是针对泛化的"女汉子"印象，还是心目中可以作为"女汉子"典型代表的公众人物，人们提到最多的突出特质就是"独立"（杨曦，2017：13～22）。进而，我们聚焦于女性独立性的发展，并从反刻板印象的角度，基于女性自身的视角，来考察女性独立性发展的心理历程，相关意义建构、情感体验及发展脉络和可能的影响因素。

二 研究方法

本研究意在探索女性"独立"的内在心理过程和可能的影响因素，而个案法在深入探究事物本质发展等方面具有优势（Coolican，2014：159 - 161），比较契合研究内容。因此，本研究采用个案定性分析的研究方法。

（一）研究对象

个案研究是研究者对个案进行研究，由此对某类现象做出分析性归纳，目的不在于推论总体，而是强调个案选取是否具有典型性（王宁，2002）。

如前所述，"女汉子"在大众心目中属于独立性水平较高的女性，所以本研究将其作为具有高独立性的女性的典型代表。同时，本研究还将研究对象聚焦为"高学历"女性，虽然会有特殊性，但也可以突出个案的典型性。因为：①高学历女性作为女性群体中的精英，代表着女性未来的发展；②高学历的女性自身拥有更多的社会资源和独立资本；③高学历女性更容易接触并受到现代观念的影响，也就更可能面临来自现代和传统的交锋甚至冲突（尹艳群，2006）。因此，研究对象应为同时具备高独立性与高学历的女性。初步选取的研究对象参照方便取样原则，在周围的女性朋友中选取 7 点量表上自评和熟人对其他评"女汉子"程度与独立程度均高者作为研究对象；然后根据滚雪球原则，请已接受访谈者推荐人选。前后共选取 8 位受访对象，基本信息详见表 1。

表 1 八位受访对象的基本信息

编号	年龄	学历	婚恋状态	工作状态	成长地区	是否独生子女
A	24	硕士	单身	半工半读	大陆农村	否，有弟弟
B	25	硕士	单身	就业	大陆城市	否，有姐姐
C	37	硕士	已婚	就业	大陆城市	是
D	26	硕士	恋爱	半工半读	大陆农村	否，有哥哥
E	23	硕士	恋爱	未就业	澳门	否，有哥哥
F	24	硕士	恋爱	半工半读	台湾	否，有哥哥
G	48	博士	离异	就业	大陆城市	否，有兄姐
H	25	硕士	单身	未就业	大陆城市	否，有姐姐

在个案研究中，受访者的数量由所收集到的受访资料的饱和程度决定。饱和程度是指在访谈过程中，研究者不断搜集并录入新的资料，直到新录入的资料与已存在的资料重复，表明资料已达到理论饱和（Strauss，1987：25）。随着访谈所得资料的增多，根据受访者独立性的发展过程与结果以及个案面临冲突的调适机制等内容，发现 H 的各方面信息在前面多有呈现，因此可以认为所收集到的资料均已达到饱和状态。被试均阅读并签署《参加访谈同意书》。

（二）研究方法

1. 访谈提纲及访谈过程

基于研究主题的探索性，本研究主要采用半结构化访谈法，并根据研究目的确定访谈提纲。内容包括：①受访者对自身独立性的看法和认知；②受访者在发展其独立性的过程中可能的变化历程及情绪感受；③受访者独立性发展过程中的影响因素。

为确保研究效度，在访谈中遵循受访者中心的原则，保证受访者思维的连贯性及表达的自由性，尽可能降低社会期望的影响。同时，为了保证访谈信息质量，我们在每次访谈结束后，及时地对访谈录音进行转录，对于转录过程中出现的疑问进行细致的记录与整理，并与受访者进行核实与澄清，在搜集新的资料时不断修改、充实访谈提纲，以保证和主题关联的重要内容被涵盖。

2. 资料处理与分析

由于本研究更多关注受访者对其经验及意义的主观建构过程，因此采用解释现象学取向（Interpretative Phenomenological Analysis，IPA）对访谈所收集到的文字资料进行分析。该方法以分析研究受访者实际生活经验为目的，考察受访者对其自身个体和社会的理解（Lyons & Coyle，2016：51 - 64），而受访者在陈述过程中所表达的意义可以从研究者对转录文字稿的解释性接触中体现出来（Smith，1997）。

虽然解释现象学只是对受访者经验的一种解释，但在分析时难免受到研究者个人的世界观、价值观和双方的互动品质等因素干扰（Willig，2013：50 - 68）。为了尽可能降低研究者效应带来的"效度威胁"（陈向明，2000：397～408），我们采用以下几种方法保证研究效度：①深度访谈与对比分析法，既分析了个案内部的发展过程，又对比分析了个案间的发展结果；②保持自反，在整个研究过程中，研究者始终采取悬浮注意，以第三人视角进行客观分析，并多次往返于材料与编码笔记，以确保资料的完全分析；③小组讨论分析法，研究从访谈提纲制定到访谈实施过程中的问题调整，以及文稿分析视角，都暴露在由心理学专业老师和研究生组成的研究小组内，使得研究处于透明可视状态，也可借助小组智慧弥补个人视野局限。

分析共分为以下几个步骤。

步骤一：反复阅读已转录的文字稿，对材料进行初步整理。

步骤二：进行次级主题编码，将有代表性的词语作为次级主题。

步骤三：寻找主题间关系，将其归并为高阶主题。上述阶段需要经常返回原始资料，避免信息遗漏或理解错误。

步骤四：将所有主题制成附带说明性引用的汇总表，并把半结构化访谈中的内容整合进汇总表中。

步骤五：整合所有个案，展示研究结果。

三　研究结果

在对受访资料自下而上经过多遍分析提取后我们发现，8 位高学历、高独立性受访女性对自身独立性的理解和表现都历经了一定的发展、变化过程，受访时亦处于不尽相同的发展状态。受访者在其独立性建构与发展的过程中可分为刻板二元对立期、被动松动期和自主变通期三阶段（个体内特征），而依据独立性发展的结果可分为发展不平稳状态与发展平稳状态（个体间特征）。

（一）女性独立性发展过程分析

研究首先以单一个体作为分析单位，通过对其独立性的形成与变化轨迹及其中所关涉的认知、行为和感受的梳理，揭示个体内特征的发展规律。然后又进行个体间比照，发现受访者的独立性发展普遍历经几个较为一致的阶段。

1. 独立性理解和表现的刻板二元对立期

由于受访者对自身"独立性"均有较高评定，所以访谈首先询问她们对"独立性"的认识理解，包括"独立"的内涵认知及相应的行为表现。

（1）个案对"独立"的认识理解及行为表现

分析发现，8 位受访者最初在对独立的认知上具有高度一致性，即意指"自己的事情自己做"以及"遇到困难自己解决"。

A：自己分内的事情应该自己做完。

B：独立就是自己可以做好自己的事情啊，可以照顾好自己啊。

C：所有的事情都需要自己扛，才能算是我是足够独立的，或是我是足够好的。

F：全部的事情我会自己处理。

G：尽你所有的能力去解决一个问题，去解决生活中的、工作中的人与人之间的关系，与自己相处的关系，所有这种关系，你自己尽力去解决。

在独立表现方面，她们认为最能体现其独立的是学业独立、生活独立和经济独立。需强调的是，这里的经济独立指个案在有稳定工作前就已经基本实现自我供养。

A：比如在学习上我不会让父母催着我，这是一种学业独立。生活上我有情绪的时候我都自己解决掉了。而且我从大学开始就不会用家里的钱。

B：做一些体力活，做一些软妹子不会做的事情，比如抓虫、通下水道、换电灯泡、搬箱子之类的。

C：从小开始做家务，父母不在的时候，上班的时候，我给他们做饭。平时生活自己也能照顾自己，包括搬家什么的都自己来，租房子也是自己去找。还有比较独立的一方面就是找男朋友、老公都是自己找的，家里也没有太多的干涉。

D：经济一定要独立，这个是必需的。我初中读书没花钱，高中读书没花钱，大学就是第一年花过学费，后来学费就是贷款，我还在外面打工。我是一个独来独往的人，我觉得那样很酷，很牛。

E：自己养活自己，可以自己做饭给自己吃。

F：我从十八岁开始，就是真正意义的半工半读，我没有拿过家里的钱，我的学费是助学贷款，然后我的生活费全部是自己赚的。

H：有很多事情我可以为自己负责，而且我觉得我的情感观还是非常洒脱的，不黏人。

此外，受访者在谈到"独立性"的时候，都会或直接或间接地提到另外两种行为——求助和依赖——与之相对。

首先，关于求助，受访者认为独立就是不求助于人。在她们的信念体系里，一方面，求助于人是打扰别人、给别人添麻烦，而这是不应该的，所以对应地，她们也就不好意思求助，也没学会该如何求助；另一方面，求助于人意味着自己不够好、自身能力不足，是软弱的表现，而这些也是不可以接受的，所以遇事都独自硬扛着。

> B：反正内心里是有一种不太愿意打扰别人的状态的，更多的时候还是选择自己去承担。
>
> C：以前我会说所有的事情都需要自己扛，才能算是我是足够独立的，或是我是足够好的。几年前的我可能就自己咬牙扛下去了，觉得自己痛苦得不行。
>
> D：我从家里面留下来（学会）的是：不要找人帮助。以至于这个独立和自立吧，嗯……有时候还挺束缚我的，就是硬撑着的那种，向别人伸手要帮助的啊不太懂，反正就是自己要搞定很多事情。
>
> F：在年轻的时候，比较懵懂的时候，我觉得独立跟求助好像是对立的。如果我很独立的话，我不太需要求助；如果我求助的话表示我还没有那么独立。以前真的学不会（求助），就是我不喜欢让别人觉得我很软弱，我需要得到帮助。

类似地，关于依赖，受访者也将其与独立对立起来，认为依赖他人是不好的，会给别人添麻烦、造成负担。但对于他人的请求，她们感觉不会、不能拒绝，所以通常会被周围人依赖，而自己无人可靠，因此她们不仅为自己，还要为别人去扛。

> A：如果给别人造成负担就是一种不好的依赖。在和朋友交往的过程中，她（女汉子）不会给朋友造成很多的负担，反倒是会减轻（朋友负担）或是帮助朋友，给朋友带来的更多是一种帮助。
>
> F：当我看到他们面有难色，我会觉得"噢，是我做错了"。大部分时候我是被依赖的人，你（我）就是被依赖的人所以你（我）就会，你（我）反而会养成有问题我来解决，不能解决的想办法解决的习惯。
>
> G：大部分情况下，我能够做的事情我肯定会自己做，我是不会去依赖别人的，会尽可能自己解决，因为这样不会给别人添麻烦。现在在北京又想立住脚，而且要照顾到所有的关系，希望能孝敬老人，

希望孩子能生活得很好，因为就这样的一个工作和生活的状态，没有依靠，只有靠自己。

H：当别人都很依赖你（我）的时候，你（我）也算是一种被动的独立。很担心告诉老师（我做不到）会让老师失望，那个时候会觉得太在意别人的看法了，所以就硬扛。

在这一阶段中，8位受访者基本将独立与求助、依赖视为一种二元对立的关系，即"我是独立的，那么我就不可以求助或依赖他人"。她们对人我的区别比较敏感，常常会意识到"这是我自己的事情"，而且自己的事情应该自己做；但也并非在人我间确立了清晰的边界，因为通常她们并不能拒绝别人的求助和依赖，甚至还靠帮助别人、被人依赖来证明自己的独立和强大。她们的人际边界更像是一道壁垒，或者是只可单向流动的膜，她们很难从其他人那里得到支持。她们有很多担心也有很多禁令：怕成为别人的负担，怕麻烦别人，不可以脆弱……所以多少有些被迫独立。她们将独立和自我价值联系在一起，但更多的不是追求增长，而是害怕丧失。

（2）个案对"独立"的情绪感受

当被问及表现出高独立性时内在的感受如何，受访者表现出较为复杂的情绪。其中以"辛苦""失望""不公平""难受""不开心""委屈""孤独""无助"等消极情绪最为常见。这和前面所说的遇事独自扛、硬撑、不会求助等被迫独立的认识和行为相关联。不过，当受访者独立完成某事之后，通常也会体会到一种"成就感"。

A：在做的过程中感受不是很好，因为有各种辛苦，这个时候比较委屈，但又不想向别人求助，有种不公平的感觉。当你（我）完成这一切再回头看的时候，更多的是一种自豪、自信，会觉得这段路我走过来了，蛮好的，很骄傲。

B：其实我对这个世界有一点失望啦，他们都好不热情哦。但是（当事情）过了的时候还是比较有成就感的。

D：高中之后就已经抑郁，也不是抑郁吧，就是不开心，没有进度，或者没有劲，没有目标，迷茫、难受。但我做好一件事情，就觉得每次做得还是蛮好的。

E：（在成长过程中）我一直觉得我是被欺负的人，所以我心里有很多委屈啊，我觉得很孤独。

　　G：那时孩子深夜高烧，但我只能一个人带孩子去医院，当时觉得自己要崩溃了，我觉得挺无助的。

（3）个案"独立"形成过程中的主要影响因素

　　经过对访谈资料的反复梳理和提炼发现，影响个体对独立性最初认识的因素有成长环境、教养方式及榜样形象等几个主要方面（详见表2，"√"表示该个案符合这一项目）。

表2　个案"独立"形成过程中的主要影响因素

主要影响因素及其具体内容		A	B	C	D	E	F	G	H
成长环境	父母工作忙，对孩子关注较少	√		√		√	√		√
	兄姐为独立表率				√	√	√	√	√
教养方式	父母的教育理念是"做人要独立"	√	√		√				
	父母培养时不刻意强调性别之分	√			√		√		
榜样形象	独立、坚强、有能力的女性榜样且与之关系亲密	√		√	√		√	√	√

　　可见在个案"独立"意识的形成过程中，关系密切者的影响至关重要。无论是由于条件所限而被父母有意无意赋予更多自我照顾、自我决定的机会，还是基于教养者的主观意愿和人生信念而被不断教导、期待和强化自强独立的价值观念和行为准则，尤其是同性榜样潜移默化的示范作用，"要独立""自己的事情自己做"都逐渐被个体所熟悉和接受，并成为对自己的要求。

　　B：小时候爸妈都会告诉我们"自己的事情自己做"。
　　C：我妈就是一个很独立、坚强，甚至好强、有些偏执的人。
　　D：我家人非常非常希望我是女汉子，我爸一直强调，我在外面要自立、独立，而且我爸经常夸我这一点。
　　H：家人会说"你要看你姐呀，她没有让我们操心啊，你以后也别想我给你张罗工作啊"。

2. 个案独立性理解和表现的被迫松动期

　　在前一阶段可以看到，个案被要求独立，也表现出独立，且有对自己独立的成就感、自豪感。但面对现实她们并非总能游刃有余、轻松应对，有些时候、有些情境下，她们也会对他人生出期待，渴望支持，希冀联结。不过，由于她们将独立与依赖、求助截然对立，所以不免会体验失调和压抑，产生很多负性情绪，形成张力，而这也可能促发改变。

根据 Goncalves、Matos 和 Santos（2009）的观点，每种改变都需一个契机，即"创新时刻"。它是指自我的平衡态被压抑已久的内部声音冲破，使得个体不得不正视被刻意忽略的声音，并采取一些应对方式，进而发展新的自我。

本研究中，8 位受访者的"创新时刻"表现为四种类型：①情绪导向型，个体因消极情绪达到一定程度，使得自我平衡态被打破；②时机导向型，受外部某一特殊时机的影响，个体自我开始重新发展；③事件导向型，自我发展遭遇挫折事件，从而需要调适及整合；④他人导向型，即个体受外界声音影响，需要重新整合自我内部（详见表3）。

表3　个案"独立"发展的"创新时刻"

分类	受访者	创新时刻	应对方式
情绪导向	A	因为（独立时）有各种辛苦，我会觉得这个过程蛮委屈	会有意识地表达自己的感受
	B	有一段时间，让我有一种不能接受现实的状态	给我姐打过电话
	H	有段时间是挺不开心的，就感觉活得太累了	有跟我妈讲
时机导向	C	（一直希望学习心理学）在微博上发现老师在招助理，招社义工，做心理咨询	就报华师大的班，学习心理学
事件导向	D	我的全世界都是他（前男友），后来他离我而去了，不辞而别	现在做（心理）咨询我也觉得是一种求助的形式
	E	她（戏剧社社长）说我的普通话没有进步过，根本连这个（上台）机会都不给我	不能躲啊，那我就发朋友圈找语伴呗
	G	最大的转折就是独立带孩子，离婚是一件不快乐的事情	要在最短的时间内让它化解，毅然地找了心理学家
他人导向	F	在某一个时段好多人跟我讲，（他们对我的评价中）被扣掉的那些分数是因为我没有办法依赖别人	尝试着从很小、很细微的事情（求助），然后到比较大的

当个体在内在张力和外在"创新时刻"的刺激下开始尝试突破上一阶段的桎梏——独立就是不求助或/且被依赖，最重要的改变就是开始求助他人。其中 B、C、E、H 四人选择与自身关系亲密的人作为求助对象，包括姐姐、老师、朋友及母亲；其余四人表示没有特定求助对象，但 D 与 G

选择了在专业心理咨询师的陪伴下进行自我探索；F 表示会循序渐进地做些改变；A 也希望表达内在软弱，不过设置了一个前提："首先我在你面前是能力获得一定认可。"

虽然带有一定的被迫性——个体不得不面对"我（需要/应该）是独立的"这一自我定位（I-position）及对其的刻板理解和固守所带来的困扰和束缚，虽然具有很强的选择性——仍心怀忐忑、因人因事因情境而做出谨慎尝试，但总的来说，在这一阶段，个体都开始正视自己更多面的需求和感受，开始在求助和依赖方面有所松动、有所突破，开始在比较安全的范围内尝试开放和"示弱"，当然，由此也会获得新的经验。

3. 独立性理解和表现的自主变通期

有松动就会发展出新的可能性，而且尝试的范围可以不断扩展，个体也就会感受到更大的灵活性，对"独立"的理解和把握也就会更具丰富性。从 8 位受访者受访时的发展状态来看（具体见表 4），个案 A 虽有松动，但仍坚持求助的前提是能力需获得他人认可，否则仍旧选择被迫独立（"只能挺着"）。可见，A 将独立和能力画上等号，并担心求助等不够独立的行为会威胁到别人对自己能力的评价，所以仍徘徊在前面两个阶段之间。

而其余 7 人对自身独立的评价都已经由外部评价发展至自我内部评价，且是否需要求助、依赖，或者是否拒绝他人的求助与依赖亦取决于自身能力或主观意愿，而非外部要求和评价，即她们已将独立内化，且认为独立与能力并无必然联系，即便有关也接纳自己能力的局限，而不将其视作对自我的威胁而强行粉饰。可以说，这 7 人已从最初的独立与依赖二元对立观发展为多元共存观，即倾向于发展出更整合的自我，此时独立性的自我状态也更加稳定。同时，她们的独立逐渐减少对象、情境限制，并由被动转向基于自我意志的自主选择，即同一情境下，个体可自主、灵活地选择是否表现独立性。从自我定位来讲，她们依然认为自己是独立的，也会尽力而为，但同时会审时度势，看怎样是更有利于事情解决的方式，注意更多从自我价值判断转向做事；另外，依赖、求助也不被认为是对他人的打扰，而是感受到其中的关系和情感，接纳并享受这种联结和独立并存的状态。

表 4　受访者独立性的现有状态

受访者	现有状态说明
A	现在的我，过程中委屈的这种独立会少一些； 首先我的能力获得一定认可，（但）如果别人发现不了（我的能力）就只能挺着

续表

受访者	现有状态说明
B	还是看这件事情是不是我不能解决，或者说是不是他帮我解决更便利一点
C	好像不自觉的（独立）就成了自己的一部分； 你（我）一个人扛不下来，那个时候我就发微信啊，跟朋友联系啊
D	又有朋友又能把自己搞得很独立，我觉得这样很棒
E	烦的工作就不去帮；我就"呵呵"，反正我会推脱（学会拒绝他人的求助）
F	现在我已经把软弱跟需要帮助这件事情脱钩了； 我不会因为我寻求支援、寻求支持而觉得我自己很软弱
G	有事超出你范围就要求助于他人，那就是依赖他人，这跟你独立的特质无关
H	坦白自己能力的不足，或者说向老师寻求帮助； 不是说自己死扛，那很不明智，不管什么东西我做到尽力就好

（二）独立性发展结果分析

经过对受访者"独立性"发展过程及状态的对比发现，8 位受访者的独立性发展都呈现一致性倾向，均由最初刻板、僵化的独立认知与表现逐渐变得灵活、有弹性。而且，除了对求助和依赖行为的认知变化外，受访者对独立的情感体验亦发生了改变（见表5）。与刻板二元对立期相比，受访者的前后两种状态，最大的变化是由内外割裂甚至反向到内外一致，即不再因应该独立或不得已而独立，或因无法依靠、不能依靠或没有依靠而独立，所以就少了为强行表现独立而引起的诸多负面情绪，更多的是将独立内化为"理所应当"，即个体将独立归为其人格特质并自然而然地表现出相应行为而非刻意满足他人期望或为了向他人证明什么，体验到的也更多是自豪感、力量感和控制感。

表5　受访者独立性结果对比及现有情感态度

自我达到的状态	受访者	情感态度
有条件、未达到稳定的	A	委屈减少、自豪、骄傲
稳定的	B/C/D/E/F/G/H	成就感、理所应当

当然，8 位受访者的独立性理解水平并未达到同一高度，尤其是个案 A 仍是一种有条件的、不稳定的状态，这可能与个体发展过程中和独立相关的早期经历、个性特点、创新时刻、人际资源及应对方式、行为选择等因素有关，同时也提示，独立性理解和表现的阶段间转化的更细致的作用机制还值得进一步探讨。

四　讨论

（一）研究的信效度

1. 研究的信度

对研究结果的一致性与稳定性程度，我们对 8 位研究个案进行编码与分析后，借助 SPSS 统计分析软件，采用"Friedman 非参数方差分析"的方法对 8 位受访者在主维度和子维度编码的频数进行分析，统计结果表明各维度在被访者间有较高的一致性（$\chi^2 = 10.871$，$p > 0.1$），因此能够认为研究结果在被访者间具有稳定性。

2. 研究的效度

（1）内部效度。研究者借用"结构效度"的方法从不同心理学理论出发，分别解释研究结果，并发现自立人格理论（夏凌翔、黄希庭，2006，2007，2008）与双元自主理论（Yeh & Yang，2006；叶光辉，2009）均能对研究结果进行有效解释且相互验证。

（2）外部效度。由于个案研究通常是针对个别典型案例进行深入分析，故研究在选取被试时需要参照个性与共性的统一（王宁，2002）。考虑到个案研究的典型性原则，本研究的 8 位受访者均属于高学历、高独立性女性，因此，基于高学历女性得出的研究成果在推广时需谨慎，具体的适用范围与程度受读者自身经历的影响。

（二）女性独立性的困境：矛盾期望和刻板定位下的冲突体验

据《现代汉语词典》第六版（2012）的解释，"独立"一词实则分为"独"（自己一人、单独的）与"立"（矗立、自立之意），与本研究相关的一个解释就是"不依靠他人"。类似地，英文中，"独立"一词由前缀"in-"加上"dependent"构成，直译为"不依赖的"。作为人格特质发展中的一项任务，这种将"独立"与"不依赖"相对等的解释既符合 16PF 中对"独立性特质"维度的定义（Cattell & Mead，2008：135 – 178），又符合本研究 8 位受访者对"独立"的最初认识，也是"独立"在西方的主流观点（夏凌翔、黄希庭，2008）。然而，根据 Bem（1974）的性别角色量表（BSRI）及 Helmreich 和 Spence（1978）的个人特质问卷（PAQ），女性常被定义为合群性的，而独立特质在 BSRI 中则属于男性工具性特质，换言之，社会更希望女性表现出较高依赖性和较低独立性。可见，女性独立性的发展与性别期望相悖，具有反刻板印象的特征。因为刻板印象体现了人们的一种共同信念，所以当个体表现出反性别刻板印象的行为时，往往会引发他人及社会的负面评价。例如，在小组互动中，当一位女性表现出较强的支配性或较高的能力时，就会失去女性应有的可爱和吸引力（Carli，2001；Shackelford，Wood，& Worchel，1996）。如果女性处于管理者角色，则可能因缺乏对他人情感的关心或因表达出愤怒情绪（Brescoll & Uhlmann，2008；Byron，2007），以及表现得太过男性化而对自身产生不利影响（Heilman et al.，2004）。

此外，中国向来倡导集体文化和熟人社会（费孝通，2006：26~29），无论男女均被鼓励人际联结与互动，个体身处该文化背景下，其自我发展必然受制于社会期待及本土文化（夏凌翔、黄希庭，2007；杨国枢，2004）。因此，在本身就强调联结的文化中，女性更是被期待成为依赖者和联结者，所以，中国女性在其独立性发展上势必面临比男性更大的冲突和矛盾，主要表现在强调关系与联结的情境中。例如，受访者 A、D、F 三人就都明确表达自己的独立曾给自己的人际关系带来一定的负面影响。

不过，即便是"男主外、女主内"的传统观念，虽然女性总体还是被要求依附和顺从男性，但也被希望在一定范围内是具有独立能力的，只是和男性的场域不同。现代社会中，女性独立的空间越来越大，但社会和他人甚至包括女性自身对女性既独立又顺从的矛盾期望依然存在，导致女性独立性发展面临特殊困境。当受访者处理个人问题时，独立性总会受到外界的鼓励与肯定；可当面对人际关系时，一味坚持独立的女性则会给人难以接近、不被需要的感觉，继而拉大人际距离，带来人际适应问题，女性自己的关系需求不能得到满足，亦会产生大量负面情绪，危及心理健康。究其原因，回到女性内在，一方面，受制于社会化过程中的文化和角色期望，女性存在被保护者/被指导者的自我定位，该自我定位使得女性寻求更多人际联结，当外界条件无法满足个体期望时，个体就会压抑这种需求，转而寻求自我依靠；另一方面，当女性表现出更多自我依靠行为时，这种独立性也会为个体带来力量感，满足个体自身独立需求的发展，与此同时，当个体接受他人依赖时也会产生依附性价值定位，前后两种不同的自我定位就会引发个体内部的自我冲突。

（三）女性独立性的发展：与双元自主及自立人格理论的契合

困境是束缚，会让陷于其中的人倍受煎熬甚至被摧垮；但冲突也蕴含着打破旧有平衡、实现自我创新的可能和力量。如前面结果所述，在一定的"创新时刻"的推动下，本研究中 8 位受访女性有关"独立"的刻板认识和表现都有所松动，其中 7 位发展出更大的灵活性。究其实质，是主体性的回归，个体能够更多看到并尊重自身的需求，对于自己的认识评价、行为选择可以自我决定、自我担责，但也并非将他人排除在自我之外，只是不把他人当作顺从或者反抗的对象——亦即左右自己的主体，而是可以依恋、可以合作、可以互助的资源。此时的"独立"更具适应性，因为首先，个体在独立的知情意行上能够内外和谐一致，即行为表现取决于个体内在认知与主观意愿，情绪感受也就更为匹配并以积极体验为主；同时，在人我关系上也趋向和谐。这都有助于提高女性的个人竞争力与人际适应力，并增进其健康。

女性独立性的这一发展状态，核心是自主性的获得。自主性是指受到自我调节和自我认同的思想和行为，是在完全内化的价值和真实的兴趣基础上展开的行为活动和意志体验（Deci & Ryan，1985；Ryan，Deci，& Grolnick，1995；Deci & Ryan，2000）。早期跨文化研究将自主性与独立相联系，认为自主性是不依赖他人而独立行动的表现（Markus & Kitayama，2003），这一观点代表的是典型的个体主义文化价值，强调通过独特表达和独立决定来获得自主性（Iyengar，Lepper，& Ross，1999；Markus & Kitayama，2003）。但是，集体主义文化重视关系联结和相互依赖。例如，与西方社会相比，亚洲青少年表现出更普遍的依赖父母和更低的独立性发展（Chao & Tseng，2002）。受不同文化取向的影响，个体的行动及其适应性表现也存在差异，如亚裔青少年并不认为自主性等同于独立于父母之外的行动（Russell et al.，2010：101－116）。即使在依赖他人的行为中，中国青少年也能感受到自主（Rudy et al.，2007；Yeh & Yang，2006）。可见，自主性并不否认对他人的依赖，也不要求从关系中分离。

台湾学者叶光辉在本土研究中发现，中国青少年的自主性发展涉及两个方面：一是独立的身份，表达个性化特征；二是相互依赖的身份，考虑父母家庭的因素（Yeh & Yang，2006；Yeh，Bedford，& Yang，2009）。基于这种独特的自主发展特点，叶光辉整合了跨文化观点和自我决定理论，提出了华人青少年双元自主模型，区分出个体化自主和关系自主两种自主形式。个体化自主反映了自我认可的独立，通过表达个人属性和差异获得自我认同；关系自主反映了自我认可的依赖，通过与他人，尤其是重要他人的联结或实现自我在互动关系中的和谐来获得自我认同。这两种自主形式可以在同一个体身上并存，个体可以通过整合个体化自主和关系自主来应对不同类型的情境，满足对个性和关系的心理需要（Yeh & Yang，

2006）。这也正是本研究受访女性之独立性发展到自主变通期所具有的状态，由此也证明双元自主模型更广泛的适用性。

与女性独立性发展到自主变通期状态类似的，还有夏凌翔、黄希庭（2004，2006，2008）等中国学者提出的中国人的理想人格——自立人格，即个体在自己解决所遇到的基本生存与发展问题时形成的包括个人与人际两个方面的独立性、主动性、责任性、灵活性和开放性等特质。他们提出，中国人应该用自立人格而非西方的独立人格来形容，因为中国是集体主义文化，中国人不仅强调自我，更强调社会中的自我。是以，中国人的自立人格是一种辩证性人格，其内涵不仅包括西方独立人格所说的自我依靠、个人自立，还强调人际互动——人际自立，暗含相互依赖的意思（夏凌翔、黄希庭，2012）。

（四）对"独立"及其发展过程的心理学反思

虽然本研究的切入点是独立女性和女性独立，也发现性别角色和本土文化传统在女性独立性发展中的重要影响，但研究中所揭示的独立性的发展过程及双元自主的核心作用，似乎并不仅限于中国、高独立性、女性，而是具有一定的普遍意义，主要表现为以下两点。

1. 独立是人类重要的发展任务，个体化与关系是人类基本的心理需求

作为晚熟动物，人类早期对周围环境和教养者有很大的依赖性，但又不限于吃穿喂养，还有通过教养者的养育行为和积极回应感受到的安全、信任和希望；而作为社会性动物，关系（relatedness）和联结（communion）是人持续一生的基本需求。不过，独立也是人重要的发展任务，很多心理学理论都对此有所阐述。

例如，英国心理学家费尔贝恩在其客体关系理论中提到，个体发展的核心是寻求自我与客体的关系，而婴儿从出生就与母亲完全融合，即婴儿期的完全依赖；随着个体的成长，个体内在心理也会逐渐由婴儿期依赖发展至成熟的依赖，即个体在关系中既有相互依赖的部分，但同时个体也承认自我与客体是彼此独立的（Rubens，1994）。

埃里克森和奥尔波特也都认为，个体在幼儿期就表现出一种希望独立探索外部世界并获得自尊与爱的需要。埃里克森人格与社会心理发展的自主对羞愧阶段，儿童在拥有安全基地的基础上展现出对周围环境的兴趣以及向外探索的意愿（will），试图确立"我能行"、"我可以自足"（self-sufficient）、"我可以自己做"（all by myself）等能力（competence）或能动（agency）信念。若在此阶段，要求过早过多过严苛，也会打击个体的效能感，让个体产生羞愧。所以教养者需要放手给予儿童探索的自由，同时又能支持、鼓励并宽容失败，使得幼儿能发展出自主性，即能够依据自身愿望做出选择（拉森、巴斯，2011：284~289）。

Fleming 和 Anderson（1986）认为，个体化是一个内在的、主观的过程，是个体在心理上与父母分离，并建立自己作为独立的个体形象的过程。通过这个过程，青少年确立了自己的独立性，不再那么依赖父母了。不过，Haws（Haws & Mallinckrodt，1998：293）的研究发现：亲子依恋安全型的青少年在与父母分化的进程上更顺利，因为在安全的依恋关系中，父母鼓励他们独立的同时又提供一定的情感支持。

由此可见，虽然个体终将要探索、体验和扩展自己的能力范围，要成为一个独立的个体，但与人的关系和联结从最初就是生命重要的底色。

2. 独立性的发展，究其实质，也是一个自我发展的过程

人本主义心理学家罗杰斯认为，每个个体都需要经历一个从依恋走向独立、从固着走向发展的过程，如此才能获得独立性、创造性、责任性（Rogers，1961）。不过，从本研究的结果可以看到，独立有表象和实质之分。前者注重形式，主要表现为"自己的事情自己做"，但其动机不尽相同，体验也大相径庭。如果是出于内在的探索欲望和自我效能寻求，个体会因为能自己做而感到愉悦和自豪，有利于其主体性的确立；但如果是出于被迫强求、无以依靠等外在压力且缺乏温暖的情感灌注，个体虽然也可以表现独立却会有匮乏感、疏离感，有力量却生硬、僵化，有担当却压抑甚至悲壮，于人际关系中，会在"拯救者"和"受害者"的自我定位间游走，甚至变为"迫害者"（Karpman，1968），既疏于关系又受其牵制，这无疑都是不利于个体的身心健康和人际和谐的。因此，"自己做"不一定是真正的、具有适应意义的独立，"做自己"才是。而后者的核心是主体地位、自由意志、自我认可、自我选择，即获得"自主性"。

自我决定理论提出，虽然表达和满足的具体方式会因文化而异，但能力（competence）、关系（relatedness）和自主（autonomy）是人类共有的三种基本心理需求，社会环境对其的支持度及个体对此的满足度决定着人们的健康程度。其中，"自主"曾被认为是具有个人主义特色的概念，似乎也更偏重男性特质，但随着研究资料的丰富，发现自主性对男性和女性而言，都是有意义且重要的需求；同样地，自主与强调互倚和关系的文化也并非不能相容，自主的差异可能存在于文化之间，但也同样可能存在于文化之内。因为自主关注意志，与他人有很强联结的个体往往会将他人的利益放在心上。不过，如果能够将他人整合进自我，为了他人或者顺从他人也完全可以是依照自己意志的（Chirkov et al.，2003）。而基于本土研究和本土思考的双元自主模型进一步明确，寻求个人独特性与关系联结是人类普遍共有的基本心理需求，只是不同文化脉络可能强化对其中某种需求的重视程度，但任何个体皆可以发展出让两种自主性向度共存于自身之内的状态。

所以，"独立"的困境与发展，不是女性角色独有的议题，也不是东方文化独有的议题，性别角色与文化传统只是赋予"独立性"不同的意义偏向和表现形式，并通过各种社会实践不断强化，同时也使得某些与文化期待不尽相符的现象凸显出来并可能成为个体发展所面临的挑战。如何在这些挑战中促成个体化自主和关系自主的发展，是个体通往真正独立的关键所在。

五　自反说明

整个研究过程中，研究者自身独立性的发展与受访者相似，因此能够更快、更准确地捕捉到受访者的情绪感受，使得研究更加深入；然而，较高程度的自我卷入易对访谈进行主观引导，为避免这一现象，研究者始终保持悬浮注意，以第三方视角进行自我审查，并随时将分析及研究进度暴露于研究小组内，既能有效保证研究的客观性，又能扩展研究者的分析视角。

本研究一方面致力于对已有社会现象进行客观的描述和分析，另一方面则是立足于探索性研究，试图通过对典型个案的研究，为后续更为广泛和深入的实证研究提供理论解释框架。

参考文献

陈向明，2000，《质的研究方法与社会科学研究》，教育科学出版社。

程勇真，2001，《新时期中国女性主义运动的后现代精神》，《河南教育学院学报》（哲学社会科学版）第20卷第2期，第41~43页。

崔文情，2014，《大学生对"女汉子"的一般态度和刻板印象——外显和内隐研究》，学士学位论文，华东师范大学心理与认知科学学院。

费孝通，2006，《乡土中国》，上海人民出版社。

郭于华，2003，《心灵的集体化：陕北骥村农业合作化的女性记忆》，《中国社会科学》第4期，第79~92页。

黄希庭、李媛，2001，《大学生自立意识的探索性研究》，《心理科学》第 4 卷第 4 期，第 389～392 页。

拉森、巴斯，2011，《人格心理学：人性的科学探索》，郭永玉译，人民邮电出版社。

冷东，1999，《妇女在中国传统性别观念中的地位及其影响》，《妇女研究论丛》第 2 期，第 32～36 页。

李蓉蓉，2014，《关于当代女性社会角色的反思——以"女强人"等社会热词为例》，《广东技术师范学院学报》（社会科学版）第 35 卷第 9 期，第 112～117 页。

刘胜枝，2006，《被建构的女性——对当代女性杂志中女性形象的文化研究》，《青年研究》第 6 期，第 1～10 页。

刘晅、佐斌，2006，《性别刻板印象维护的心理机制》，《心理科学进展》第 14 卷第 3 期，第 456～461 页。

麻晓森，2015，《女汉子：大众媒体塑造的双性形象》，《传媒观察》第 5 期，第 16～18 页。

聂敏，2014，《网络流行称谓语"女汉子"的社会语言学透视》，《时代教育》第 23 期，第 143 页。

孙艳艳，2014，《"女汉子"的符号意义解析——当代青年女性的角色认同与社会基础》，《中国青年研究》第 7 期，第 11～15 页。

王宁，2002，《代表性还是典型性？——个案的属性与个案研究方法的逻辑基地》，《社会学研究》第 5 期，第 123～125 页。

武志红，2012，《为何爱会伤人》，北京联合出版公司。

夏凌翔、黄希庭，2004，《典型自立者人格特征初探》，《心理科学》第 27 卷第 5 期，第 1065～1068 页。

夏凌翔、黄希庭，2006，《西方独立研究的现状与思考》，《西南师范大学学报》（人文社会科学版）第 32 卷第 2 期，第 1～7 页。

夏凌翔、黄希庭，2007，《自立、自主、独立特征的语义分析》，《心理科学》第 30 卷第 2 期，第 328～331 页。

夏凌翔、黄希庭，2008，《青少年学生自立人格量表的建构》，《心理学报》第 40 卷第 5 期，第 593～603 页。

夏凌翔、万黎、宋艳、杨翼龙，2011，《人际自立与抑郁的关系》，《心理学报》第 43 卷第 10 期，第 1175～1184 页。

夏凌翔、黄希庭，2012，《我国的自立人格与西方的独立性人格的区别》，《西南大学学报》（社会科学版）第 38 卷第 1 期，第 38～44 页。

杨国枢，2004，《华人自我的理论分析与实证研究：社会取向与个人取向的观点》，《本土心理学研究》第 22 期，第 11～80 页。

杨曦，2017，《"女汉子"人格特质及其独立性的发展研究》，硕士学位论文，华东师范大学心理与认知科学学院。

叶光辉，2009，《华人孝道双元模型研究的回顾与前瞻》，《本土心理学研究》第 32 期，第 101～148 页。

尹艳群，2006，《从高学历女性的两难选择看女性教育》，《边疆经济与文化》第 4 期，第 146～147 页。

曾本君，2016，《“女汉子”的心理学意义及社会反思》，《广东技术师范学院学报》第 1 期，第 30～39 页。

Bem, S. L. (1974). The measurement of psychological androgyny. *Journal of Consulting and Clinical Psychology*, 42 (2), 155 – 62.

Bem, S. L. (1981). The BSRI and gender schema theory: A reply to spence and helmreich. *Psychological Review*, 88 (4), 369 – 371.

Brescoll, V. L. & Uhlmann, E. L. (2008). Can an angry woman get ahead? Status conferral, gender, and expression of emotion in the workplace. *Psychological science*, 19 (3), 268 – 275.

Byron, K. (2007). Male and female managers' ability to read emotions: Relationships with supervisor's performance ratings and subordinates' satisfaction ratings. *Journal of Occupational and Organizational Psychology*, 80 (4), 713 – 733.

Carli, L. L. (2001). Gender and social influence. *Journal of Social Issues*, 57 (4), 725 – 741.

Cattell, H. E. & Mead, A. D. (2008). The sixteen personality factor questionnaire (16PF). *The SAGE Handbook of Personality Theory and Assessment*, 2, 135 – 178.

Chao, R. & Tseng, V. (2002). Parenting of asians. *Handbook of Parenting*, 4, 59 – 93.

Chirkov, V., Ryan, R. M., Kim, Y., & Kaplan, U. (2003). Differentiating autonomy from individualism and independence: A self-determination theory perspective on internalization of cultural orientations and well-being. *Journal of Personality and Social Psychology*, 84 (1), 97.

Coolican, H. (2014). *Research Methods and Statistics in Psychology* (pp. 159 – 161). Psychology Press.

Deci, E. L. & Ryan, R. M. (1985). The general causality orientations scale: Self-determination in personality. *Journal of Research in Personality*, 19 (2), 109 – 134.

Deci, E. L. & Ryan, R. M. (2000). The “what” and “why” of goal pursuits: Human needs and the self-determination of behavior. *Psychological Inquiry*, 11 (4), 227 – 268.

Haws, W. A. & Mallinckrodt, B. (1998). Separation-individuation from family of origin and marital adjustment of recently married couples. *American Journal of Family Therapy*, 26 (4), 293 – 306.

Willig, C. (2013). *Introducing Qualitative Research in Psychology*. McGraw-Hill Education (UK).

Yeh, K. H., Bedford, O., & Yang, Y. J. (2009). A cross – cultural comparison of the coexistence and domain superiority of individuating and relating autonomy. *International Journal of Psychology*, 44 (3), 213 – 221.

Yeh, K. H. & Yang, Y. J. (2006). Construct validation of individuating and relating autonomy orientations in culturally Chinese adolescents. *Asian Journal of Social Psychology*, 9 (2), 148 – 160.

Fleming, W. M. & Anderson, S. A. (1986). Individuation from the family of origin and personal adjustment in late adolescence. *Journal of Marital and Family Therapy*, 12 (3), 311 – 315.

Goncalves, M. M. , Matos, M. , & Santos, A. (2009) . Narrative therapy and the nature of "innovative moments" in the construction of change. *Journal of Constructivist Psychology*, 22 (1), 1 – 23.

Heilman, M. E. , Wallen, A. S. , Fuchs, D. , & Tamkins, M. M. (2004) . Penalties for success: Reactions to women who succeed at male gender-typed tasks. *Journal of Applied Psychology*, 89 (3), 416.

Helmreich, R. L. & Spence, J. T. (1978) . *The Work and Family Orientation Questionnaire: An Objective Instrument to Assess Components of Achievement Motivation and Attitudes toward Family and Career.* American Psycholog. Ass. , Journal Suppl. Abstract Service.

Hermans, H. J. (1996) . Voicing the self: From information processing to dialogical interchange. *Psychological Bulletin*, 119 (1), 31.

Hermans, H. J. (2003) . The construction and reconstruction of a dialogical self. *Journal of Constructivist Psychology*, 16 (2), 89 – 130.

Hermans, H. J. & Konopka, A. (2010) . *Dialogical Self Theory: Positioning and Counter-positioning in a Globalizing Society.* Cambridge University Press.

Iyengar, S. S. , Lepper, M. R. , & Ross, L. (1999) . Independence from whom? Interdependence with whom? Cultural perspectives on ingroups versus outgroups. In Prentice, D. A. & Miller, D. T. *Cultural Divides: Understanding and Overcoming Group Conflict.* (pp. 273 – 301) . New York: Russell Sage Foundation.

Lyons, E. & Coyle, A. (Eds.) . (2016) . *Analysing Qualitative Data in Psychology* (pp. 51 – 64) . Sage.

Markus, H. R. & Kitayama, S. (2003) . Culture, self, and the reality of the social. *Psychological Inquiry*, 14 (3 – 4), 277 – 283.

Rogers, C. R. (1961) . The characteristics of a helping relationship. *On Becoming a Person*, 33 – 58.

Rubens, R. L. (1994) . Fairbairn's structural theory. *Fairbairn and the Origins of Object Relations*, 151 – 173.

Rudy, D. , Sheldon, K. M. , Awong, T. , & Tan, H. H. (2007) . Autonomy, culture, and well-being: The benefits of inclusive autonomy. *Journal of Research in Personality*, 41 (5), 983 – 1007.

Russell, S. T. , Chu, J. Y. , Crockett, L. J. , & Lee, S. A. (2010) . Interdependent independence: The meanings of autonomy among Chinese American and Filipino American adolescents. In *Asian American Parenting and Parent-adolescent Relationships* (pp. 101 – 116) . Springer New York.

Ryan, R. M. , Deci, E. L. , & Grolnick, W. S. (1995) . Autonomy, relatedness, and the self: Their relation to development and psychopathology. *Ariel*, 128 (151, 189), 155.

Ryan, R. M. & Deci, E. L. (2000) . Self-determination theory and the facilitation of intrinsic motivation, social development, and well-being. *American Psychologist*, 55 (1), 68.

Ryan, R. M. & Deci, E. L. (2003) . On assimilating identities to the self: A self-determination theory perspective on internalization and integrity within cultures. In M. R. Leary & J. P. Tangney（Eds.）, *Handbook of Self and Identity*（pp. 253 – 272）. New York, NY, US: Guilford Press.

Shackelford, S. , Wood, W. , & Worchel, S. （1996）. Behavioral styles and the influence of women in mixed-sex groups. *Social Psychology Quarterly*, 284 – 293.

Karpman, S. （1968）. Fairy tales and script drama analysis. *Transactional Analysis Bulletin*, 7 （26）, 39 – 43.

Smith, J. A. （1997）. Developing theory from case studies: Self-reconstruction and the transition to motherhood. *Doing Qualitative Analysis in Psychology*, 187 – 200.

Strauss, A. L. （1987）. *Qualitative Analysis for Social Scientists*（pp. 25）. Cambridge University Press.

《中国社会心理学评论》 第 15 辑
第 142～156 页
© SSAP，2018

中国文化视野下的 empathy 现象分析
及其译名审视

蒋殿龙　赵旭东[*]

摘　要：心理治疗专业对 empathy 现象的典型理解一直存在内在学理困难，对其所本的"自我及彼"的 empathy 过程、对患者出现的 empathy 异常现象等不能给予有效解释与恰当说明，这主要缘于西方文化背景下的 empathy 理论唯我论、主体性色彩浓厚。中国文化视野下的 empathy 学说，强调物、我、他人本质上是在生活世界中经由某些共同的生活经验与情境交互建构起来的，这种主张我与他人交互主体性的"共在"识度可以有效地化解心理治疗专业对 empathy 现象的典型理解所存在的理论与实践困境，对心理治疗具有重大启迪作用，如引导治疗师与患者把症状放在关系情境中进行打量，以入境的方式帮助患者在"共在"情境中更新与重塑感觉、体验、思考与行为方式，从而提升心理品质。基于上述考察，从中西文化会通的角度来看，对 empathy 这一概念采用"移情"的中文译名不但比较真切，而且在心理治疗领域具有很大的理论与实践拓展空间。

关键词：共在　共情　交互主体性　客体化

一　前言

概念在不同学科、不同文化之间进行移植或翻译的时候，往往会经历

---

*　通信作者：蒋殿龙，同济大学人文学院心理系，博士，email：damingriyue@ yeah. net；赵旭东，同济大学医学院，教授。

赋予新意的过程，empathy 概念就是这样。empathy 本质上指涉的是"我"与"物"或"他人"之间的"同一感"（oneness）现象，这个现象为哲学、美学、心理学等学科高度关注。empathy 来自德语词 Einfühlung，本是一个美学概念，主要由德国心理学家与美学家立普斯（Theodor Lipps）开创，后来被引进心理治疗专业，对心理治疗的理论与实践产生了极大的影响。朱光潜最早把这一概念引进中国，结合中国文化的相关论述把它翻译成"移情"，目前在中国的心理治疗领域虽有采用"移情"的做法，但一般还是把这一概念译成"共情"或"同理心"，许又新先生主张把它翻译成"投情"（许又新，2010）。就 empathy 的理解与运用而言，目前在心理治疗领域还存在一系列的问题与困难，这就需要"会通"其他学科与文化的相关论述试着解决这些问题，中国文化对 empathy 现象有着自己独特的理解，把这些独特的理解有机地整合进来，可以促进 empathy 理论的完善并对心理治疗实践的深化发挥作用。这里拟从分析心理治疗领域对 empathy 概念的典型理解存在的困难开始，通过借鉴中国文化对 empathy 现象的独到理解，尝试解决这些问题，以求对心理治疗的有益启迪，这一概念的恰当中文译名，也会随着这一考察变得清晰起来，论述当下这一概念的典型中文译名之得失并探索它的恰当中文译名问题，是本研究的另一重点所在。

二　心理治疗专业对 empathy 概念的典型理解及内在学理困难分析

心理治疗专业对 empathy 概念的理解与立普斯对 empathy 现象的论说有着内在的相关性，立普斯提出这一概念是为了解释"我"与"物"或"他人"之间的"同一感"（oneness）现象，这最初源于他对古希腊神庙常用的"多立克式"（doric）石柱感觉的论述。这些石柱很高大，承受着重压，然而人在观看石柱的时候，往往不但不觉得这些石柱因承受重压而有下垂或崩塌之感，反而会觉得这些石柱富有生机，有耸立飞腾之象。立普斯对此的解释是，这些石柱独特的造型，使得"我"与石柱产生了一体之感，鉴于人们都有过挺立抵抗重压的经验记忆与意象，在聚精会神观赏石柱的时候，遂忘记了"物"与"我"的区别，把自己以前挺立抵抗重压的经验记忆与意象投射到（project）或"移到"（feel into）对物的感知意象上了，即"我对一个感性对象的知觉直接引起在我身上的要发生某种特殊心理活动的倾向……这种知觉和这种心理活动二者形成一个不可分裂的活动"（朱光潜，2013：204），立普斯把这种现象称为 Einfühlung，当然这里论述的是人对物的 Einfühlung，立普斯有关人对人的 Einfühlung 论述稍微复杂一些，但本质上与论述人对物的 Einfühlung 一致。根据立普斯的观点，当人们看到他人的表情动作后，都是首先在内心模仿他人的表情动作，这种模仿激发了我们自己的相关情感记忆与意象，然后再把这种情感记忆与意象投射到他人那里去，借助这个投射"我"与他人具有了"同一感"，从而能真实地理解他人的心理与行为，铁钦纳（Edward Titchener）最初用 empathy 翻译 Einfühlung 时，关注的就是这个人与人之间能真正理解与共鸣的"同一感"，他的解释方式与立普斯基本一致，认为这种 empathy 不是对他人的直接感知，而是想象地建构他人的感觉体验，是一种设身处地的感受。心理治疗工作者最初把这一概念引进心理治疗领域时，取的也是这个意义，即要求心理治疗师能够想象地重建患者的感觉经验，设身处地地感受患者。不过随着心理治疗理论与实践的发展，在理解和运用这一概念的时候，除了坚持这一概念原本具有的"设身处地"的同一性感受之外，对这一概念的内涵与外延都做了深化与拓展，这可以从对心理治疗师的要求以及对患者相关心理问题的界定两方面进行分析，这两方面的典型理解都存在内在的困难，这应该引起必要的重视。

（一）empathy 之于心理治疗师的典型理解及内在困难分析

在心理治疗领域，从对心理治疗师的要求论述 empathy，以罗杰斯（C. R. Rogers）的观点最为著名。罗杰斯对这一概念的阐释受到了现象学与人本主义思潮的影响。他最初把 empathy 理解为一种状态，即"治疗师尽可能准确地认识另一个人内在的参照系数，连同其所有的情感成分和意义，就好像他是这个人本人似的，但又不放弃这个'好像是'的位置"（赵旭东，2010），后来又把 empathy 理解为过程，"进入他人私密的知觉世界，感觉十分熟悉，并且时刻对他人感受到的意义的变化、恐惧、愤怒、温柔、困惑或其他任何体验保持敏感，意味着暂时生活在他人的生活中，以微妙的难以察觉的形式，不做任何评判地在他人的生活中走来走去，感受他人几乎没有意识到的意义"（陈晶、史占彪、张建新，2007）。其实这两种理解具有内在的一致性，都要求心理治疗师在工作的时候，把自我暂时搁在一边，不带任何理论与价值观进入患者的心理世界，尽量从患者的角度感受、理解患者的心理与情感反应，这种观点看似强调"患者"作为"他者"的优先性与至上性，其实也强调了作为治疗师"我"的主动性与能动性，罗杰斯认为这样做体现了治疗师的真诚，并把它与无条件积极关注患者结合起来，倡导非指导性治疗，认为这样做患者就会发生有效的转变。但这里存在一些值得进一步思考的问题，例如，从存在论上看，"我"与他人本质上是一种什么样的关系以至于心理治疗师能够削弱乃至放弃自我进入患者的心理世界？临床上发现心理治疗师这种事实上不能彻底做到的行事方式对患者有一定疗效，那么产生疗效的机理是什么？面对患者心理治疗师为什么必须奉行非指导性原则而不能采取一些积极的介入措施？

（二）empathy 对于患者的典型指涉及内在困难分析

一些心理治疗学者运用 empathy 概念于患者身上，把缺少 empathy 能力或 empathy 能力异常作为对患者某种心理问题的界定，这以哲学家与精神病理学家雅斯贝尔斯（Karl Jaspers）的做法最有代表性。雅斯贝尔斯对心理问题倡导现象学的症状描述，他对 empathy 的理解主要基于如下事实：正常情况下人们对他人的感知与理解不是纯粹的认知过程，而是伴随着情感的晕圈，对他人进行 empathize 意味着与他人有一种心灵上的际会亦即情感上的接触，他在《精神病理学》一书中除了强调治疗师要"设身处地"理解患者外，更描述了患者在感知与理解他人时 empathy 问题的一些病理性表现："一种情况是，患者仅能感受到他人的外在方面而不能际会到他人的心灵活动，觉得他人好像死了一般；一种情况是，患者对他人的心灵活动有一种强烈的生动体验，觉得他人正在针对自己，这种体验让患者感到极不舒服，当然这种感觉是完全没有根据的。"（Jaspers，1997）

这些对患者症状的描述值得心理治疗工作者进一步思考的问题是，何以患者对他人的心灵际会是异常的？人们对他人心灵的准确感受是如何建立的？

（三）心理治疗领域 empathy 理论与实践困难分析

由以上考察可以看出，当下化感知伴随的情感体验是理解 empathy 理论的关键，然而正如劳伦斯·卡梅尔教授（Laurence J. Kirmayer）所指出的，"empathy"不仅涉及对他人的情感体验，而且涉及他人"主体性"的一些维度，理解主体性的性质，是理解 empathy 机制、特征及其限制性的关键（Kirmayer，Lemelson，& Cummings，2015）。然而，从以上的考察也可以看出，西方美学与心理学在建构与界说 empathy 理论的时候，唯我论与主体性色彩非常浓厚，在论述我与他人的同一感现象时，非常强调"由我及彼"的建构过程，对"我"之主体性与"他者"主体性的解说泾渭分明，从而引来一系列需要进一步解释的问题。其实若转换视角，以交互主体性的观点看 empathy 现象，empathy 指涉的同一感现象便能得到更好的说明，而目前 empathy 理论与实践中存在的问题也可迎刃而解。从交互主体性的维度来看，"我"与"他人"本质上是在生活世界里、在与"物"的互动中，基于某些共同的生活经验与情境互相建构起来的，这些共同的生活经验与情境是人的心性成长的重要生发力量，正是因为"物""我""他人"本质上是互相建构的，empathy 本质上指涉的同一性现象的发生，在这种视域里原则上就不是个问题，不能进行 empathy 及对他人的 empathize 发生变异，毋宁是这种能力与共同的生活经验与情境受到戕害的结果。罗杰斯对 empathy 的论说巧则巧矣，本质上仍为唯我论，因为在他的理论中"我"与"他人"仍然处于对立的两极，缺少互相建构的关系维度，以交互主体性的观点看问题，心理治疗师完全可以主动地与患者建立 empathy 关系，并借助这种关系情境的出现主动影响患者，中国文化视野下的 empathy 现象论述，非常具有这种交互识度，应引起心理治疗界的重视。

三 中国文化视野下的 empathy 学说

（一）"共在"状态是物、我、他人之间 empathy 能够当下进行的基础

朱光潜 1932 年在阐释 empathy 学说时，引用了《庄子·秋水》里面的一个著名故事来进行界说，该故事围绕庄子到底知不知道鱼的快乐展开，为了论述方便，有必要把该故事全文引述：

> 庄子与惠子游于濠梁之上。庄子曰："鲦鱼出游从容，是鱼之乐也。"
> 惠子曰："子非鱼，安知鱼之乐？"
> 庄子曰："子非我，安知我不知鱼之乐？"
> 惠子曰："我非子，固不知子矣；子固非鱼也，子之不知鱼之乐，全矣。"
> 庄子曰："请循其本。子曰'汝安知鱼乐'云者，既已知吾知之而问我，我知之濠上也。"（陈鼓应，2007：513）

可惜朱光潜对庄子是否知道鱼的快乐的界说主要是基于立普斯的模仿说，引文时仅仅引用该故事的前半部分，到"子非我，安知我不知鱼之乐？"为止，对最能体现庄子思想特色、该故事的最后一段话没有触及，故有削庄子之足适立普斯之履的不足，他引用该故事的前半部分阐释立普斯 empathy 学说的时候，是这样述说的，"严格地说，各个人都能直接地理解他自己，都只能知道自己处某种境地，有某种感觉，生某种情感，至于知道旁人旁物处某种境地、有某种知觉、生某种情感时，则是凭自己的经验推测出来的"（朱光潜，2012：21～22），因此他认为庄子之所以知道鱼的快乐，乃是因为对自己"出游从容"的滋味是有经验的，然后设身处地推测从而也知道了他人、他物如鱼的快乐的情感状态。

其实这一故事的最后一段话是理解以庄子为代表的中国文化 empathy 说的关键，庄子这段话表明的是，只要你惠子与鱼与我共处在此时此地，这种"共在"的情境就会使得相互之间有了本真感受与理解的可能，这种"共在"状态使得"子非鱼，焉知鱼之乐？"的发问成为一个伪命题：你惠子问"我"怎么知道鱼的快乐，说明"你"已经对"我"的快乐有所了解，同时对鱼的快乐也有所了解，不然就根本问不出"焉知鱼之乐？"的命题，"在惠施的逻辑之外，还有语境本身，生存境域本身提供的更原本的交流可能"（张祥龙，2007：242）。这是 empathy 发生即本真理解与感受他人、他物的存在源头，这种观点认为，我与他人乃至于物，本质上是在生活世界里经由某些共同的生活经验与情境互相建构起来的，"非彼无我，非我无所取""物无非彼，物无非是""彼出于是，是亦因彼"（《庄子·齐物论》），"凡所见色，皆是见心，心不自心，因色固有"（普济，1984：128），"心无非物也，物无非心也"（王夫之，2011：242），都是这种识度的明确表达。也正是因为物、我、他人本质上是互相建构的，因此我与他人之间、我对物发生 empathy 就是极其自然的事情，并且是当下进行的，不存在推测或外射的过程。维特根斯坦（Wittgenstein）反对私人感觉说以及对他人心灵理解的推测说，与此有异曲同工之妙，维氏认为"我"的心理与他人的心理都是人在生活互动中经由语言等建立起来的，虽然描述"我"心理的语法与描述他人心理的语法有所不同，但心理词汇不会因为这些不同从而具有不同的意义，"我"的感觉因此不具有私人性质，"我"原则上可以直接感受与理解他人，"感觉是私有的这个命题可以和'单人纸牌是一个人玩的'相比较"（维特根斯坦，2005：104），"总的说来，我并没有猜度他人的恐惧，我直接看见了它"（Wittgenstein，1980），这些都有助于深化对以庄子为代表的中国文化 empathy 学说的理解。

（二） empathy 不易、不能发生的原因在于"客体化"导致的对"共在"生活的遮蔽及物、我、他人之间的隔绝

本真的"共在"生活状态没有明显的主体、客体之分，然而自然生活中人的基本趋向就是喜欢设定种种"客体"，这里所指的客体意思是，"被意识构造出来，却被意识误认为是外在的自在'对象'"（倪梁康，2007：320），与此相伴的过程就是"客体化"过程。一般而言，设定"客体"的过程同时也是设定"主体"的过程，由此衍生出"理想化"世界自在存在的客体主义与悬绝世界、主张所有真理都是相对于主体而言的主体主义，本质上都是极端的设想，这些设想在这个时代特别发达，然而"其分也，成也；其成也，毁也"（《庄子·齐物论》），这种"理想化"世界自在存在的"客体化"过程与设定自我的"主体化"过程，本身就是对"物之为物""我之为我""他人之为他人"本性的戕害，造成了生活的碎片化以及物、我、他人之间的隔绝，使得原本能够互相理解、互相感应的"共在"世界退化衰减为线性化的名象世界，我们今天就生活在由极端线性化的名象概念所禁锢的世界里，生活越来越缺少可以直接理解的方面，主流的文化形式分裂成各个具体的领域，这些领域具有极端的排他性，只有少数并且会越来越少的经过专门训练的人才能知道这些领域是怎么一回事，对于领域外的芸芸众生而言，要想理解这些领域则需要经过间接的解释与再解释，这些都造成了对"共在"生活的遮蔽，在这样的生活状态中，empathy 当然难以在物、我、他人之间发生。中国古典文化对这种心性取向以及由这种心性取向导致的线性化名象世界特别反对，老子强调有无相生，要化"有名"世界于"无名"之中，庄子主张"齐物"，强调"彼此""物我"的对生、互生，孔子绝四——"毋意，毋必，毋固，毋我"（《论语·子罕》），都可以视为反对这种心性取向及生活方式的写照，我们可以在《庄子》文本里面读到很多关于"我"与他人通过扫除人为刻意的名象世界、在"共在"情境中进行直接 empathize 的刻画，其中一个为：

> 子桑户、孟子反、子琴张三人相与语曰："孰能相与于无相与，相为于无相为？孰能登天游雾，挠挑无极；相忘以生，无所终穷？"
> 三人相视而笑，莫逆于心，遂相与为友。（《庄子·大宗师》）

这三位之所以能够发生"相视而笑，莫逆于心"的 empathy，本质上是因为他们做到了交往与互动一任自然，所谓的"相与于无相与，相为于无相为"，在《庄子》文本对他们生活的刻画中，他们的生活境界达到了摒弃世俗成见如繁文缛节的虚礼、生死相忘、与天同化的地步，正是由于这种境界，他们才能"相造乎道"，互动有着本真的共鸣与相互成全。

（三）中国文化强调能够互相感应的"共在"情境对人之心性的"移易"作用，这是中国文化 empathy 说的一个显著之处

在中国文化中，心性与生活境域往往是连在一起的，这点特别体现在情境说上，中国文化普遍主张情不离境，境不离情，境总为情中境，情总为境中情，二者的充分回旋往复对心性的醇化具有莫大的功用，这点从《周易》主张通过易象"洗心"就开始了，对这个过程的哲理阐释，以王夫之的解说较为深切：

> 有识之心而推诸物者焉，有不谋之物相值而生其心者焉。知斯二者，可与言情矣。天地之际，新故之迹，荣落之观，流止之几，欣厌之色，形于吾身以外者，化也；生于吾身以内者，心也；相值而相取，一俯一仰之际，几与为通，而浡然兴矣。（王夫之，2011：383～384）

在这段文字里，基于心性与情境本质上的不二说，王夫之非常强调心性与情境的打通，借助这种"相值而相取"，在情境中把人格中比较顽固的客体化、名理化倾向化解掉，从而复原、醇化与绽放人的心性，这可以结合中国文化里面一个著名的故事进行分析：

> 伯牙学琴于成连先生，三年不成，至于精神寂寞，情之专一，尚未能也。成连云："吾师方子春今在海中，能移人情。"乃与伯牙俱往。至蓬莱山，留宿伯牙曰："子居习之，吾将迎师。"刺舡而去，旬时不返。伯牙近望无人，但闻海水洞滑崩澌之声，山林窅寞，群鸟悲号，怆然而叹曰："先生将移我情！"乃援琴而歌。曲终，成连回，刺船迎之而返。伯牙遂为天下妙手。（蔡仲德，2007：552）

这个故事讲了伯牙跟随其师成连先生学习，成连先生如何通过把伯牙置入"共在"的情境中，借助这种情境转化、提升其心性与琴艺的过程，宗白华把这一现象称为"移易情感，改造精神"（宗白华，1981：205）。中国文化历来强调通过与大的生存情境的共融感通来转化心性与技艺，例如唐朝张璪认为绘画要"外师造化，中得心源"，元朝元好问在《论诗》中提出"眼处心生句自神，暗中摸索总非真"。强调empathy现象的"移易情感，改造精神"方面，为中国文化所独有，其哲理发人深思，如何进入empathy所指涉的共在情境以移易、醇化与绽放人的心性，以儒家思想、道家思想、禅宗学说为代表的中华文化各自提出了一些有益的看法。

（四）中华文化有关进入empathy所指涉的共在情境状态方法简述

中国传统文化以儒家思想、道家思想以及禅宗学说为代表，在如何进入empathy所指涉的共在情境状态以移易、醇化与绽放心性方面，都提出了一些行之有效的看法，这里限于篇幅，只能进行简述。

儒家思想以"发乎情，止乎礼"为纲要，旨在引导人进入"共在"的生活情境而不迷失，维持这生活情境于不坠，从而移易、醇化与绽放心性，"发乎情"说的是，任何美好生活情境的开辟都需要真切的感情作为支撑，浮情浅志是兴发不了美好境界的。与一些文化敌视情感不同，中国儒家文化对情感多持正面看法，郭店楚简中甚至有这样的讲法："道始于情""凡人情为可悦也"（李零，2007：136～138）。《礼记·礼运》有"人情者，圣王之田也"的说法，这是世界文化史上的奇观。儒家文化认为，真切深厚的感情之所以能够引导人进入"共在"的情境，这是因为情都是与物、他人交织在一起的，充沛洋溢起来的感情可以帮助人克服自我中心状态以及客体化的心性取向，从而与物、他人发生积极的感应与交通，例如充沛洋溢的男女之爱可以让当事人超出自我而忘生忘死，亲子之爱与孝敬之爱可以引导人拉大时空从代际维度审视自己的生存，山水田园之爱可以引导人突破封闭的生存状态，有洒脱出尘之想，而各种充沛洋溢的感情以及由这些感情激发的生活情境相互之间容易产生相激相荡的效果，使得共在的情境进一步深化，如于"关关雎鸠"可以兴发纯正的男女相悦，于"桃之夭夭"可以深化婚姻家庭的美好，这种交感共鸣，一向为儒家文化所重视。

然而充沛洋溢的情感激发与维持离不开礼的"节制"，这里需要指出的是，由于近代以来的种种误解，一谈到中国的"礼"，好像指的就是一些规范性、约束性的规则，"礼之设"除了戕害人性、压抑人情，无他作用。实际情况恰恰相反，"礼之设"除了教人遵守社会规范而"止邪"之外，更有把可悦的情感兴发出来并维持下去的要义，与上述郭店楚简引文同一篇章——《性》篇里面有"礼作于情，或兴之也"的论述，就是这个意思。"礼"常与"文""节"连用，如"簠簋俎豆，制度文章，礼之器也；升降上下，周还裼袭，礼之文也"（《礼记·乐记》），"是以君子恭敬撙节退让以明礼，司徒修六礼以节民性"（《礼记·曲礼》），"文"这里有"修饰""艺术化"的含义，"节"这里有调节、中节的含义，具体而言"礼之设"的功能一为借助艺术化的语言、仪式与动作兴发情感的不足，二是节制情感的泛滥，使得情感经常处于饱满有余的状态，不让它一泻千里，枯竭而死，这就是《礼记·檀弓上》所讲的"先王之制礼也，过之者俯而就之，不至焉者跂而及之"的含义。

这样借助礼的"文"化与调节可以使得"情"与由情开辟的"境"互相生发与持存、交流与沟通，从而移易、醇化与绽放心性，儒家文化认为这是empathy的内在要求，也是人之为人的体现，"情者，情感，情况。情感与情况相交叉，就是非常现实、非常具体并具有客观历史性的人与万事万物相处的状态。情况与情感两者交互作用，而成为人道"（李泽厚，2002：103）。

道家思想在如何进入empathy所指涉的共在情境状态问题上走的是做减法的路线，在强调的重点上，老庄又有所不同，大体而言，老子看到了尘世过分膨胀的文化形态与客体化智慧对人有意义生存的遮蔽，主张从有形的生活形式入手，"损"去或"绝"掉这些过分发展的文化形态与客体化智慧，通过把有形的名器化入无形的道境来实现物、我、他人之间的共融，下面一段话特别能体现老子的这个思想：

> 绝智弃辩，民利百倍；绝伪弃诈，民复孝慈；绝巧弃利，盗贼无有。此三者以为文，不足。故令有所属：见素抱朴，少私寡欲。（陈鼓应，2006：147）

庄子更多是从心术入手，通过分析心灵容易遮蔽的原因，采取主动措施以虚化心灵从而与物一体，与道同一，在他看来，人的心性非常容易沉溺或"殉"于所操持的事情上，导致生存意义被遮蔽，如"知士无思虑之变则不乐，辩士无谈说之序则不乐，察士无凌谇之事则不乐"（《庄子·徐无鬼》），《庄子》一书刻画了世上很多人沉迷于所操持的事情而不知返的生活形态，这个洞见和海德格尔的见解非常相似，海德格尔认为，人的生存从根子上是被抛在世上的，虽然人具有"能在"的潜能，但人生在世必然会被各种事物占有而沉沦，多数时间寓于它所操劳的"世界"，被操持的事情裹挟而去，"异化"了身心与本真的生存。

人之所以容易"殉"其所操持的事情，同时也"殉"其心性、过度发展所"溺"的方面，庄子认为原因有很多，如"拘于虚""笃于时""束于教"（《庄子·秋水》）；如欲望太多，"其嗜欲深者，其天机浅"（《庄子·大宗师》）；如人性好，"随其成心而师之"（《庄子·齐物论》）；但最重要的原因是，一般人的认知能力往往以有形的世界为前提，不能体认生存境域虚灵的一面，亦即体认不到不能被各种名象、言论等穷尽的一面，从而看不到世上万事万物、各种人生格局本质上是虚实穿透、有无相生的。庄子认为人可以主动地对心性进行"虚化"以贯通心性与生活的虚实或有无两个方面，达到与道同一，最具体化的虚化论述以下面的一段话最为集中：

> 彻志之勃，解心之谬，去德之累，达道之塞。贵富显严名利六者，勃志也。容动色理气意六者，谬心也。恶欲喜怒哀乐六者，累德也。去就取与知能六者，塞道也。此四六者不荡胸中则正，正则静，静则明，明则虚，虚则无为而无不为也。（《庄子·庚桑楚》）

这段话是说要努力消除意志的悖乱，化解心灵的束缚，去掉德性的负累，清除得道的障碍，具体而言是不让"贵富显严名利""容动色理气意""恶欲喜怒哀乐""去就取与知能"这些在心中产生影响力，心就会变得端正与安静下来，进而进入明朗虚灵状态，心性进入了虚化状态，反而会更有活力，与他人万事万物能有一种本真的呼应，所谓"虚则无为而无不为也"，这点很类似现象学的"悬搁"思想，现象学的"悬搁"，是要取消心理或意识倾向的自然主义态度，从而让心灵迸发出活力，庄子这里列出的阻碍心灵虚灵化的 24 个方面，可以视作心理或意识倾向在蜕化的生活情境中养成的惯常恶习，唯有"损"去或"悬搁"掉，人才能进入与他人及万事万物的共在生存情境中。

佛教文化传入中国，在南北朝及隋唐之际产生了禅宗思想，禅宗一改印度佛教主流喜欢思辨与论证的特点，要求直接与当下的明心见性，这种禅风越到后来越凌厉，甚至到了喝佛骂祖的地步，在他们看似无厘头的话语中，有着壁立千仞、截断横流、彻底扫荡名象对心性桎梏的革命精神，例如《五灯会元》关于赵州禅师的记载，赵州禅师因僧问："如何是祖师西来意？"师曰："庭前柏树子。"曰："和尚莫将境示人？"师曰："我不将境示人。"曰："如何是西来意？"师曰："庭前柏树子。"

这里赵州禅师以看似无厘头的"庭前柏树子"回答别人关于祖师与佛的提问，实乃是想扫荡提问者心中有关祖师与佛的种种妄想，启迪对方当下因色——庭前柏树子而明心见性，进入佛教所讲的"缘起性空"状态，从而与物无碍、与他人无碍，有这种刹那的"自觉"才能"觉人"，才能利他与利物，这种通过刹那的扫除名象、截断横流进入与物、与他人处处无碍的 empathy 状态为禅宗特色，是中国文化与佛教思想进行有效会通开辟出来的佛法新境界，影响极其深远。

四　中国文化视野下的 empathy 说对心理治疗的启迪

由以上分析可以看出，中国文化视野下的 empathy 学说可以有效地化解当下心理治疗对 empathy 的典型理解中存在的内在学理困难，对心理治疗的理论发展与实践开拓具有以下几方面的启迪作用。

首先，中国文化普遍认为，empathy 能够发生的根本原因在于物、我、他人本质上是一种互相建构的"共在"关系，因此我与他人原本就能够进行当下的感知与理解，不存在间接类推的联想过程或投射过程。我与他人不能够或不易进行相互的感知与理解，甚至发生感觉和体验的变异，毋宁是生活世界被"客体化"审视，进而物、我、他人陷于原子化生存状态的结果，在心理治疗中，治疗师既要削弱自己"客体化"的心理取向以 empathize 患者，也要引导患者经常体认并削弱自己客体化的心理取向以与他人、事物"共在"。

其次，"有情绪"是人的生存论环节，情绪彰显了生存的面相，海德格尔把人独特的生存方式称为"此在"（Dasein），旨在强调人之生存的情境性，而生存的情境性及人生存的特点由情绪而得到显示，"在情绪中，此在已经作为那样一个存在者以情绪方式展开了"（海德格尔，2000：157）。心理治疗师在临床实践中要高度重视患者的情感表现，与患者一起"即"着情绪表现理解、分析当事人的生活困境，以及其中显示的心理与行为问题。

最后，心理治疗师可以引导患者体认"共在"情境对人身心巨大的裹挟力量，引导患者兴发并恰当地表现自己的情感，以艺术化的方式进入各种情境，把生活情境"盘活"，并与之积极互动、往复回流，当然心理治疗关系本身可以是也应该是一种"共在"的关系，因此心理治疗师在 empathize 患者时，完全可以是主动的。

五　Empathy 中文译名问题分析

empathy 这一概念究竟应该如何翻译，中国的心理治疗领域曾产生过相当多的争论，今天看来要想给这一概念取一个恰当的中文译名，一要考察这一概念的原初含义，二要考察这一概念在心理治疗中的典型理解及存在的问题，三要考虑与中国文化进行富有生命力的会通，换句话说，选取的译名要尽量涵盖这一概念最初以及在心理治疗领域发展的内涵与外延，同时会通中国文化，有理论上与实践上的拓展空间，例如有助于弥补西方心理治疗领域对这一概念的典型理解存在的不足，有助于推进心理治疗的中国化事业，基于前文考察，这里谈一谈该概念的典型中文译名问题。

首先，从 empathy 概念的内涵来看，empathy 本质上指涉的是一种"感"，这种"感"非常强调直观感受与体验，与"情"密切相关，与"理"关系不大，因此"同理心"这一译名就含有太多的"理障"，不宜采用。

其次，就学术传承而言，基于立普斯、铁钦纳以及心理治疗的 empathy 论述，"移情"或"投情"最符合该概念的经典理解，因为西方经典 empathy 学说非常强调"由我及彼"亦即主体对客体包括对他人与物的赋义过程，故"移"与"投"非常传神。

再次，就 empathy 本质上指涉的物、我、他人之间的同一性感受而言，"共情"的译名最能明确揭示这种同一性感受，并且呼应了物、我、他人本质上是处于互相建构的"共在"状态的存在论分析。

最后，就会通中国文化而言，"共情"与"移情"的译名最能与中国文化会通，"移情"前文已经有所涉及，"共情"二字，呼应了中国文化的很多说法，如白居易诗"共看明月应垂泪，一夜乡心五处同"与周邦彦词"眉共青山争秀"之"共"，讲的就是"共情"；对这两个译名进行比较可以发现，"共情"偏向于静态，"移情"偏向于动态，有"移易"、"提升"、"醇化"与"绽放"人的心性的要义，考虑到心理治疗的职业性质，"移情"的译名似乎更具有优势，然而非常遗憾的是，由于精神分析的一个重要概念 transference 在中国普遍采用了"移情"的译名，若 empathy 也采取"移情"的译名，极易与之混淆，但熟悉精神分析理论的都明白，transference 采用"移情"的译名，仅仅取的是表面上的意思亦即情感"转移"、"移植"或"投射"之意，与这一词蕴含的中国文化如"移易性情"等毫不相关，这一精神分析概念翻译成"投情"可能意思更准确些，因此综合考虑，就 empathy 的中文译名而言，还是朱光潜采取的"移情"译名更准确，在心理治疗领域更具有理论与实践上的拓展空间。

六　小结

在中国文化视野下对 empathy 现象及其机制进行审视可以发现，中国文化对 empathy 现象及其机制有着自己独特的理解，可以有效地化解目前心理治疗专业对这一概念的典型理解与运用所存在的困境，引导心理治疗师在心物统一，情境不二，物、我、他人本质上是一种互相建构的"共在"状态原则下，引导患者在关系情境中感受与理解自己的心理、行为问题以及它们所关涉的生活问题，以艺术化的方式进入与建构各种生活情境，从而更新与重塑自己的感觉、体验、思考与行为方式，提升自己的心理品质，化解生活问题，提升生活质量。这一概念的中文译名，"移情"最为传神，在心理治疗领域具有很大的理论与实践拓展空间，当然这一探索还是初步的，尚需随着对中国文化的深入理解并在心理治疗实践中予以修正。

参考文献

蔡仲德，2007，《中国音乐美学史资料注译》，人民音乐出版社。

陈鼓应，2006，《老子今注今译》，商务印书馆。

陈鼓应，2007，《庄子今注今译》，商务印书馆。

陈晶、史占彪、张建新，2007，《共情概念的演变》，《中国临床心理学杂志》第 6 期，第 664 ~ 667 页。

〔德〕路德维希·维特根斯坦，2005，《哲学研究》，陈嘉映译，上海人民出版社。

〔德〕马丁·海德格尔，2000，《存在与时间》，陈嘉映、王庆节译（修订译本），生活·读书·新知三联书店。

李零，2007，《郭店楚简校读记》（增译本），中国人民大学出版社。

李泽厚，2002，《历史本体论》，生活·读书·新知三联书店。

倪梁康，2007，《胡塞尔现象学概念通释》，生活·读书·新知三联书店。

（明）王夫之，2011，《尚书引义》，岳麓书社。

（明）王夫之，2011，《诗广传》，岳麓书社。

（宋）普济，1984，《五灯会元》，中华书局。

许又新，2010，《Empathy 译名的商榷》，《中国心理卫生杂志》第 6 期，第 401 ~ 402 页。

张祥龙，2007，《海德格尔传》，商务印书馆。

赵旭东，2010，《Empathy 的内涵与译名》，《中国心理卫生杂志》第 6 期，第 405 ~ 410 页。

朱光潜，2012，《谈美》，中华书局。

朱光潜，2013，《西方美学史资料翻译》（残稿），中华书局。

宗白华，1981，《美学散步》，上海人民出版社。

Jaspers, K. （1997）. *General Psychopathology* （pp. 63 – 64）. London：The Johns Hopkins University Press.

Kirmayer, L. J., Lemelson, R., Cummings, C. A. （2015）. *Re-Visioning Psychiatry Cultural Phenomenology, Critical Neuroscience, and Global Mental Health* （p. 148）. Cambridge University Press.

Wittgenstein. （1980）. *Remarks on the Philosophy of Psychology.* volume Ⅱ （p. 170）. Oxford：Blackwell.

《中国社会心理学评论》 第 15 辑
第 157~177 页
© SSAP, 2018

多元文化咨询之本土化路径初探

王 进 李 强[*]

摘 要：中国内地人生活在中国传统文化、西方文化和中国马克思主义文化混搭下，从小接受这三种文化的多重濡化并形成对这三种文化的认同，成为"三元文化者"。因此，立足于"三元文化者"构建咨询理论和策略，是中国心理咨询本土化的重要出发点。针对三种文化认同整合较好的个体，分别从中国传统文化、西方文化和中国马克思主义文化三种文化框架中挖掘适合中国人心理健康维护的助人资源，便于"三元文化者"根据自身所处的文化线索，转换心理保健的文化框架，从就近可获致的心理健康服务中寻求相应的帮助；针对三种文化认同整合不好的"三元文化者"，则要提升其文化能力，并在咨询师的协助下发展出多元文化认同管理策略。因此，在借鉴美国多元文化咨询经验的同时，应探索中国多元文化咨询的本土化路径。

关键词：三元文化者 多元文化认同 多元文化认同冲突 多元文化咨询

一 转型期的中国人是"三元文化者"吗？

随着全球化进程，文化之间的迁移和交流越来越频繁，很难找到一个"纯"的、不受外界"污染"的单一文化发展土壤，人们生活在多种文化交汇混搭的背景下，接触多元文化经验，成为多元文化者。以往研究较多

---

* 王进，南开大学社会心理系，博士生，天津职业技术师范大学应用心理学系，讲师；通信作者：李强，南开大学社会心理学系，教授，博士生导师，email：liqiangp@126.com。

探讨双文化个体的多元文化认同管理、文化框架转换、心理健康与适应等问题（赵志裕、康萤仪，2011：276；赵志裕、吴莹、杨宜音，2015；Chiu et al.，2009；吴莹、韦庆旺、邹智敏，2017：172）。而实际上，近代中国的现代化历程不仅仅是西方文化的传入，而是西方文化与马克思主义文化长期并存、相互纠结与颉颃的过程（杨国枢，2004：322），这与中国传统文化一起，共同成为影响中国内地人的三种主流文化。因此，中国内地现在是三元文化社会。

首先，作为第一种话语，中国传统文化是中华文明经过几千年积淀而形成的，它塑造了中国人的自我（流心，2005：122；徐冰，2010）；儒家文化、道家文化和释家文化是传统文化的核心，与各种民间宗教、民间文化等共同影响了传统中国人的心理与行为。费孝通在其晚年指出，中国传统思想作为一种深层资源，有助于我们进行文化自觉的社会科学探索（徐冰，2010）。很多心理学学者在从事跨文化心理学研究的过程中，也发现西化心理学无法很好地解释中国人的心理和行为（杨国枢，2004：44；黄光国，2009：9；杨中芳，2009：59）。因此，从 20 世纪 70 年代开始，中国台湾地区掀起了"本土化"心理学研究的热潮，试图从中国传统文化中建构本土概念，用于解释中国人的心理和行为。中国传统文化作为与西方文化和中国马克思主义并列的三种文化之一，会对中国人产生很重要的影响。

其次，随着中国的现代化历程，西方文化逐步进入中国。不同于欧美的内源现代化，中国的现代化过程是外源现代化，是受到了外部冲击而引起的内部思想、政治变革和社会变革（罗荣渠，2013：141）。自 1840 年鸦片战争开始，西方列强用坚船利炮打开中国国门，使得中国沦为半殖民地半封建社会；同时，中国传统文化开始经受西方文化的冲击，两者在中华大地上产生了激烈的碰撞，文化的边界逐渐模糊，中国知识分子在文化碰撞的过程中，经历了国粹论、中体西用论、中西互补论、全盘西化论、中国本位论、存良择优论（杨国枢，2004：338～339）等思想的演变，演变历程正是中国传统文化和西方文化的冲突和融合过程。

中国马克思主义是影响中国社会的第三种文化。马克思主义传入中国是第一次世界大战和十月革命带来的激进主义思潮的产物，"中国人找到马克思主义，是经过俄国人介绍的"（亚历山大·潘佐夫，2015：111）。随后，1919 年的五四运动更是促进了马克思主义的传播，李大钊将其称为"世界新文明之曙光"，马克思主义在中国得到了继承和发展，并先后形成了毛泽东思想、邓小平理论、"三个代表"重要思想、科学发展观和习近平新时代中国特色社会主义思想。中国共产党在马克思主义指导下，经过艰苦卓绝的努力，建立了中华人民共和国，并建立了具有中国特色的社会主义制度。一方面，与传统文化进行整合，作为马克思主义中国化的重要方式（林国标，2014），另一方面，将社会主义制度与市场经济体制进行结合，开创了中国特色的社会主义发展道路。对中国化了的马克思主义的强调，体现了它在中国当代三种文化中的指导地位（见图1）。

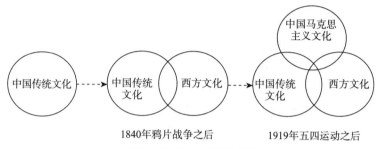

图1　中国文化变迁过程

中国传统文化、西方文化和中国马克思主义文化在长期并存和共同发展中，文化边界逐渐模糊，彼此融合交流。然而，文化是分成不同层次的，通常我们将其区分为物质性文化和意义性文化（吴莹、韦庆旺、邹智敏，2017：236），物质性文化更容易在另一种文化中盛行，而意义性文化却不容易改变；彭璐珞进一步提出了文化分域理论，将文化分为物质性领域、象征性领域和神圣性领域（彭璐珞、赵娜，2015），当外文化侵入物质性领域时，人们会产生融合性认同表达，但如果对象征性领域和神圣性领域产生侵入，威胁到本文化的文化符号或核心价值观，则会引起人们的排斥性认同表达。因此，三种文化的不同文化元素之间形成了既有融合又保持一定独立性的并存状态。

所谓文化混搭，是指在同一时间和空间，两个或以上的文化传统，通过它们的载体，同时呈现在我们面前（赵志裕、吴莹、杨宜音，2015；Chiu et al.，2009）。当前中国，传统文化、西方文化和中国马克思主义文化，同时呈现在我们面前，形成了三种文化混搭的现状，比如，在城市商业街，既可以看到重庆火锅、饺子等中国传统美食，也可以看到汉堡、薯条、可口可乐等西方食品；在书店可以买到西方作家所写的世界名著、中国传统四大名著，在过街天桥广告牌或建筑围墙上贴有体现中国马克思主义文化内容的标语；象征三种文化的节日在中国都是流行的，到了建党建军和国庆节日的时候，主流媒体一直在宣传马列主义思想和中国特色社会主义思想,学校组织学生祭扫革命烈士纪念碑缅怀革命先烈,中秋节的时候,大家一起吃月饼赏月过中国传统节日,而接下来的圣诞节,很多地方都摆放着美丽的圣诞树,孩子们会期待来自圣诞老人的礼物;此外,随着网络和物流的发展,中国人可以不出家门,购买世界各地的商品,通过交友平台和世界各地的人们进行交往;在学校教育中,学生也会广泛地接触到这三种文化,以内地某小学使用的二年级语文教材为例进行内容分析,去掉描写景物、科学知识等不好分类的课文,涉及中国传统文化的课文有11 篇,其中古诗 4 篇、成语 1 篇、谚语 1 篇、寓言故事 3 篇和古代名人故事 2 篇,涉及中国马克思主义文化的有 8 篇,涉及西方文化的有 10 篇。

根据文化会聚主义理论,文化是由"一套包括观念、实践及社会制度的松散组织系统"(Morris, Chiu, & Liu, 2015;邹智敏、江叶诗, 2015),个体可以与不止一种文化接触并被塑造。中国内地人从小接受中国传统文化、中国马克思主义文化和西方文化的多重濡化,同时面临着对这三种文化的习得和认同,成为"三元文化者",建构起多文化个体不同的自我认同。如果套用视觉三原色原理,将红色表示为中国马克思主义文化,黄色表示为中国传统文化,蓝色表示为西方文化,那么这三种文化的"原色"可以组合为单个个体不同的"文化自我色彩",颜色的组合情况代表着三种文化对三元文化者的不同影响;每种颜色的深浅,代表着个体对该文化的认同情况,颜色越深,认同越强烈,极端情况下,也可能只认同某一种文化;混合后的颜色,代表着个体对三种文化认同的整合情况,混合后的颜色上,色斑越多越大,表示个体体验到三种文化间的冲突越多越大。对三元文化者在三种文化上的认同和冲突进行分析,使个体增加对多元文化的包容度,减少文化间的认同冲突,是探讨三元文化者的心理调适和应对策略的出发点。

二 "三元文化者"的文化认同与冲突协调

如前所述,三种文化底色可以任意组合成单个个体的文化自我色彩,某个颜色的深浅,代表了个体对该文化的认同情况,混合色彩是个体对三种文化认同的整合,个体并不一定需要一种强烈的文化认同,而是可以在几种强的文化认同或弱的文化认同中健康成长(Morris, Chiu, & Liu, 2015);混合颜色上的色斑代表了不同文化认同之间的冲突,色斑的多少和大小分别代表着不同文化之间冲突的多少和冲突的激烈程度。有学者用"多元文化认同整合度"(Benet-Martínez et al., 2002;彭璐珞、赵娜,

2015）来表示个体多个文化认同之间的整合关系，整合度高者认为自身持有的几种文化认同彼此一致而协调；整合度低者则认为几种文化认同之间彼此冲突、互不相容。形象的表达是，色斑越少越小时，个体多元文化认同整合度越高；色斑越多越大时，个体多元文化认同整合度越低。

（一）"三元文化认同整合度高者"之文化框架转换与三种文化中助人资源的挖掘

对于三元文化认同整合度高的三元文化者而言，每种文化都可以形成一套完整的知识结构（Luna，Ringberg，& Peracchio，2008），因为三种文化分别独立地储存在他们头脑中。个体可以依据不同的文化线索，实现不同文化框架间的灵活转换（赵志裕、康萤仪，2011：276；Hong et al.，2000），根据情境的变化，策略性地唤醒某种文化认同，灵活地将自己的思维方式和行动策略转化为与当下情境相适应的思维方式和行为策略，使个体更好地适应不断变化的环境，并在复杂文化情境中建构自我同一性（吴莹、韦庆旺、邹智敏，2017：161）。

这部分三元文化者的心理维护资源，可以从三种文化中去寻找。每种文化中，都存在一些该文化特有的、对成员心理起到保健作用的助人资源。文化与个体心理疾病有非常紧密的联系，会影响个体对心理疾病病因的理解、产生心理疾病后的求助方式和治疗方式的选择（曾文星，1997：5~8，2002：11~13；伊森·沃特斯，2016：6）。这就意味着，当三元文化者接受三种文化的文化框架时，也很可能接受该文化提供的特定的心理疾病学说和心理助人方式，因此，个体在遇到心理问题时，选择哪种具体的心理求助方式，很可能取决于他处于哪种特定的文化线索之下。

我国当前的心理健康服务，在不同地区的发展具有很大的不平衡性，存在很大的地区差异（徐大真、徐光兴，2007），二十多年来，中国逐步开展起来的心理咨询，其理论基础是源自西方文化的咨询和治疗理论，发展水平与地区经济文化发展水平显著相关，发达地区的从业水平明显好于其他地区（刘晓敏，2013），这就决定了不同地区、不同城市和乡村在"咨询服务的可接近性"上存在很大差异（Fungus & Wong，2007；Seyfi et al.，2013），当有些地区心理咨询服务不可及时，个体也可从其他可及的文化线索中寻求心理帮助；此外，当今中国社会，国有企业事业单位、外企、民营企业、个体经营者等多种经济形式并存，且不同性质企业在企业文化上具有很大差异。因此，个体在进入职场后，会受到企业不同文化的影响，进一步形成该文化认同的同时，接触到该文化所提供的心理助人资源，在该文化框架下寻求心理帮助。

根据自己所处的文化线索，转换心理保健的文化框架，从就近可获致的心理健康服务中寻求帮助，对多元文化认同整合度高的三元文化者而言应该是很好的选择，心理咨询与治疗、民俗或宗教的疗愈方式，以及官方机构（从业机构内的党政工团妇等组织、高校党委学生工作部、中学德育处、小学少先队等）提供的思想政治工作都可成为助人选项。事实上，已有研究也证明了中国人心理帮助寻求行为的多元性，李强（2004）对以往研究进行归纳后提出中国人遇到心理问题时，首先是自己解决，其次是寻求外部帮助；寻求外部帮助时，先求助于"自己人"，后求助"外人"；在求助外人时，先求助于民俗的、本土的心理帮助方法，后求助于现代心理咨询与治疗或精神科治疗。

（二）"多元文化认同整合度低者"之认同冲突与协调

对于那些多元文化认同整合度低的三元文化者，他们体验到不同文化的要素之间、同一文化的要素之间产生了对自己相互冲突的期望，甚至产生多种价值观、信念的冲突，是徘徊游走在三种文化之间的"边际人"（秦晨，2017），进而产生负面情绪并影响身心健康。因此，个体必须管理自己对三种文化的认同。

一种途径是"区隔"，有些多元文化者不会将他们的几种文化认同整合为一种综合性认同或一种协同认同，反而会分隔这些文化认同，对不同背景产生不同的认同。例如，一个在外企上班的人，工作时会遵守西方文化规范，但回家跟父母相处时，则遵守传统文化规范。还有一种途径是促进三元文化者多元文化认同管理策略的发展，使其可以根据所处情境，在不同的文化认同之间进行选择，以完成当前文化线索下对自我的要求。目前研究提出了三类多元文化认同协调策略：转换策略、整合策略和协同策略（赵志裕、康萤仪，2011：320；吴莹、韦庆旺、邹智敏，2017：173）。转换策略是指根据文化线索，进行文化框架的转换；整合策略和协同策略则是将不同文化中文化要素进行结合的过程，整合策略是将一种新认同加入已有认同，使之融合为一种整体性认同；协同策略则是在文化要素彼此矛盾的情况下，创造出一种新的文化认同。比如，有研究者将成就动机和孝道直接联系起来，重视孝道的中国人既懂得为自己也懂得为家人的荣辱追求成就，成就导向的文化价值取向遇上强调人际互依的义务取向，或能催生出一种成就取向与义务取向兼容的文化模式（何友晖、彭泗清、赵志裕，2007：61）；再比如，库查芭莎提出了"自主－关系型"自我的概念，这种自我概念的形成是因为父母采取了既有控制又允许子女一定发展的家庭教养方式（Kagitcibasi，2005）。

如何提升三元文化者的多元文化认同管理能力呢？首先，应提升三元文化者的文化能力，赵志裕、康萤仪（2011：275）将文化能力定义为"在跨文化互动中使用适用于语境的文化知识的能力，以及为了建构意义而转换文化框架的灵活性"，多元文化能力的培养，需要学校加强多元文化教育，加强跨文化接触和交流，帮助学生识别不同文化间的差异，促进不同文化间的理解和融合；其次，如果在咨询中遇到因多元文化认同冲突而寻求心理帮助的来访者，咨询师应采取多元文化咨询的方式，保持文化敏感性，协助冲突个体讨论其文化冲突的部分，利用上述策略帮助来访者提升多元文化认同管理能力。

三　三元文化框架中的心理助人资源及其整合

三种文化混搭的现状，在心理助人资源方面，直接表现为三种文化下心理助人理论之间的相互融合和借鉴。从分类学的角度，可以将三种文化下的心理助人资源分为 7 种类型：纯粹西方文化下助人理论、纯粹传统文化下助人理论、纯粹中国马克思主义下助人理论、西方文化和中国传统文化融合下的助人理论、中国传统文化和中国马克思主义融合下的助人理论、西方文化和中国马克思主义融合下的助人理论，以及三种文化融合下的助人理论（具体见图 2）。但是考虑到论述的方便，本文论及的某一文化框架下的心理助人理论，其实也是或多或少融合了另外两种文化框架下的心理助人要素的。

（一）西方文化下心理助人资源的引进和文化修正

中国目前从业的心理咨询和心理治疗师在工作中常用的心理咨询理论与技术包括认知疗法、精神分析、认知行为疗法（CBT）、当事人中心疗法等（刘晓敏，2013），但西方心理咨询与治疗理论在中国的使用，必然要考虑文化的恰当性，并进行适当的文化调整；在实践上，中国学者和从业者也进行了很多探索。

首先，对某一疗法进行文化适应性改造，提出与本土文化结合的中国式疗法，在这方面最有代表性的是钟友斌提出的中国式精神分析疗法——认识领悟疗法（钟友斌，1988：235），以及朱建军提出的意象对话心理疗法（朱建军，2009：5）。上述两种疗法在应用精神分析原理的基础上，对心

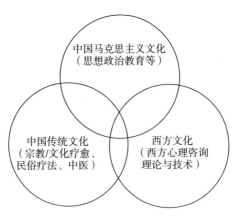

图2 三种文化框架下的助人资源示意

理疾病的解释淡化了"性"的味道，更容易被中国人和当时的社会意识形态接受；意象对话疗法甚至不需要来访者谈论难以启齿的早年创伤经历，很适合不喜欢表露个人隐私的中国人。

其次，将某一疗法的原理与中国传统文化结合，形成该疗法的中国式应用，这方面最有代表性的是杨德森提出的道家认知疗法（杨德森，1999；熊毅，2017），他认为可采用道家"处事养生法"来对待A型性格精神应激和相关疾病，通过宣传讲解，改变来访者的价值观，进行认知心理治疗，让来访者接受道家"利而不争、为而不害；少私寡欲、知足知至；知和处下、以柔克刚；清静无为，顺其自然"的价值观，以达到降低精神应激水平的效果，这一疗法是西方认知疗法与道家文化相结合的有益尝试。此外，禅宗和精神分析的结合，也是精神分析中国化的一条思路。佛教，作为一种制度性宗教（杨庆堃，2007：269），有其针对心理疾病原因和治疗方式的独特解释，禅宗作为最典型的中国化佛教宗派，可以通过与精神分析结合来发挥其心理保健功能（铃木大拙、弗洛姆、德马蒂诺，1998：92），正念疗法也是西方心理咨询理论与传统佛教思想结合的产物。

再次，对西方心理咨询与治疗理论进行文化适应性微调。APA伦理中突出强调了"文化敏感性"的重要性（Kaplan et al.，2009）。东西方文化在自我观、人我关系、人与自然关系上均存在差异（曾文星，2002：211~224），中国人不愿意暴露自己的隐私和心事，更倾向于将咨询师看作权威和专家，习惯于上下而非平等的关系，不注重情感的宣泄和暴露，而认为适当地压抑自己的本能或欲望是成熟的表现，不排斥对心理疾病的超自然解释，而且常以"躯体化"方式表征心理疾病等。咨询师应重视这些文化观念和习惯，并在咨询过程中尊重和接纳来访者的文化特异性表现。

（二）中国传统文化下本土心理疗愈方法的系统化和整合

目前，中国心理咨询与治疗从业者对中国本土心理疗法缺乏必要的了解与学习（刘晓敏，2013），忽视了中国传统文化的心理维护功能。通过对相关文献的梳理，笔者认为，可以从以下几个方面梳理本土疗愈资源。

1. 系统梳理传统文化中具有心理维护功能的积极价值观，在咨询中运用这些价值观进行认知疏导，进而探索传统文化下的疗愈理论。

儒家、道家和释家各有不同的思想渊源，构成了中国文化的重要组成部分（葛鲁嘉，2014：25；胡纪泽，2013：114），虽然没能从这些思想中孕育出类似于西方颇具系统性的心理咨询与治疗理论，但儒、道、释思想在客观上具有处理心理健康问题的功能。

景怀斌（2002，2007）提出了中国传统文化处理心理健康问题的三条思路，梳理了儒家传统文化中的积极价值观，这对华人的哀伤辅导、人际交往问题应对带来诸多启发；黄光国（2014：37～55）也从儒家文化中归纳出一些儒家伦理疗愈的理论和方法；葛鲁嘉（2014：28）指出，中国哲学是一种心灵哲学，是回到心灵的自身去解决心灵自身问题的心性学说，因此，通过心灵的自觉可以提高精神境界，以实现个人的存在意义和价值。

杨德森（1999）总结了道家的处事养生法，并将之作为一种价值观应用于心理咨询与治疗过程中。还有学者提出了儒道互补的观念（周武、徐学俊，2011），即儒家强调在儒家文化中，注重人性，主张以和谐、中庸的原则去适应人生，重智与明理，可以为一帆风顺者提供精神动力；道家主张超然，以超越自然的原则去体会人生，看淡物利，追求精神的领悟，可以为历经沧桑、身处逆境者提供避难所，入世为儒，出世为道，即中国传统意义上的外儒内道，二者结合恰恰构成一个人完整的心灵境界。

20 世纪 80 年代，南京神经精神病防治院的鲁龙光医师，从我国国情出发创立了中国式心理治疗方法——"疏导心理疗法"（后称为"心理疏导疗法"），该疗法融合了三种文化下的助人资源，以传统文化中的儒家和道家思想以及古代心理疏导（传统医学）的思想与方法为主导，辩证唯物论为原则，吸取国外现代心理治疗的先进技术和经验，具体采取医生讲座、组织病人讨论并提交反馈报告等方式对病人进行个别和集体疏导，对强迫症、恐怖症、性功能障碍和性变态起到很好的治疗效果（鲁龙光，2017：2～3）。

释家的心性修养学说中也可总结出一些积极的价值观念，比如，禅宗着重从人的心性方面去探求实现生命自觉、理想人格和精神自由，强调自识本心、自见本性，开发自己的心灵世界，实现自我超越（葛鲁嘉，2014：31）；还有学者从中国儒、道、释三种传统文化出发，通过与西方文化的对比，认为中国人的文化是"理性不足，情理有余"的文化，并在此基础上提出了中国人的心理治疗模式——"情理模式"（胡纪泽，2013：180）。

一些民间文化、民间谚语和民间故事也具有心理调节作用，如民间文化中"缘"的观念、"报应"的思想和命定的思想（景怀斌，2002），指出了某些事情发生的外控性，降低了个体的责任，使人以顺应的态度来看待挫折和失败，因此具有心理维护的功能；民间谚语如"塞翁失马，焉知非福"，可以让人们思考逆境的积极意义，建立辩证的合理认知；民间故事如"揠苗助长""守株待兔"等，可以帮助人们认识急躁和懒惰的危害，遵循事物客观发展规律。

2. 重视和发展民间信仰、民俗等仪式性典礼行为的心理维护和宣泄功能

中国的民间信仰及其活动是渗透和分散在社会生活之中的分散性宗教（杨庆堃，2007：269），具有心理慰藉、道德教化等功能（段继业，2009）。许多宗教及民间信仰介入婚丧嫁娶、生日庆典、成人礼等人生重大事件，给人一种稳定感和希望感；宗教及民间信仰还渗透到中国人的各种庆典仪式中，如春节、元宵节、清明节、中秋节等，通过仪式性行为增加成员对群体的归属感，发挥其心理维护和宣泄功能；宗教还有类似禁止和干预自杀的教义，可应用于心理咨询中的危机干预。

诉说和倾听是民间宗教的一种特色，家庭祭祀中向祖先诉说，遇到困惑的成员向佛祖菩萨诉说；神职人员采取倾听的方式，不打听、不妄言、不介入干涉对方的生活，必要时加以点拨。潘英海、陈永芳（1993）介绍了台湾万国道德会的性理疗法；罗正心（1993）通过比较算命和心理咨询，指出算命人与顾客之间的互动方式具有心理辅导的功能；余安邦（2008，2017）以台湾慈惠堂为例，介绍了这种民间宗教作为宗教疗愈的表现形式；乩童治病、道士祭解、收惊仪式等，作为心理疗愈的另类医疗形式也都有相应的探讨（张珣，2008；余安邦，2017）。

3. 发展中医心理学

作为中国传统文化的思想体系之一，中医中蕴含着丰富的心理治疗思想和技术，如"医心""疗心"等（燕良轼、曾练平，2012），而且中国古代医典里有600多个心理治疗的案例（杨鑫辉，1995）。中医以阴阳五行学说为基础，认为心理健康的人是阴阳平衡的人，即积极心理与消极心理平衡的人，任何心态，一旦过度就会损害心理健康。身心和谐是重要的咨询目标，修身养性是促进身心和谐、达成咨询目标的重要途径和方法（张延华、李厚刚，2008）。中医有自己常用的心理疗法和药物疗法，其中心理疗法包括言语开导法、移精变气法、以情胜情法、激情刺激法等（朱文锋，1987：142；朱永新，2011：65～66）；随着中医心理学的发展，邱鸿钟等创立了中医认知减压放松训练，利用根据中医、道家、儒家思想整理编写的"收心、清心、虚心、静心"八字养生箴言对来访者实施认知调节（陈晓云，2017）；刘天君融合了传统中医、中国传统文化和西方心理治疗技术创立了"移空技术"（赵旭东、施琪嘉，2018：53～64），注重来访者境界的提升，而不是具体问题的解决。此外，还有研究者基于中医理论编制了一些本土化心理测量工具，如中医五态情志问卷（杨惠妍，2017）、五态人格测验（杨秋莉、薛崇成，2006；王昊、杜渐、杨秋莉，2016）等。

（三）中国马克思主义文化中心理助人资源的挖掘

1. 开展思想政治工作

随着中国改革开放进程，思想政治工作面临严峻的挑战，20 世纪 80 年代以来，围绕"思想政治工作科学化"的命题，思想政治教育工作长期有意识地借鉴心理学的理论和方法（郭聪惠，2008：2），尝试从心理学学科中寻找加强和改进思想政治教育的钥匙，力图让思想政治工作更加有效、人性化。思想政治教育强调人的理想信念、世界观、人生观和价值观的塑造，具体在教育目标上，与心理咨询具有某种一致性，党和政府也提出思想政治工作应注重人文关怀和心理疏导（谢晓娟、马其南，2014）。现代思想政治工作在重视调动人们的积极性的同时，强调对个体的"减压"功能，即帮助人们减轻思想上、心理上和精神上的压力，从而维护人的身心健康，形成良好的社会心态（刘建军，2012）；此外，思想政治工作者可以呼吁变革，倡导公平正义，救助弱势群体，从而减轻压力的外部刺激源。这与近年来西方多元文化咨询实务工作逐步倡导社会正义取向（Pieterse et al.，2009）有异曲同工之妙。

以高校为例，面向学生的思想政治工作被称为"德育"工作（刘建军，2017：131）。德育主要面向大学生，通过理论学习和社会实践活动完成，主渠道是思想政治理论课教学，包括理论和实践教学；微循环是师生交往、专业课学习、学生社团和校园文化活动等（刘建军，2014）。高校实行党委领导下的校长负责制，中国马克思主义文化在高校占据重要的地位。组织机构上，一般设立学工部，由校党委副书记分管；各院系下设学生工作组，由院系党总支副书记、分团委书记组成，而辅导员则是工作于第一线的德育工作者，辅导员需和班主任配合工作，负责指导学生党支部和班委会建设，协助思想政治理论老师做好日常德育工作，开展就业指导、心理健康、校园文化活动，落实对经济贫困学生资助的有关工作等（王树荫，2007）。辅导员熟悉学生生活，部分辅导员经过了相关的心理咨询培训或者兼任学校心理辅导老师，通过对全部学生的宣教和对贫困生、有心理问题学生的重点关注，采取更主动的帮助姿态，为学生提供各种实际的和精神上的社会支持，协助学校做好心理健康的三级预防工作（王丽雯、杜淑芬，2017）。

2. 建设基层党组织

中国共产党第十九次全国代表大会的决议中倡导在企业、农村、机关、学校、科研院所、街道社区、社会组织等建设基层党组织。严格执行"三会一课"制度，定期召开支部党员大会、党支部委员会和党小组会，按时上好党课，推进"两学一做"学习教育。基层党组织作为政治组织，执行政治功能的同时，也有一些心理维护的元素。首先，基层党员通过学习中国马克思主义理论和新时代中国特色社会主义建设的各项政策方针，对国家未来发展形成一种确定感、方向感和稳定的预期，可以在一定程度上缓解因不确定感而带来的焦虑；其次，党组织内部日常学习活动、谈心谈话、批评和自我批评，增加了组织内个人之间的交往，加强了组织与个人的联系，在一定程度上满足了个体的人际交往需要和情感需要，有利于缓解组织成员之间的疏离感，获得组织认同和归属感；最后，基层党组织几乎覆盖到各种社会组织形态，将党员有效地组织起来更好地为群众服务，提供了一条覆盖面很广的社会支持网络，各位党员主动深入群众，开展思想教育工作，主动发现问题并为人们解决各种实际困难，帮助他们解决思想问题、疏解心理压力。

3. 继续发挥单位制的心理保健功能

单位体制是中华人民共和国成立之后采取的一套社会组织体系，单位不仅有专业功能，而且具有经济、政治、社会等多方面的功能，起着政府的作用，意义有些类似于中国传统社会中的家族（路风，1989；李路路，2002），是一个"小福利国家"。个体会对单位形成全面依赖，住房、子女上学、医疗、养老等全部在单位内完成，时刻体会到组织关怀。单位为职工提供集体福利，发放货币性补贴、实物和集体福利设施，来保障单位员工的各项生活。员工也在情感上依赖单位，从单位中获得集体认同和归属感，在单位内部的人际互动中获得情感满足（揭爱花，2000）。随着中国的市场经济转型，单位制的弊端暴露出来，传统体制下的"单位保障"正在向社会化转变（杨生源，1998），个人对单位的依赖弱化，资源分配机制多元化和资源获得的替代性发展，形成了"体制内"与"体制外"两种资源分配方式（董敬畏，2005），体制内的成员能获得较好的集体福利，体制外则相对较差，而且人们面临着多元文化背景下"集体认同"的重构（田毅鹏，2007）。因此，对员工的心理帮助，可以在保留单位制在员工心理维护方面有益成分的同时，借鉴西方"员工援助项目"（EAP）的成果，尝试着构建出有中国特色的企业员工社会支持系统。

4. 中国马克思主义文化指导下的心理疗法

我国学者李心天等人于 20 世纪 50 年代发展出"悟践心理疗法"，也叫"综合快速心理疗法"（李心天，1998：822），在科学讲解心理疾病致病原理的基础上，通过心理治疗、药物治疗、理疗、劳动、体育锻炼（包括太极拳）、生活制度合理安排等治疗措施来提高神经系统的张力，增强个体对外界刺激的耐受力，对神经衰弱、精神分裂症等心理疾病治疗起到了很好的作用。一项针对神经衰弱大学生的治疗实践体现出中国马克思主义文化中的一些助人元素，如坚持辩证唯物主义和历史唯物主义的方法论指导，采取集体治疗的方式，利用集体相互影响产生良好效果，比如成立党团小组、治疗开始前的思想动员大会、集体治疗讲座、小组讨论、黑板报、痊愈病人现身说法等，重视体力劳动和脑力劳动的结合。同时，该疗法也辩证地吸收了一些传统文化和西方心理治疗思想，是三种文化下助人资源的融合（李心天，1959）。

此外，三种文化下助人资源的挖掘，还涉及这三种文化之间两两融合或三者融合的分类情况。不同文化下助人资源的融合是一个动态的、正在发展和逐步形成的过程，对于另外四种融合分类的命名、边界和本质特征尚存在一些不明确的地方，无法给出非常清晰的界定，需要在进一步研究中继续探索，但其形成的态势已经可以从一些融合范例中体现，比如学校心理健康教育体现了中国马克思主义文化和西方文化下助人资源的融合，道家认知疗法、正念疗法体现了中国传统文化和西方文化下助人资源的融合，悟践心理疗法、心理疏导疗法体现了三种文化下助人资源的融合，等等。

（四）三元文化框架下多元文化心理咨询之本土化路径

综上所述，中国人心理维护和救助策略的建构应以三元文化者作为出发点，挖掘三种文化下的心理助人资源，突出三种文化对个体成长和认同发展的作用，并在咨询策略建构时强调文化因素的参与，开展多元文化咨询。一方面，从多元文化咨询已有成果中借鉴有益的部分，另一方面，立足中国三元文化混搭的现状，对多元文化咨询进行本土化。

1. 从三种文化框架中挖掘心理助人资源，做好多元文化心理咨询的本土化工作

当前，中国内地处于中国传统文化、西方文化和中国马克思主义文化三种文化混搭之中，身处其中的三元文化者可以根据文化线索转换文化框架，从不同文化中寻求助人资源。美国多元文化咨询的理论和方法可以为我们提供一定的参考借鉴。

美国的多元文化咨询兴起于 20 世纪 70 年代，多元文化主义（Multiculturalism）在西方心理学界兴起，号称心理学第四势力（Petersen，1991，1999），主张心理学者要从文化层面来解释人的行为。美国是一个多民族多种族混居的国度，多元文化并存一直是其需要面对的问题，处于社会弱势地位的少数族群对人权的主张，成为其多元文化咨询发展的动力。多元文化咨询（Multicultural Counseling），也叫跨文化咨询（Cross-Cultural Counseling）、含摄文化咨询（Culturally-Infused Counseling），不同的学者对多元文化咨询进行了不同的界定，但均强调咨询师的文化敏感性，对来访者文化背景的重视，发展出与来访者世界观、文化价值观相符合的咨询策略（Dowson & Devenish，2010；Sue & Sue，2016）。咨询师和心理治疗师具备多元文化咨询能力，以及与多样化背景案主合作的能力已经成为美国临床心理工作的专业伦理（郭崇信，2017）。

多元文化咨询在美国社会文化脉络下产生，是对美国咨询中忽视文化多样性而造成咨询歧视现象的反思，最早的多元文化咨询主要是针对种族变量，从非裔美国人开始，逐渐发展到其他种族和少数族群，涵盖了不同种族、不同性别、不同宗教信仰、不同性倾向和不同社会经济地位、残疾、年龄等，其中性别是最流行的多元文化特征（Lee，Rosen，& Burns，2013）。

从广义上讲，所有心理咨询在某种程度上都是跨文化的，这种理解是从多元次文化特征入手来探讨同一社会内文化的多样性（曹惟纯、叶光辉，2017）。随着全球化进程，世界上不同文化之间、族群与族群之间频繁接触，引发了人们对于各种地方性知识的关注（钟年，2013：89）。2000 年后，美国多元文化咨询的国际化促使多元文化咨询传入其他国家和地区，而一旦扩展到不同社会的文化之间，从国家或地区的文化差异上理解多元文化咨询，必然涉及多元文化咨询与其他地方性文化的结合问题。

任何不经过文化修正和环境适应，直接输入其他国家或地区的咨询知识都带有很大的局限性（Mocan-Aydin，2000；Leung & Chen，2009），必然会影响到咨询本身的有效性。

美国多元文化咨询的理论与实践在中国的本土化过程必然涉及与三元文化的结合问题。首先，做好西方心理咨询理论的文化反思工作，通过不同程度的文化修正，使之更适合中国来访者。不同的西方心理咨询理论与疗法，在多元文化背景中使用时具有不同的优势和弱点，咨询师要保持文化敏感性，从文化适宜性角度出发，采取恰当的心理治疗理论与技术。已有台湾学者针对短期焦点解决咨询、叙事疗法等在台湾文化中的适用性进行了探讨（许维素，2017；吴熙娟，2017）。其次，利用中国多年来的本土化心理学成果，发展本土心理咨询疗法。从20世纪70年代开始，台湾、香港、中国内地心理学工作者进行了大量的心理学本土化研究，并取得了丰富的成果，如孝道研究（杨国枢，2004：197）、中国人关系取向（何友晖、彭泗清、赵志裕，2007：195～209）和社会取向研究（杨国枢，2004：86）、中庸研究（杨中芳，2010）、人情面子模型（黄光国，2006：37，2009：110）、中国人的脸面研究等。从已有的本土化研究成果中，心理学工作者已经尝试发展出一些华人本土的心理咨询疗法，如黄光国提出的儒家文化中的伦理疗愈（黄光国，2014：37），陈秉华提出的"人我关系协调的咨商模式"（陈秉华，2017），曹惟纯、叶光辉等提出的孝道观念在咨商中的应用（曹惟纯、叶光辉，2017），以及余安邦对民俗/宗教疗愈的研究等（余安邦，2008，2017）。最后，从中国马克思主义文化入手，利用思想政治工作做好人文关怀和心理疏导、利用基层党建将党员和群众紧密联系起来，构建贯穿各类组织的社会支持体系；借鉴单位制的心理助人元素，发展国家公务员和国有企事业单位员工心理维护的本土化模式，尝试建构中国马克思主义文化指导下的心理咨询理论和技术等。

2. 建构三元文化者多元文化认同冲突的管理策略

被多元文化心理咨询忽视的另一个议题是，随着全球化以及文化变迁与融合，多元文化个体的文化认同冲突及其协调问题。结合中国内地三元文化混搭的现状，三元文化者的文化认同及协调问题，主要涉及中国传统文化、西方文化和中国马克思主义文化这三种文化的认同和协调。

首先，借鉴多元文化认同管理的策略。目前研究提出了三类多元文化认同协调策略：转换策略、整合策略和协同策略（赵志裕、康萤仪，2011：320；吴莹、韦庆旺、邹智敏，2017：173）。咨询师可利用这些策略帮助来访者对三种文化认同进行管理，也可以采取区隔（赵志裕、康萤仪，2011：323；Morris，Chiu，& Liu，2015）的策略，帮助来访者对三种文化进行不同领域的区分，培养来访者根据文化背景采取不同认知的能力。

其次，借鉴多元文化咨询的理论和方法。一方面，咨询师本人也是三元文化者，要有文化自觉，做好自身的三元文化认同管理，掌握多元文化咨询的理论和方法，以及三元文化认同冲突的管理策略；另一方面，在咨询中，要时刻保持文化敏感性，意识到自己与来访者在三元文化认同上的差异，尊重来访者多元文化背景，协助来访者发展出三元文化认同冲突的管理策略，提升其文化能力。

最后，三元文化者的文化认同和冲突，既可以表现在人格层面，涉及认同不协调而导致的冲突型人格，也可以表现在具体的决策情境中，因为不同文化价值观提供了不同的问题解决策略，从而导致情境性的决策冲突。咨询师在咨询中，要分清楚来访者的三元文化冲突是在人格层面，还是在现实问题层面，从而进行有针对性的咨询。此外，应针对三元文化者的三元文化认同情况展开经验研究，了解中国人对三种文化的认同情况，建构出一个三元文化认同协调的具体理论。

3. 对三元文化者的多元文化咨询，不应忽视其多元次文化特征

三元文化者的文化认同既涉及三种文化的认同，也涉及对性别、年龄、民族、地域、社会经济地位等多元次文化的认同，因此，对三元文化者进行多元文化咨询时，不仅要考虑他们的三元文化认同整合情况，也要考虑他们自身在次文化特征上的认同情况。

美国多元文化咨询师拥有很多处理非裔、亚裔、拉丁裔美国人及本土印第安人的咨询经验，却缺乏其他国家或地区少数群体的多元文化咨询经验；中国文化是权威取向、社会优于个人、和谐优于冲突，需要处理的议题多是边缘群体，如艾滋病群体、文化少数群体、穷人和失业者等（Leung & Chen，2009）。因此，借鉴美国少数群体多元文化咨询经验的同时，深化中国少数群体的已有研究成果并将之应用于中国多元文化咨询之构建，是一条可行的本土化路径。

参考文献

曹惟纯、叶光辉，2017，《孝道观念在多元文化咨商中的应用》，载陈秉华主编《多元文化咨商在台湾》，（台北）心理出版社，第 175～214。

陈秉华，2017，《人我关系协调的咨商模式》，载陈秉华主编《多元文化咨询在台湾》，

（台北）心理出版社，第 147 ~ 174 页。

陈晓云，2017，《中医认知减压放松训练对失眠症治疗的临床研究》，载邱鸿钟、梁瑞琼主编《中国本土临床心理学研究》，暨南大学出版社，第 30 ~ 42 页。

董敬畏，2005，《"单位制"研究文献述评》，《晋阳学刊》第 1 期，第 31 ~ 33 页。

段继业，2009，《中国传统民间文化中的心理健康维护体系》，《南京晓庄学院学报》第 2 期，第 92 ~ 97，103 页。

葛鲁嘉，2014，《心理学本土化——中国本土心理学的选择与突破》，上海教育出版社。

Gerald Corey，2016，《心理咨询与治疗的理论及实践》（第八版），谭晨译，中国轻工业出版社。

郭聪惠，2008，《思想政治教育心理学》，陕西人民出版社。

郭崇信，2017，《多元文化咨商风潮：回顾多元文化咨商的过去、现在、未来，及其对台湾咨商的启事》，载陈秉华主编《多元文化咨商在台湾》，（台北）心理出版社，第 27 ~ 50 页。

何友晖、彭泗清、赵志裕，2007，《世道与人心：对中国人心理的探索》，北京大学出版社。

胡纪泽，2013，《中国人的焦虑》，中国城市出版社。

黄光国，2006，《儒家关系主义：文化反思与典范重建》，北京大学出版社。

黄光国，2009，《儒家关系主义：哲学反思、理论建构与实证研究》，（台北）心理出版社。

黄光国，2014，《伦理疗愈与德性领导的后现代智慧》，（台北）心理出版社。

揭爱花，2000，《单位：一种特殊的社会生活空间》，《浙江大学学报》（人文社会科学版）第 30 卷第 5 期，第 76 ~ 83 页。

景怀斌，2002，《中国传统文化处理心理健康问题的三种思路》，《心理学报》第 34 卷第 3 期，第 327 ~ 332 页。

景怀斌，2007，《儒家思想对于现代心理咨询的启示》，《心理学报》第 39 卷第 2 期，第 371 ~ 380 页。

李路路，2002，《论"单位"研究》，《社会学研究》第 5 期，第 23 ~ 32 页。

李强，2004，《浅析当代中国人心理求助行为的主要误区》，《社会》第 7 期，第 43 ~ 45 页。

李心天，1959，《心理治疗在神经衰弱快速综合疗法中的作用》，《心理学报》第 3 卷第 3 期，第 151 ~ 160 页。

李心天，1998，《医学心理学》，中国协和医科大学出版社。

林国标，2014，《话语整合：马克思主义与中国传统文化关系研究的一种进路》，《湖湘论坛》第 3 期，第 12 ~ 18 页。

铃木大拙、弗洛姆、德马蒂诺，1998，《禅宗与精神分析》，洪修平译，辽宁教育出版社。

刘建军，2012，《"减压"：现代思想政治工作的重要职责和功能》，《思想政治工作研究》第 3 期，第 49 ~ 51 页。

刘建军，2014，《论思想政治教育的主渠道与微循环》，《思想教育研究》第 9 期，第 56 ~ 59 页。

刘建军，2017，《寻找思想政治教育的独特视角》，中国人民大学出版社。

刘晓敏，2013，《我国心理咨询与心理治疗从业者的流行学调查与分析》，博士学位论文，中南大学。

流心，2005，《自我的他性：当代中国的自我系谱》，常姝译，上海人民出版社。

路风，1989，《单位：一种特殊的社会组织形式》，《中国社会科学》第 1 期，第 71 ~ 88 页。

鲁龙光，2017，《心理疏导疗法解读》，东南大学出版社。

罗荣渠，2013，《现代化新论：中国的现代化之路》（增订本），华东师范大学出版社。

罗正心，1993，《算命与心理辅导》，《本土心理学研究》（台北）第 2 期，第 316 ~ 337 页。

潘英海、陈永芳，1993，《五行与中国人的心理疗法：以万国道德会的心理疗法为例》，《本土心理学研究》（台北）第 2 期，第 36 ~ 92 页。

彭璐珞、赵娜，2015，《文化混搭的动理：混搭的反应方式、影响因素、心理后果及动态过程》，载《中国社会心理学评论》第九辑，社会科学文献出版社，第 19 ~ 62 页。

秦晨，2017，《"边际人"及其"中国式相亲"——转型期中国青年的婚恋观与择偶行为》，《中国青年研究》第 7 期，第 5 ~ 10，47 页。

田毅鹏，2007，《单位制度变迁与集体认同的重构》，《江海学刊》第 1 期，第 118 ~ 124 页。

王昊、杜渐、杨秋莉，2016，《五态人格测验简版的编制及信度、效度分析》，《中医杂志》第 57 卷第 17 期，第 1477 ~ 1480 页。

王丽雯、杜淑芬，2017，《Working WISER：台湾学校辅导工作模式之本土化发展与建置》，载陈秉华主编《多元文化咨商在台湾》，（台北）心理出版社，第 613 ~ 648 页。

王树荫，2007，《论高校辅导员队伍的专业化与职业化》，《思想教育研究》第 4 期，第 3 ~ 7 页。

吴莹、韦庆旺、邹智敏，2017，《文化社会心理学》，知识产权出版社。

吴熙娟，2017，《后现代叙事治疗》，载陈秉华主编《多元文化咨商在台湾》，（台北）心理出版社，第 369 ~ 410 页。

谢晓娟、马其南，2014，《论思想政治教育的心理疏导功能》，《思想政治教育研究》第 30 卷第 2 期，第 32 ~ 35 页。

熊毅，2017，《道家认知疗法的理论与方法研究》，载邱鸿钟、梁瑞琼主编《中国本土临床心理学研究》，暨南大学出版社，第 147 ~ 162 页。

徐冰，2010，《文化心理学：跨学科的探索》，载《中国社会心理学评论》第五辑，社会科学文献出版社，第 1 ~ 43 页。

徐大真、徐光兴，2007，《我国心理健康服务体系模式建构》，《中国教育学刊》第 4 期，第 5 ~ 9 页。

许维素，2017，《焦点解决短期治疗于台湾应用的文化适应性》，载陈秉华主编《多元文化咨商在台湾》，（台北）心理出版社，第 325 ~ 368 页。

亚历山大·潘佐夫，2015，《毛泽东传》，卿文辉、崔海智、周益跃译，中国人民大学出版社。

燕良轼、曾练平，2012，《中国传统心理治疗理论与实践》，《中国临床心理学杂志》第 20 卷第 1 期，第 135～138 页。

杨德森，1999，《中国人的传统心理与中国特色的心理治疗》，《湖南医科大学学报》（社会科学版）第 1 期，第 2～8 页。

杨庆堃，2007，《中国社会中的宗教：宗教的现代社会功能与其历史因素之研究》，范丽珠等译，上海人民出版社。

杨惠妍，2017，《中医五态情志问卷的初步研制与应用》，载邱鸿钟、梁瑞琼主编《中国本土临床心理学研究》，暨南大学出版社，第 183～200 页。

杨国枢，2004，《中国人的心理与行为：本土化研究》，中国人民大学出版社。

杨秋莉、薛崇成，2006，《中医学心理学的个性学说与五态人格测验》，《中国中医基础医学杂志》第 12 卷第 10 期，第 777～779 页。

杨生源，1998，《小议国有企业的职工福利制度改革》，《社会科学战线》第 6 期，第 45～47 页。

杨鑫辉，1995，《中国传统心理治疗探讨》，《南京师大学报》（社会科学版）第 4 期，第 50～55 页。

杨中芳，2009，《如何研究中国人：心理学研究本土化论文集》，重庆大学出版社。

杨中芳，2010，《中庸实践思维体系探研的初步进展》，《本土心理学研究》第 34 期，第 3～95 页。

伊森·沃特斯，2016，《像我们一样疯狂：美式心理疾病的全球化》，黄晓楠译，北京师范大学出版社。

余安邦，2008，《以 M. Foucault 的观点为核心论述伦理主体的构成与裂解、消融与转化：慈惠堂的例子》，载余安邦主编《本土心理与文化疗愈：伦理化的可能探问》，（台北）中研院民族学研究所，第 303～374 页。

余安邦，2017，《民俗/宗教疗愈作为文化咨商的另类形式：人文临床学观点》，载陈秉华主编《多元文化咨询在台湾》，（台北）心理出版社，第 215～258 页。

赵旭东、施琪嘉，2018，《我的心理治疗之路：中德班 15 位心理专家自述个人成长和个案实战经验》，中国致公出版社。

赵志裕、康萤仪，2011，《文化社会心理学》，刘爽译，中国人民大学出版社。

赵志裕、吴莹、杨宜音，2015，《文化混搭：文化与心理研究的新里程》，载《中国社会心理学评论》第九辑，社会科学文献出版社，第 1～18 页。

曾文星，1997，《华人的心理与治疗》，北京大学医学出版社。

曾文星，2002，《文化与心理治疗》，北京大学出版社、北京大学医学出版社。

张延华、李厚刚，2008，《〈论语〉中的身心和谐思想与心理咨询本土化探索》，《华中农业大学学报》（社会科学版）第 4 期，第 79～82 页。

张珣，2008，《道教"祭解"仪式中的忏悔与"替身"：一个文化心理学的探讨》，载余安邦主编《本土心理与文化疗愈——伦理化的可能探问》，（台北）中研院民族学研究所，第 375～417 页。

钟年，2013，《心理学与文化研究》，中国社会科学出版社，第 89 页。

钟友斌，1988，《中国心理分析：认识领悟心理疗法》，辽宁人民出版社。

周武、徐学俊，2011，《论儒道互补与中国心理咨询本土化》，《科教文汇》第 2 期上旬刊，第 157 ~ 159 页。

朱建军，2009，《我是谁：意象对话解读自我》，安徽人民出版社。

朱文锋，1987，《中医心理学原旨》，湖南科学技术出版社。

朱永新，2011，《中国本土心理学研究》，中国人民大学出版社。

邹智敏、江叶诗，2015，《文化会聚主义：一种关系型的文化心理定势》，载《中国社会心理学评论》第九辑，社会科学文献出版社，第 63 ~ 96 页。

Benet-Martínez, V. , Leu, J. , Lee, F. , & Morris, M. (2002). Negotiating bicultural-ism: Cultural frame switching in biculturals with oppositional versus compatible cultural identities. *Journal of Cross-Cultural Psychology*, 33, 492 – 516.

Chiu, C. Y. , Mallorie, L. , Keh, H. T. , & Law W. (2009). Perceptions of culture in multicultural space: Joint presentation of images from two cultures increases in-group attri-bution of culture-typical characteristics. *Journal of Cross-Cultural Psychology*, 40 (2), 282 – 300.

Dowson, M. & Devenish, S. (2010). *Religion and Spirituality*. Information Age Publishing.

Fung, K. & Wong, Y. R. (2007). Factors influencing attitudes towards seeking professional help among east and southeast Asia immigrant and refugee women. *International Journal of Social Psychiatry*, 53 (3), 216 – 231.

Hong, Y-Y. , Morris, M. W. , Chiu, C-r. , & Benet-Martínez V. (2000). Multicultural minds: A dynamic constructivist approach to culture and cognition. *American Psychologist*, 55 (7), 709 – 720.

Kagitcibasi, C. (2005). Autonomy and Relatedness in Cultural Context: Implications for Self and Family. *Journal of Cross-Cultural Psychology*, 36, 4: 403 – 422.

Kaplan, D. M. , Kocet, M. M. , Cottone, R. R. , et al. (2009). New Mandates and Imperatives in the Revised ACA Code of Ethics. *Journal of Counseling & Development*, 87, 241 – 256.

Lee, D. L. , Rosen, A. D. , & Burns, V. (2013). Over a half-century encapsulated: A multicultural content analysis of the journal of counseling psychology, 1954 – 2009. *Journal of Counseling Psychology*, 60 (1), 154 – 161.

Leung, S. A. & Ping-Hwa Chen. (2009). Counseling psychology in chinese communities in Asia: Indigenous, multicultural, and cross-cultural considerations. *The Counseling Psycho-logist*, 37 (7), 944 – 977.

Luna, D. , Ringberg, T. , & Peracchio, L. A. (2008). One individual, two identities: Frame switching among bicultural consumer. *Journal of Consume Research*. 35, 279 – 293.

Mocan-Aydin, G. (2000). Western models of counseling and psychotherapy within Tur-key: crossing cultural boundaries. *The Counseling Psychologist*. 28 (2), 281 – 298.

Morris, M. W. , Chi-yue Chiu, & Zhi Liu. (2015). Polycultural psychology. *Annual Re-view of Psychology*, 66: 631 – 659.

Peterson, P. B. (1991). Introduction to the special issue on multiculturalism as a fourth force in counseling. *Journal of Counseling and Development*, 70, 4.

Peterson, P. （Ed.） . （1999） . *Multiculturalism as a Fourth Force.* Philadelphia, PA: Brunner/Mazel.

Pieterse, A. L. , Evans, S. A. , Risner-Buter, A. , Collins, N. M. , & Mason, L. B. （2009） . Multicultural competence and social justice training in counseling psychology and counselor education: A review and analysis of a sample of multicultural course syllabi. *The Counseling Psychologist*, 37 （1）, 93 – 115.

Seyfi, F. , Poudel, K. C. , Yasuoka, J. , Otsuka, K. , & Jimba, M. （2013） . Intention to seek professional psychological help among college students in Turkey: Influence of help-seeking attitudes. *BMC Research Notes*, 6, 1 – 9.

Sue, D. W. & Sue, D. （2016） . *Counseling Culturally Diverse: Theory and Practice* （7th ed. ） . Hoboken, NJ: John Wiley & Sons.

《中国社会心理学评论》　第 15 辑
第 178～197 页
© SSAP，2018

中国躯体化？中国人抑郁与焦虑症状的文化表达[*]

周晓璐　Andrew G. Ryder[**]

摘　要： 中国人倾向于以躯体化的方式表达心理社会问题，即中国躯体化，是文化心理病理学的一个经典课题。自 Kleinman（1982）关于中国抑郁躯体化表达的经典研究以来，研究者从躯体化和心理化角度，对中国人心理病理的症状表现进行了深入的探索与研究。对中国抑郁患者的长期研究显示，临床病人的症状表现具有较为稳定的躯体化特点，但随着中国社会快速的现代化进程，心理症状逐渐显现。近年对中国焦虑症症状表现的探索研究发现，与抑郁躯体化表现相反，焦虑病人呈现心理化表达的趋势。本研究从文化－心理－大脑这一多维整合系统出发，认为躯体化是中国抑郁症的文化文本。这一文本既包含面对心理社会压力，直接报告躯体体验的反应方式，又包含谈论不会带来麻烦的躯体症状的交流策略，是体验派和症状交流派解释的整合。心理化可能是当前中国焦虑症的文化文本，这一文本既涉及情绪、心理症状的"释放"，同时又包含现代中国文化对责任、家庭、友情等人际因素的关注与重视。最后，我们从文化、心理、大脑的相互建构角度，讨论了中国文化下的抑郁症和焦虑症的症状表达这一课题还需进一步研究的问题和方法。

关键词： 躯体化　心理化　抑郁症　焦虑症　中国文化

---

[*] 本研究获得 2014 年上海高校青年教师培养资助计划的资助。

[**] 通信作者：周晓璐，上海师范大学，副教授，email：zhouxiaolu@ shnu. edu. cn；Andrew G. Ryder，康考迪亚大学（加拿大），犹太综合医院，副教授，email：andrew. ryder@ concordia. ca。

自现代精神病学诞生之时起，学者和临床工作者就开始关注文化对个体心理病理的影响（Kirmayer，2007）。从早期文献对于"文化症候群"（Culture-bound Syndromes）的关注，到以跨国流行病学研究和临床研究为主要特色的比较精神病学（Comparative Psychiatry），再到受人类学理论和研究方法影响的"新跨文化精神病学"（New Cross-cultural Psychiatry），研究者与临床工作者已积累了大量文化心理病理学知识，认识到不同文化群体面对不同心理问题时，在症状表达方式、对心理疾病的理解以及对心理不适的反应方面均存在差异（Kirmayer & Ryder，2016），为对不同文化下个体进行准确诊断和制定恰当的治疗方案提供了依据。在心理病理的文化差异研究中，"中国躯体化"（Chinese Somatization）现象——中国人倾向于以躯体化的方式表达心理社会问题（psychosocial difficulties）——已经广为人知，并成为文化心理病理学的一个重要发现。在现有文献中，这一发现多与抑郁症和焦虑症相联系。因此，本文的目的是：（1）从躯体与心理症状角度，围绕"中国躯体化"现象及其解释，对中国文化下抑郁和焦虑表达方式的相关研究进行综述；（2）以一个综合的框架整合和理解中国人抑郁和焦虑症状的表达方式；（3）对中国人抑郁和焦虑症状表现的未来研究进行展望。

一　"中国躯体化"现象的研究进展

在正式对"中国躯体化"研究进行综述前，我们有必要对抑郁症、焦虑症和躯体化三者的定义与关系进行探讨。根据现代诊断标准，如美国精神疾病诊断标准（DSM－5），抑郁症的核心症状为抑郁心境和兴趣/快感缺乏这两大心理症状，除此以外，还包括睡眠、食欲、意志活动改变，以及疲乏无力等一系列躯体症状（APA，2013）。与抑郁症类似，焦虑症也包括了一系列心理与躯体症状。心理症状包括焦虑、恐惧、担忧等，躯体症状包括紧张、出汗、发抖等（APA，2013）。可以看到，躯体症状是抑郁症和焦虑症的重要组成部分，因此，我们对于躯体化关注的是对躯体症状的强调程度。正如 Kirmayer 和 Robbins（1991）对"表现型躯体化"的定义：在遭遇心理或情绪问题时，个体更多地通过躯体症状来表达。与躯体化这一概念相对应的是心理化，心理化指的是在遭遇心理社会问题时，更多地强调心理症状。

当躯体化与文化或文化群体相关联时，意味着特定文化群体更加偏向或强调躯体症状，这种偏向或强调与特定文化关于躯体和心理的概念以及诊断标准有关，也与文化群体成员的内部体验和交流方式相关。值得注意的是，随着中国社会文化的发展，研究方法和技术的日趋成熟与多元化，研究者对"中国躯体化"现象及其内涵的认识不断深入，对文化与心理病理现象关系的了解也日趋细致。通过对已有研究发现的梳理，我们把针对"中国躯体化"现象的研究分为两大阶段："中国躯体化"阶段与"中国人总是躯体化吗？"阶段。

（一）　中国躯体化

对"中国躯体化"现象的研究可追溯至 20 世纪八九十年代对于西方定义的抑郁症的国际流行病学研究结果：中国抑郁症患病率远低于其他国家和地区（Kleinman，1982；Murray & Lopez，1996；Weissman et al.，1996；张维熙等，1998）。在大家好奇为何中国人能对抑郁症"免疫"之时，一些研究者开始从症状表现入手来探索其原因。在同一时期的中国，最流行的精神诊断是神经衰弱（Cheung，1991）。该诊断包含的症状与抑郁症相关症状略有重合，但其核心症状为体力脑力疲劳、睡眠问题和肌肉疼痛等躯体症状（汪新建、何伶俐，2011）。

"新跨文化精神病学"的代表人物 Kleinman（1982）在长沙采用人类学和精神病学方法对 100 名神经衰弱症患者进行评估，发现 87 名病人可重新诊断为患有特定形式的抑郁症（按照 DSM - 3 诊断标准）。然而，与西方抑郁病人的症状不同的是，多数中国病人主诉头痛、失眠、头晕等躯体症状，而对抑郁心境这一重要心理症状则很少提及（仅 9% 的病例报告该症状）。自此，"中国躯体化"成为一个重要的文化心理病理学现象。这一现象也得到了同时期其他研究的支持（Tseng，1975；Tsoi，1985）。Kleinman 认为抑郁症和神经衰弱症都是特定文化下个体对心理社会问题的反映，对症状表达的理解不能脱离个体所在的文化环境。从临床症状表现和社会文化因素的这一关联可以推测，随着社会文化环境的变化，病人的临床症状也可能发生改变。果然，几年后，Kleinman（1986）报告中国人的情绪表达开始增加。同时，以躯体症状为核心症状的神经衰弱在中国的诊断率也开始下降（Lee，1999）。当然，要在严格意义上证明"躯体化"与中国文化群体的关联，需要将中国人的症状表现与其他文化群体进行比较。

针对文化对照组这一问题，研究者开始采用跨文化比较设计对"中国躯体化"现象进行研究。Parker 研究团队（Parker，Cheah，& Roy，2001）对华裔马来西亚病人与欧裔澳大利亚病人的抑郁症状表现进行对比，发现两个群体均既报告躯体症状也报告心理症状，但华裔被试较倾向于报告躯体症状，而欧裔被试则更倾向于报告心理症状。其中，60%的华裔被试将躯体症状作为其首要症状，而仅13%的欧裔被试将躯体症状作为其首要症状。而有趣的是，两个文化群体在心理症状项目得分上的差异比在躯体症状项目得分上的差异更大。Ryder研究团队（Ryder et al.，2008）在对比欧裔加拿大病人与中国病人的抑郁症状后，也得到了相似的结果。与此同时，流行病学研究显示，在中国人群中，以心理症状为核心症状的抑郁症患病率升高（Dennis，2004；Lee et al.，2007；Phillip et al.，2009；Zhou et al.，2000），中国青少年的抑郁症患病率甚至与北美青少年患病率比肩（Liu et al.，2000；Liu et al.，2005；Yang et al.，2008）。

在这一阶段，对"中国躯体化"现象的研究主要集中于抑郁症。"中国躯体化"指的是相对欧裔临床病人而言，中国抑郁病人更加强调躯体症状。当然，如前所述，"躯体化"并不意味着中国病人完全否认和忽略心理症状，只是相对心理症状，个体对躯体症状更为偏重和强调。

（二）中国人总是躯体化吗？

在跨文化研究中，"中国躯体化"研究的一个核心是对"躯体化"概念的测量。上述Parker研究团队（Parkey，Cheah，& Roy，2001）与Ryder研究团队（Ruder et al.，2008）研究的一个共同点在于他们通过因素分析的方法，将抑郁症状量表/结构化访谈分解为躯体症状和心理症状两个分量表，分别计算两个分量表的总分进行文化群体间的比较。而Dere等（2013）认为，临床症状量表的一个特殊性在于，量表中每个项目都代表了病人的一个独特的体验，从临床角度，不能只看量表的总分，量表中的每个单独的项目也同样重要。另外，躯体症状分量表中常常包含的是典型性躯体症状，如体重减轻、食欲减退、失眠以及疲劳等。但根据精神疾病诊断标准，抑郁症的症状还包括一些非典型性躯体症状，如睡眠过度、食欲增强等。由于这些症状与典型性躯体症状正好相反，不可能同时存在于单个个体的体验中，从概念或统计分析的角度，往往没有与典型性躯体症状存在于同一个量表中，从而造成对这些非典型性躯体症状的忽略。

那么，"中国躯体化"到底指的是一般性的症状表现趋势（即中国人典型性与非典型性躯体症状得分均高于欧裔人），还是由一部分症状所导致（即中国人仅典型性躯体症状得分高于欧裔人）？Dere等（2013）对Ryder等（2008）的访谈数据进行重新分析，采用项目功能差异的方法，在具体症状水平上，对比了中国病人与欧裔加拿大病人的抑郁症状表达，发现虽然在典型性躯体症状上，中国人得分较欧裔加拿大人高，但在非典型性躯体症状（即睡眠过度、食欲增强、体重增加）上，欧裔加拿大病人得分反而比中国病人更高。相对心理症状的总体得分，中国病人在"情绪抑制"（对原本有情绪反应的事件不再有情绪反应了）和"抑郁心境"这两个心理症状上得分较高。在病人的自发报告中，在报告"抑郁心境"这一症状上，中国病人和欧裔加拿大病人水平相当。因此，"中国躯体化"更多的是针对典型性躯体症状，并且这一时期的中国抑郁症病人也报告了一些核心的心理/情绪症状。

之前对"中国躯体化"现象的研究大多集中在抑郁症的症状表现上，那么，这种"躯体化"到底是中国人广义的心理社会问题的临床表达方式还是仅针对抑郁症的特定表现形式？周晓璐等（Zhou et al.，2011）率先开始探索中国人焦虑症的症状表达方式。研究者从 Ryder 等（2008）的临床病人样本中筛选出至少有一项临床显著的焦虑症核心症状（即惊恐发作、场所恐惧、社交恐惧、焦虑、强迫性思维、强迫性行为、特殊恐惧）的中国和欧裔加拿大病人被试，发现在典型性抑郁症症状的报告方面，中国人的确比欧裔加拿大人更倾向于报告躯体症状，但是，在焦虑症的症状报告方面，欧裔加拿大人反而比中国人更倾向于报告躯体症状。在焦虑症的核心症状得分方面，中国人在心理症状（包括焦虑、强迫性思维）上得分比欧裔加拿大人高，而欧裔加拿大人在惊恐发作和社交恐惧症状上得分比中国人高。总体来说，中国人在焦虑症的症状表现上不再是躯体化，反而出现了心理化倾向。

可以看到，在这一新的研究阶段中，对"中国躯体化"的研究运用了多样化的研究方法，并且研究内容也由抑郁症转向焦虑症，更细致地描绘出文化对不同心理病理现象的影响。尽管 Dere 等（2013）和周晓璐等（Zhou et al.，2011）的研究结果还有待进一步验证，但至此，我们可以看到，"中国躯体化"并非一个泛化的中国人心理问题表达现象。它针对的是抑郁症的典型性躯体症状，而非焦虑症的临床症状，因而，我们可以推测，对于不同的消极情绪，中国文化有不同的表达规范。同时，随着社会文化环境的变化（对比本阶段数据采集的社会文化背景与 Kleinman 数据采集的社会文化背景），中国临床病人或许仍会注重躯体症状，但对消极抑郁情绪的表达也越来越开放。这些都值得研究者和临床工作者的关注，以便更好地理解当前中国文化环境下病人的症状，制定出更合适的治疗方案。

二　对"中国躯体化"现象的解释

对于抑郁的"中国躯体化"现象的理解，大致形成了两派观点（Ryder & Chentsova-Dutton，2012）：一派认为中国文化影响下的个体在症状的体验方面不同于欧裔文化下的个体，中国人更多地体验到躯体症状而非心理症状，简称体验派；另一派则认为中国文化影响下的个体在理解自身痛苦，并表达自身痛苦的方式和策略方面不同于欧裔文化下的个体，简称理解交流派。

早期研究者从症状的体验角度进行了解释。"躯体化"一词源自精神分析流派，意指被压抑、意识水平以下的心理冲突通过躯体症状得以表达（Craig & Boardman，1990）。按照这一观点，躯体化是一种不成熟的心理防御机制。"中国躯体化"的原因是中国人大量使用这一防御机制。此外，早期的语言发展论将语言和心理症状体验结合在一起，从语言表达情绪的角度，对各文化的语言进行了分层，认为相对于欧裔人的语言来说，中文中用于表达情绪的词汇较少（Leff，1980），说明中国人的心理体验较少。无论是防御机制论还是语言发展论，均是建立在西方身心二元论的基础之上，并认为心理体验比躯体体验更高级、成熟或者真实，因而更应当清楚而直接地表达出心理体验。而中国文化的身心同一论则被忽略，或者被置于较低的地位（Cheung，1995）。

另一些研究者从人们对症状的理解和交流角度对"中国躯体化"现象进行解释。个体对症状的理解和交流策略具有特定社会意义。在中国的健康医疗体系中，例如在内科，为了得到快速有效的治疗，抑郁症病人会更倾向于强调躯体症状（Yen，Robins，& Lin，2000）。在中国社会环境中，心理疾病不仅是患者本身的问题，还反映了患者家庭的问题：身体上，心理疾病是家族遗传的结果；心理上，心理疾病是家人没有教养好患者的结果；道德上，心理疾病被认为是一种报应（Shon & Ja，1982）。更有甚者，污名会导致恶性循环：污名使疾病进一步恶化，而更为严重的疾病进一步增加污名……在这种环境下，躯体化为病人减轻了污名带来的社会压力（Kleinman，1982；Yang & Kleinman，2008）。此外，病人还可能根据交流的对象选择报告不同的症状。在医疗环境下，面对医护人员，病人会倾向于强调躯体症状；而在与朋友交流时，病人对症状的描述则会既包括躯体症状，又包括心理症状（Cheung，1995）。

一些本土心理学家（朱艳丽、汪新建，2011；康晶，2015）从中国传统文化下人际互动的角度对个体情感表达方式与躯体化的关系进行阐述，表达了类似于理解交流派的观点。中国传统文化倡导和谐的人际关系，再加之传统文化对情绪的"中和中庸"规范以及对"面子"的看重，个体倾向于压抑情绪情感，尤其是消极情绪情感，而躯体化是情绪的间接表达，能起到舒缓压力的作用，因而在中国文化环境中更具有适应性。

　　总体而言，体验派和理解交流派隐含了一种对立的观点，体验派认为躯体症状是中国抑郁病人的主要内部体验；而理解交流派则认为中国抑郁病人的体验与欧裔西方人相似，既能体验到心理症状，也能体验到躯体症状，只是根据交流的对象或者环境，有意识地选择强调躯体症状而已。当然，也有研究者倾向于整合的观点，如 Ryder 和 Chentsova-Dutton（2012）认为：尽管的确存在个体根据特定环境有意选择或隐瞒特定症状体验的情况，但社会环境本身可以影响存在于其中的个体的内部体验。抛开体验派和理解交流派中的文化歧视成分，两派解释的观点并非一定是对立的。随后的临床数据也证明了这一观点（Zhou et al.，2016），"中国躯体化"既反映了面对心理社会压力时，个体直接报告躯体体验的反应方式（体验派观点），又反映了谈论不会带来麻烦的躯体症状的交流策略（理解交流派观点）。关于社会文化环境如何影响个体的体验和感知，Ryder 等（2008）发现，外向型思维（Externally-Oriented Thinking，EOT），即个体对外部世界的生活细节而非自身内部情绪的关注，影响了中国临床病人与欧裔加拿大病人在躯体化倾向上的差异。而 EOT 又与文化价值观紧密相关（Dere，Falk，& Ryder，2012；Dere et al.，2013）。这些发现初步显示了文化影响症状表现的路径：文化价值观影响个体的关注点，进而影响个体的症状表现。

　　近期，中国本土心理学家也提出了类似的整合观。吕小康和汪新建（2012）提出，中国传统文化中存在一种特有的"意象思维"模式。这一思维方式从天人合一的整体宇宙观出发，将世界万物联系为一个有机整体。在这种思维的影响下，中国传统医学并没有像西方医学一样将身体看作一个静态的解剖器官的组合，而是将自然界的各种变化、脏腑的生理病理反应以及心志联系在一起，构建出体内外环境、身心气血联动的整体。在这种理解框架下，个体在不适状态下（即使是在面对心理社会问题时）会体验到并倾向于同时报告身体、心理症状，这种倾向导致中国临床病人在与欧裔病人的比较中显示出了更高的躯体症状报告率。

　　症状表现不仅仅反映了个体内在的体验和感知，同时还打上了社会文化的烙印。近期对焦虑症症状的躯体化与心理化表达的探索性研究（Zhou et al.，2011）发现，与抑郁症的症状表现方式相反，中国人在焦虑症的症状表现上出现了心理化倾向。对于这一研究结果，研究者们认为与焦虑症症状所蕴含的文化意义相关。中国文化孕育着浓厚的避免消极结果的预防性倾向（prevention focus），这一倾向既与对他人的责任感相关（Elliot et al.，2001；Lee，Aaker，& Gardner，2000；Lockwood，Jordan，& Kunda，2002），也与焦虑情绪相关（Higgins，Shah，& Friedman，1997；Lee，Aaker，& Gardner，2000）。相比躯体症状，焦虑症的心理症状更能表达出个体的社会敏感性，例如，担心朋友，对家人安全的强迫性想法等。因此，焦虑症的心理症状就更容易为中国社会所接受。当然，这一理论分析还有待实证数据的支持。

三 "文化－心理－大脑"：一个综合理解框架

综合现有文化/跨文化研究结果，本文试图在一个综合的框架，即文化－心理－大脑多维系统下（Ryder，Ban，& Chentsova-Dutton，2011），对中国抑郁与焦虑症状的表达进行理解，并为将来的研究提供可供检验的理论假设。以下先从"文化"的概念入手，进而介绍文化－心理－大脑这一框架，然后在这个框架下理解抑郁和焦虑的躯体和心理症状表达，最后从纵向角度对中国文化中抑郁与焦虑的症状表达进行分析。由于诊断分类本身也是文化的产物，我们将作为综合征（syndromes）的抑郁症和焦虑症合在了一起，甚至用"痛苦""不适感"等词来代替这一文化标签。

（一）文化的概念

我们对"文化"的理解主要遵循 Shweder（1990）、Markus 和 Kitayama（1991）以及 Heine 和 Norenzayan（2006）等研究者所倡导的文化心理学的观点：文化与心理相互建构。文化是一个文化群体共享的信念（beliefs）和行为（practices）。文化对相应群体各成员的影响方式和影响程度不一定一致。并非每个成员都是该文化的完美代表。有些成员可能是文化规范的坚决拥护者，有些成员则可能与文化倡导的信念和行为背道而驰。然而，即使是对这些规范的违背也是文化对个体影响的一种体现，他人也仍然从文化规范的角度来看待这种违背。个体的行为并不止于行为本身，而是通过行为表达意义（Bruner，1990），观察者则是通过个体的行为理解其意义。行为的意义由文化意义体系赋予，而行为一旦发出，则又会对文化体系的形成和发展产生影响，进一步塑造文化体系（Kashima，2000）。因此，文化既内存于心（in the head），同时也外在于人（in the world）。

文化的内涵体现在"文化文本"（cultural scripts）这一概念工具中。一般意义上的"文本"包含一系列行为，并支持行为意义的建构和记忆。通常，人们倾向于期待与文本内容一致的信息，容易记住与文本内容一致的事件，易忽略与文本内容不太一致的状况，但会对那些与文本内容反差巨大的信息印象深刻（Bower，Black，& Turner，1979）。在现有社会文化相关文献中（例如，Dimaggio，1997；Wierzbicka，1994），文化文本指重要的文化知识的组织单位。前文提到的如何与他人交流自己的痛苦和不适就是重要的文化知识。相关知识以文本为单位储存在大脑中。知识的来源可以是通过社会观察或正规学习获得。文化文本可以是内隐的。在功能上，文化文本帮助个体快速、自动地辨认和提取信息。文本所内含的信息容易被激活，并作为一个整体被加工。个体根据文本发出的行为被他人所观察、理解和采用，从而成为文化文本的组成部分。

文化文本在对文化心理病理现象的解释模型中起着重要作用。个体的不适感源自对体内各种信号的感知，但这些信号往往不是以有序的方式呈现，而是混杂着躯体、情绪、认知、行为等各种成分。个体如何去理解这纷繁复杂的不适感进而与其他人进行交流？通过直接或间接方式"学习"到同样文化环境下其他有类似体验的人的相关描述，个体获得了相应的文化文本，即什么样的体验是"重要"的症状。文化文本帮助个体厘清自身混杂的信号，将注意力和关注点放在文化环境中其他人同样认为有意义的症状上，同时也允许个体将自身体验与文本内容结合起来，使这些体验个人化。当这些经过加工的体验被表达出来，为其他多个观察者所接受时，个人化的体验也成为文化文本中的一部分。随着文化环境的变化，个体的认知、情感与行为发生变化，文化文本也会随之发生变化。

（二）文化 - 心理 - 大脑

文化 - 心理 - 大脑是文化心理学"文化与心理相互建构"观点的进一步延伸。文化与心理的相互建构是个体社会化过程的组成部分：个体的认知、情感和行为在文化环境中发展，为文化所塑造，同时也影响了文化（Cole，1996）。之所以将大脑整合到我们的理论框架之中是因为大脑是心理健康模型的重要组成部分。如果说文化对心理的影响是"自上而下"的（Geertz，1973），那么大脑对心理的影响则是"自下而上"的。心理并非只是大脑的副现象，它还具有社会性和工具性（Clark & Chalmers，1998；Hutchins，1995；Vygotsky，1978）。另外，大脑具有可塑性，尤其是在个体早期，会根据文化输入做出调整（Wexler，2006）。同时，大脑的这种可塑性并非无限，因而大脑对文化也起着限制的作用。正是大脑和文化的这种相互作用，为人类心理的发展创造了条件。因此，文化、心理、大脑三个要素相互建构，形成了一个多维动态整体。它包含了神经通路、人际关系、认知图式、医疗体系、通信工具等形成的信息网络。

尽管文化－心理－大脑与多年来流行于心理健康领域的生理－心理－社会模型相似，均突出生理、心理和社会文化环境对心理健康的重要性，但二者的一个显著区别在于，文化－心理－大脑基于现有文化心理学、文化精神病学研究成果，强调文化、心理、生理因素的相互建构，组成一个三维一体的整体。

心理病理问题，包括抑郁症和焦虑症，往往是文化、心理、大脑三维相互作用的产物。任何一个维度的变化都会影响到其他维度，但是，最终的结果不能归结于某一特定维度。一个逻辑类似的例子是，大脑回路出现障碍并不一定是因为相应的神经元出现问题；某个神经元出现障碍也不一定是因为内在的分子存在问题。病理现象可以是由环路失调所致。也就是说，对一个问题的反应加重了这一问题，但环路涉及的各组成部分均正常（Hacking，1995）。条件反射性恐惧干扰了个体的日常生活，这一障碍涉及大脑，却并不意味着大脑本身一定出现障碍。

当然，一个维度的障碍可以引发另一个维度的障碍。文化规范、社会经济条件以及社会政治氛围相互作用，导致剧烈的冲突，让身处其中的个体感受到巨大的心理压力，并对个体的大脑产生影响。在这种情况下，就不能忽略社会经济等因素，而仅认为心理痛苦源自大脑。另外，现有研究也发现，心理维度上的干预，如认知行为疗法，能对大脑产生影响（De-Rubeis，Siegle，& Hollon，2008）。

（三）在文化－心理－大脑框架下理解心理与躯体症状表达

我们认为心理与躯体症状的体验与表达涉及文化－心理－大脑的所有维度。在大脑维度上，人的躯体与大脑之间不断地进行信号的输送与传递。大脑对各种感觉信号进行监控和整合，保持着对躯体状态的动态表征（Craig，2002；Damasio，2003）。而大脑加工这些内感信息（interoceptive information）的区域同时还起着评估情绪变化、帮助建构主观情绪体验的作用（Craig，2008；Damasio et al.，2000；Blood & Zatorre，2001）。可以说，躯体和心理在神经表征水平上就已经相互联系在一起了。

在心理维度上，个体意识到了一系列躯体和心理变化，并对这些体验进行正常和非正常的判断。这种判断建立在个体自身经验或其他参照经验的基础之上，并且具有情景针对性。例如，感觉身体疲劳在高强度劳作的情况下被认为是正常体验，而在没有任何劳作或者少量低强度运动的情况下则会被认为不正常。双手接触污泥后想洗手被认为是正常想法，而在双手清洁过后还总是害怕自己与家人被细菌或病毒污染则被认为不正常。总之，人们会将自己的当前体验与自身记忆或者与相应情境相联系的合乎常情的情况相对比，以判断自己的体验是正常的还是不正常的。

这些参照经验会影响到个体注意力的分配。注意力往往会集中在特定体验上。有时候，对这些体验的关注本身就会带来一系列感知和行为的变化，进而导致症状的出现。在特定症状上投入更多的注意力也容易增加发现该症状的概率。另外，过多的关注与注意力的投入本身也能促使症状或体验的产生。仅仅想到特定症状就能使个体真实地体验到这一症状（Gonsalves et al.，2004）。最后，个体对"正常"或"非正常"的过度关注可能导致误读相关信号，夸大内部体验。无论是抑郁症还是焦虑症，躯体化倾向还是心理化倾向，都可能损害个体准确监控自己状态的能力，将注意力集中在那些所谓"重要"的体验上（Paulus & Stein，2010；Gardner，Morrell，& Ostrowski，1990）。

此外，人类心理的社会性带来的一个结果是，个体意识到自己是在一群真实或假想的观众面前体验着痛苦：他人会观察到自己的行为并做出解释，他人可能知道也可能不知道自己的想法，由于自身痛苦造成的工作上的损害会影响到他人，他人也会因此而对自己产生不好的印象，等等。研究显示（Rosenquist，Fowler，& Christakis，2011），通过社会影响，抑郁和焦虑可以像传染病一样在人群中散播。正是这种社会化赋予了不同的体验以不同的意义。也因此有了心理症状与躯体症状的区分。个体往往根据当前情境的需要，报告或强调特定症状体验，以达到快速求助或避免污名等目的。

在文化维度上，如果特定文化环境下多人在面临同样的问题时都做出类似的反应，包括对体验的描述、选择的求助方式等，并且，这些反应均行之有效，那么，这些反应就会成为文化文本的一部分。对于中国文化环境下的个体，躯体化就是抑郁症的一个文化文本，这个文化文本包括了直接报告躯体体验的反应方式，以及谈论不会带来麻烦的躯体症状的交流策略（Zhou et al.，2016）。心理化可能是当下中国社会文化环境下焦虑症的一个文化文本，这个文化文本可能包括直接报告焦虑、担心等症状的反应方式，以及为他人负责的自我展示方式（Zhou et al.，2011）。

个体依据这些文化文本对自身的痛苦体验做出反应。被激活的文本将个体的注意力集中在特定反应上，而相应地忽略其他反应。这种注意力的集中又会进一步夸大特定反应，或缩小其他反应，甚至改变个体的体验。因此，特定反应变得突出，并与文化文本中其他因素相互联系：这个反应意味着什么？能不能告诉别人自己的这个体验？等等。总之，这些反应和体验变成了症状。

症状的心理与躯体之分实际上也反映了一种文化观。持身心二元论的人会区分心理与躯体感受，并在自身体验上也感觉二者是分开的。而持身心整合观的人会认为心理与躯体相互联系，并在自身体验上也感觉二者是相互关联的。躯体化反映的是这样一种文化上的总体倾向：聚焦某些躯体症状，减少对其他认知信号的敏感度。同样地，心理化反映的也是一种文化上的总体倾向：优先某些心理症状，减少对其他躯体信号的敏感度。本节对于症状表达的逻辑分析可参见图1。

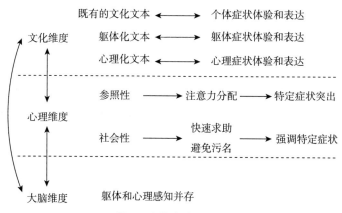

图 1   症状表达的分析

（四） 中国现代化进程中抑郁症与焦虑症的症状表达

文化与心理是相互建构的。而文化本身并非一个静止的概念。在中国，自1978年十一届三中全会以来，中国社会各个领域发生了巨大的变化：经济迅猛发展，城市化进程加快，人们的生活水平、健康水平、受教育水平极大地提高，科技拓展了人们的视野并不断地改变着人们的生活方式……与快速的现代化相伴随的是民众的心理变化（Sun & Ryder，2016）。一个明显的现象是个体主义的崛起（Sun & Wang，2010；Hamanura & Xu，2015；Cai，Kwan，& Sedikides，2012），集体主义的家庭关系、友情、爱国等部分传统价值观虽然得到保持，但是服从、中庸、含蓄等与传统儒家道德相关的价值观的重要性和关注度有所下降（Xu & Hamanura，2014；Zeng & Greenfield，2015）。文化环境的变化，伴随个人心理的变化，而个人心理的变化，也影响了文化及文化价值观的变化。

　　从纵向来看，中国人抑郁症和焦虑症的心理与躯体症状表达数据亦显示了类似的趋势。以从同一家中国医院不同时期收集的临床数据为例，Kleinman（1982）的数据收集于改革开放伊始，传统集体主义价值观仍然占据主导地位之时，病人关于抑郁情绪、绝望等的心理症状表达较少，而对于疲劳、睡眠、疼痛等的躯体症状表达较多；到了 2000 年之后，中国现代化建设卓有成效，个体主义发展，集体主义价值观区分发展时，Ryder 等（2008）、Dere 等（2013）、周晓璐等（Zhou et al.，2011）的研究数据显示，中国临床病人抑郁相关情绪的表现有所增加，抑郁相关躯体症状仍然维持；而和焦虑、担忧相关，且与"家庭""友情""责任"等与集体主义、亲社会相关的情绪表达明显。其他来源的数据亦得到类似结论，如 Chang 等（2017）发现，在中国人群体中，仅对传统亚洲文化有强烈认同感，并持有集体主义价值观的个体更倾向于抑郁的躯体化表达。总而言之，在现代化蓬勃发展时期，伴随着文化与文化价值观的变化，中国人的情绪得到"释放"，尤其是与"责任""家庭"等亲社会相关的情绪表达得以增加。因此，对临床病人症状表现的分析，需要与个体所持文化价值观相联系，正如数据所显示的，抑郁躯体化这一文化文本与中国传统生活方式和儒家道德观念呈正相关（Zhou et al.，2016）。如果个体持有更为现代化的价值观，在躯体症状之外，可以期待其有更多心理症状的表达。在大多数人自由表达抑郁、兴趣丧失、绝望等心理症状时，关于抑郁症的文化文本会发生变化。

　　关于社会文化、个体主义、集体主义、心理症状与躯体症状的关系，我们并不做直线的、因果关系推论。在现代化进程中，不仅仅有文化价值观的变化，还有诊断标准与诊断体系、科学研究方法、人们对心理疾病的理解与认识等其他因素的变化，而这些变化均可能影响到个体情绪、症状的表现，或者是关于个体情绪、症状表现的研究发现。

四　对将来研究的展望

　　我们强调文化、个体心理和大脑之间的相互构建，是一个多维的整合系统。从这一视角来看待中国文化下的抑郁症和焦虑症的症状表达，需要我们进一步厘清中国文化、社会情绪、心理症状、躯体症状以及神经基础之间的关系（Harshaw，2015）。中国文化中，哪些因素或文化文本与个体情绪反应、求助行为相关？文化因素是如何影响到个体的内部体验（包括心理体验和躯体体验）的？临床人群的情绪反应与症状表现有何关联和区别？Chentsova-Dutton 等（2007，2010）发现抑郁症会损害个体按照文化规范表达情绪的能力，其即时情绪（on-line emotion）表现与文化对情绪表现的规范背道而驰。其数据显示，华裔抑郁症患者与华裔健康个体相比，对积极与消极情绪刺激的反应增强，背离了中国文化对情绪表现的"内敛""中庸之道"。抑郁症患者的这一情绪特点与其心理和躯体症状体验与表达之间存在什么样的关联？文化环境与个体内部神经活动（如皮质醇水平的增高）有何关联？个体的内部神经活动是如何影响个体心理与行为表现（如焦虑和担心）的？个体长期的心理与行为倾向是如何影响文化价值观等因素的变化的？这些问题均需要进一步的理论和实证研究。

从纵向角度来看，文化、心理与大脑神经系统并非一成不变的，从前文综述中，我们可以大体观察到文化环境与抑郁的躯体、心理症状之间的变化与关联。从 20 世纪 70 年代末开始，中国开始了快速的现代化进程，中国的社会文化环境也随之发生变化，这些变化伴随着个体的心理病理及其心理、躯体症状表现的变化。抑郁症的文化文本也应发生相应的变化，例如，除了躯体化这一文化文本，还出现其他与心理症状表达相关的文本。然而，至今还没有数据直接揭示和解释这一变化趋势。研究者可以从相关数据库中，通过跨时间研究方法（cross-temporal method），比较不同社会时期相似年龄被试的症状表现方式，从纵向的角度观察中国人症状表现的演化，以及这些变化与哪些社会文化、心理、神经因素相关。

相对于中国抑郁病人症状的研究历史，我们对于中国焦虑病人的症状表达现象的研究还处于探索阶段。中国人焦虑症状的心理化倾向是否在焦虑症下属各焦虑障碍病人躯体中得到验证？换句话说，心理化是不是现阶段中国文化下焦虑症的文化文本？如果是，这一文本与哪些文化因素、神经活动相联系？尽管美国精神诊断手册第五版将强迫症从焦虑症中分离出来，鉴于强迫症症状与焦虑的联系，以及前期的研究结果（即周晓璐等发现中国临床病人的强迫性思维得分较欧裔病人高），仍可对强迫症的症状表达进行研究。此外，中国人焦虑的心理化趋势是由所有心理症状均表现一致所致，还是只是一部分心理症状所致？单个症状表现之间是否存在差异？

现有对抑郁症和焦虑症病人的躯体化和心理化研究多由心理学和精神病学研究者通过自我报告的问卷法进行研究。严格的文化心理病理学研究要求采用多种方法，包括社会实验、生理数据采集、人种志研究，以及情境抽样等，探索相关文化文本以及各社会文化因素是如何影响个体的抑郁和焦虑症状表达方式的。人种志等多元方法的应用，还可以让更多领域的研究者，包括人类学、社会学、文学研究者等加入抑郁和焦虑的症状表达研究中，形成跨学科联合研究。

此外，研究者还可以展开更多的应用研究，评估各种文化文本及相关临床实践。例如，临床工作者应该如何对抑郁症和焦虑症的症状进行评估？治疗师如何了解来访者采用了哪些文化文本？治疗师如何利用来访者的信念、态度和症状表现制定相应的、让来访者能更好地理解并且更为接受的治疗方法？这一系列问题均需要进一步的理论与实践研究。

参考文献

康晶，2015，《人际观使中国人偏好躯体化表达》，《中国社会科学报》2015 年 3 月 16 日，第 B01 版。

吕小康、汪新建，2012，《意象思维与躯体化症状：疾病表达的文化心理学途径》，《心理学报》第 44 期，第 276～284 页。

汪新建、何伶俐，2011，《精神疾病诊断标准中的神经衰弱与躯体化的跨文化分歧》，《南京师大学报》（社会科学版）第 5 期，第 113～117 页。

张维熙、沈渔、李淑然等，1998，《中国七个地区精神疾病流行病学调查》，《中华精神科杂志》第 31 期，第 69～71 页。

朱艳丽、汪新建，2011，《躯体化：痛苦表达的文化习惯用语》，《东北大学学报》（社会科学版）第 3 期，第 273～277 页。

American Psychiatric Association. （2013）. *Diagnostic and Statistical Manual of Mental Disorders*, *5th edition*：*DSM － 5*. Washington，DC：American Psychiatric Association.

Blood，A. J. & Zatorre，R. J. （2001）. Intensely pleasurable responses to music correlate with activity in brain regions implicated in reward and emotion. *Proceedings of the National Academy of Sciences*，98，11818 － 11823.

Bower，G. H.，Black，J. B.，& Turner，T. J. （1979）. Scripts in memory for text. *Cognitive Psychology*，11（2），177 － 220.

Bruner，J. S. （1990）. *Acts of Meaning*. Cambridge：Harvard University Press.

Cai，H.，Kwan，V. S.，& Sedikides，C. （2012）. A sociocultural approach to narcissism：The case of modern China. *European Journal of Personality*，26，529 － 535.

Chang，M. X.，Jetten，J.，Cruwys，T.，& Haslam，C. （2017）. Cultural identity and the expression and depression：A social identity perspective. *Journal of Community & Applied Social Psychology*，27，16 － 34.

Chentsova-Dutton，Y.，Chu，J. P.，Tsai，J. L.，Rottenberg，J.，Gross，J. J.，& Gotlib, I. H. (2007). Depression and emotional reactivity: Variation among Asian Americans of East Asian descent and European Americans. *Journal of Abnormal Psychology*, 116, 776 – 785.

Chentsova-Dutton, Y. , Tsai, J. L. , & Gotlib, I. H. (2010). Further evidence for the cultural norm hypothesis: Positive emotion in depressed and control European American and Asian American women. *Cultural Diversity and Ethnic Minority Psychology*, 16, 284 – 295.

Cheung F. M. (1991). Health psychology in Chinese societies in Asia. In Jansen. M. , Wenman, J. (Eds.), *The International Development of Health Psychology* (pp. 63 – 74). Readings, UK: Harwood Academic Press.

Cheung, F. M. (1995). Facts and myths about somatization among the Chinese. In T. Y. Lin, W. S. Tseng, & E. K. Yeh (Eds.), *Chinese Societies and Mental Health* (pp. 156 – 180). Hong Kong: Oxford University Press.

Chiu, C. , Gelfand, M. J. , Yamagishi, T. , Shteynberg, G. , & Wan, C. (2010). Intersubjective culture: The role of intersubjective perceptions in cross-cultural research. *Perspectives on Psychological Science*, 5, 482 – 493.

Clark, A. & Chalmers, D. (1998). The extended mind. *Analysis*, 58, 7 – 19.

Cole, M. (1996). *Cultural Psychology: A Once and Future Discipline.* Cambridge, UK: Cambridge University Press.

Craig, A. D. (2002). How do you feel? Interoception: The sense of the physiological condition of the body. *Nature Reviews Neuroscience*, 3, 655 – 666.

Craig, A. D. (2008). Interoception and emotion: A neuroanatomical perspective. In Lewis M, Haviland-Jones JM, Feldman-Barrett L. (Eds), *Handbook of Emotion* (pp. 272 – 288). New York: Guilford Press.

Craig T. & Boardman A. (1990). Somatization in primary care settings. In C. Bass (Ed.), *Somatization: Physical Symptoms and Psychological Illness* (pp. 73 – 104). Oxford, UK: Blackwell.

Damasio, A. (2003). Feelings of emotion and the self. *Annals of the New York Academy of Science*, 1001, 253 – 261.

Damasio, A. R. , Grabowski, T. J. , Bechara, A. , et al. (2000). Subcortical and cortical brain activity during the feeling of self-generated emotions. *Nature Neuroscience*, 3, 1049 – 1056.

Dennis, C. (2004). Mental health: Asia's tigers get the blues. *Nature*, 429, 696 – 698.

Dere, J. , Falk, C. F. , & Ryder, A. G. (2012). Unpacking cultural differences in alexithymia: The role of cultural values among Euro-Canadian and Chinese-Canadian students. *Journal of Cross-Cultural Psychology*, 43, 1297 – 1312.

Dere, J. , Sun, J. , Zhao, Y. , Persson, T. J. , Zhu, X. , Yao, S. , Bagby, R. M. , & Ryder, A. G. (2013). Beyond "somatization" and "psychologization": Symptom-level variation in depressed Han Chinese and Euro-Canadian outpatients. *Frontiers in Psychology*, 4, 377.

Dere, J., Tang, Q., Zhu, X., Cai, L., Yao, S., & Ryder, A. G. (2013). The cultural shaping of alexithymia: Values and externally-oriented thinking in a Chinese clinical sample. *Comprehensive Psychiatry*, 54, 362 – 368.

DeRubeis, R. J., Siegle G. J., & Hollon, S. D. (2008). Cognitive therapy versus medication for depression: Treatment outcomes and neural mechanisms. *Nature Reviews Neuroscience*, 9, 788 – 796.

DiMaggio, P. (1997). Culture and cognition. *Annual Review of Sociology*, 23, 263 – 287.

Elliot, A. J., Chirkov, V. I., Kim, Y., & Sheldon, K. M. (2001). A cross-cultural analysis of avoidance (relative to approach) personal goals. *Psychological Science*, 12, 505 – 510.

Gardner, R. M., Morrell, J. A., & Ostrowski, T. A. (1990). Somatization tendencies and ability to detect internal body cues. *Perceptual & Motor Skills*, 71, 354 – 366.

Geertz, C. (1973). *The Interpretation of Cultures*. New York: Basic Books.

Gonsalves, B., Reber, P. J., Gitelman, D. R., Parrish, T. B., Mesulam, M., & Paller, K. A. (2004). Neural evidence that vivid imagining can lead to false remembering. *Psychological Science*, 15 (10), 655 – 660.

Hacking, I. (1995). The looping effect of human kinds. In D. Sperber, D. Premack, & A. J. Premack (Eds.), *Causal Cognition: A Multidisciplinary Debate*. Oxford: Oxford University Press.

Hamamura, T. & Xu, Y. (2015). Changes in Chinese culture as examined through changes in personal pronoun usage. *Journal of Cross-Cultural Psychology*, 46, 930 – 941.

Harshaw, C. (2015). Interoceptive dysfunction: Toward an integrated framework for understanding somatic and affective disturbance in depression. *Psychological Bulletin*, 141, 311 – 363.

Heine, S. J. & Norenzayan, A. (2006). Toward a psychological science for a cultural species. *Perspectives on Psychological Science*, 1, 251.

Higgins, E. T., Shah, J., & Friedman, R. (1997). Emotional responses to goal attainment: strength of regulatory focus as a moderator. *Journal of Personality and Social Psychology*, 72, 515 – 525.

Hutchins, E. (1995). *Cognition in the Wild*. Cambridge, MA: MIT Press.

Kashima, Y. (2000). Conceptions of culture and person for psychology. *Journal of Cross-Cultural Psychology*, 31, 14.

Kirmayer, L. J. (2007). Cultural psychiatry in historical perspective. In D. Bhugra, & K. Bhui (Eds.), *Textbook of Cultural Psychiatry* (pp. 3 – 19). Cambridge: Cambridge University Press.

Kirmayer, L. J. & Robbins, J. M. (1991). Three forms of somatization in primary care: Prevalance, co-occurrence, and socio-demographic characteristics. *Journal of Nervous and mental disease*, 179, 647 – 655.

Kirmayer, L. J. & Ryder, A. G. (2016). Culture and psychopathology. *Current Opinion in Psychology*, 8, 143 – 148.

Kleinman, A. (1982) . Neurasthenia and depression: A study of somatization and culture in China. *Culture, Medicine, and Psychiatry*, 6, 117 – 190.

Kleinman A. (1986) . *Social Origins of Distress and Disease: Depression, Neurasthenia, and Pain in Modern China*. New Heaven, CT: Yale University Press.

Lee, A. Y. , Aaker, J. L. , & Gardner, W. L. (2000) . The pleasures and pains of distinct self-construals: The role of interdependence in regulatory focus. *Journal of Personality and Social Psychology*, 78, 1122 – 1134.

Lee, S. (1999) . Diagnosis postponed: Shenjing shuairuo and the transformation of psychiatry in post-Mao China. *Culture, Medicine, and Psychiatry*, 23, 349 – 380.

Lee, S. , Tsang A, Zhang M-Y, et al. (2007) . Lifetime Prevalence and Inter-cohort Variation in DSM-IV Disorders in Metropolitan China. *Psychological Medicine*, 37, 61 – 71.

Leff, J. (1980) . The cross-cultural study of emotions. *Culture, Medicine and Psychiatry*, 1, 317 – 350.

Liu, X. , Kurita, H. , Guo, C. , et al. (2000) . Behavioral and emotional problems in Chinese children: Teacher reports for ages 6 to 11. *Journal of Child Psychology and Psychiatry*, 41, 253 – 260.

Liu, X. , Tein, J – Y. , Zhao, Z. , et al. (2005) . Suicidality and correlates among rural adolescents of China. *Journal of Adolescent Health*, 37, 443 – 451.

Lockwood, P. , Jordan, C. H. , & Kunda, Z. (2002) . Motivation by positive or negative role models: Regulatory focus determines who will best inspire us. *Journal of Personality and Social Psychology*, 83, 854 – 864.

Markus, H. R. & Kitayama, S. (1991) . Culture and the self-implications for cognition, emotion, and motivation. *Psychological Review*, 98, 224 – 253.

Murray, C. J. & Lopez, A. D. (1996) . *The Global Burden of Disease*. Cambridge, MA: Harvard University Press.

Parker, G. , Cheah, Y. C. , & Roy, K. (2001) . Do the Chinese somatize depression? A cross-cultural study. *Social Psychiatry and Psychiatric Epidemiology*, 36, 287 – 293.

Paulus, M. P. & Stein, M. B. (2010) . Interoception in anxiety and depression. *Brain Structure and Function*, 214, 451 – 463.

Phillips MR, Zhang J, Shi Q, et al. (2009) . Prevalence, treatment, and associated disability of mental disorders in four provinces in China during 2001 – 05: An epidemiological survey. *The Lancet*, 373, 2041 – 2053.

Rosenquist, J. N. , Fowler, J. H. , & Christakis, N. A. (2011) . Social network determinants of depression. *Molecular Psychiatry*, 16, 273 – 281.

Ryder, A. G. , Ban, L. M. , & Chentscva-Dutton, Y. E. (2011) . Tawards a Cultural-clinical psychology. *Social and Personality Psychology Compass*, 5 (12), 960 – 975.

Ryder, A. G. & Chentsova-Dutton, Y. E. (2012) . Depression in cultural context: "Chinese somatization," revisited. *Psychiatric Clinics of North America*, 35, 15 – 36.

Ryder, A. G. , Yang, J. , Zhu, X. , Yao, S. , Yi, J. , Heine, S. J. , & Bagby, R. M. (2008) . The cultural shaping of depression: Somatic symptoms in China, psychological symptoms in North America? *Journal of Abnormal Psychology*, 117, 300 – 313.

Shweder, R. A. (1990). Cultural psychology: What is it? In Stigler, J. W., Shweder RA, Herdt, G. (Eds), *Cultural Psychology: Essays on Comparative Human Development*. Cambridge: Cambridge University Press.

Shon, S. P. & Ja, D. Y. (1982). Asian families. In M. McGoldrick, J. K. Pearce, & J. Giordano (Eds.), *Ethnicity and Family Therapy* (pp. 208 – 228). New York: Guilford Press.

Tseng, W. – S. (1975). The nature of somatic complaints among psychiatric patients: The Chinese case. *Comprehensive Psychiatry*, 16, 237 – 245.

Tsoi, W. – F. (1985). Mental health in Singapore and its relation to Chinese culture. In W. – S. Tseng & Y. – H. Wu (Eds.), *Chinese Culture and Mental Health* (pp. 229 – 250). Orlando, FL: Academic Press.

Sun, J. & Ryder, A. G. (2016). The Chinese experience of rapid modernization: Sociocultural changes, psychological consequences? *Frontiers in Psychology*, 7, 1 – 13.

Sun, J. & Wang, X. (2010). Value differences between generations in China: A study in Shanghai. *Journal of Youth Studies*. 13, 65 – 81.

Vygotsky, L. S. (1978). *Mind in Society: The Development of Higher Psychological Processes*. Cambridge, MA: Harvard University Press.

Weissman, M. M., Bland, R. C., Canino, G. J., Faravelli, C., Greenwald, S., Hwu, H. – G., et al. (1996). Cross-national epidemiology of major depression and bipolar disorder. *Journal of the American Medical Association*, 276, 293 – 299.

Wexler, B. E. (2006). *Brain and Culture: Neurobiology, Ideology, and Social Change*. Cambridge, MA: MIT Press.

Wierzbicka, A. (1994). Emotion, language, and cultural scripts. In S. Kitayama, H. Markus (Eds), *Emotion and Culture: Empirical Studies of Mutual Influence* (pp. 133 – 1961). Washington, DC: American Psychological Association.

Xu, Y. & Hamamura, T. (2014). Folk beliefs of cultural changes in China. *Frontiers in Psychology*, 5, 1066.

Yang, L. H. & Kleinman, A. (2008). "Face" and the embodiment of Stigma: Schizophrenia and AIDS in China. *Social Science and Medicine*, 67, 398 – 408.

Yang, Y., Li, H., Zhang, Y., et al. (2008). Age and gender differences in behavioral problems in Chinese children: Parent and teacher reports. *Asian Journal of Psychiatry*, 1, 42 – 46.

Yen, S., Robins, G. J., & Lin, N. (2000). A cross – cultural comparison of depressive symptom manifestation: China and the United States. *Journal of Consulting and Clinical Psychology*, 68 (6), 993 – 999.

Zeng, R. & Greenfield, P. M. (2015). Cultural evolution over the last 40 years in China: Using the Google Ngram Viewer to study implications of social and political change for cultural values. *International Journal of Psychology*, 50, 47 – 55.

Zhou, T. X., Zhang, S. P., Jiang, Y. Q., et al. (2000). Epidemiology of neuroses in a Shanghai community. *Chinese Mental Health Journal*, 14, 332 – 334.

Zhou, X. , Dere, J. , Zhu, X. , Yao, S. , Chentsova-Dutton, Y. E. , & Ryder, A. G. (2011) . Anxiety symptom presentations in Han Chinese and Euro-Canadian outpatients: Is distress always somatized in China? *Journal of Affective Disorders*, 135, 111 – 114.

Zhou, X. , Peng, Y. , Zhu, X. , Yao, S. , Dere, J. , Chentsova-Dutton, Y. E. , & Ryder, A. G. (2016) . From culture to symptom: Testing a structural model of "Chinese somatization". *Transcultural Psychiatry*, 53, 3 – 23.

《中国社会心理学评论》　第 15 辑
第 198~214 页
© SSAP，2018

创伤经历与亲社会行为的
关系及机制评述[*]

许　丹^{**}

摘　要： 本文聚焦于创伤经历带来的积极后果——亲社会行为，对近些年来创伤与亲社会行为关系领域的研究进行了回顾梳理。首先，从个体经历创伤性事件后亲社会行为的增长，以及助人职业者相似的创伤经历两方面论证了创伤经历与亲社会行为之间的联系；其次，介绍了"源自苦难的利他"理论模型的主要观点及对二者关系的阐释，并在此基础上结合亲社会领域最新的研究成果，从情绪、认知、行为和环境四个维度提出了可能的心理机制，包括缓解消极情绪和共情，寻求意义和社会地位，互惠规范和社会学习，劣势处境和敬畏感；最后，文章对该研究领域未来的发展方向、理论与现实意义及文化的调节作用进行了分析和讨论。

关键词： 创伤　亲社会行为　心理机制

一　引言

"天有不测风云，人有旦夕祸福"，人生在世各种天灾人祸总不可避免，日常生活中自然灾害、交通事故、暴力犯罪、虐待、重大疾病等各种

　　* 本研究得到浙江工业大学人文社科预研基金青年项目（GZ152105050800）、应用实验心理北京市重点实验室开放课题（psyklab2015002）的资助。
　** 许丹，浙江工业大学教育科学与技术学院心理学系讲师，应用实验心理北京市重点实验室，email：xudan@ zjut. edu. cn。

突发性、威胁性或灾难性事件更是触目皆是。调查显示，有 67.8% ～ 84.0% 的人一生中至少一次暴露于创伤性事件，约有 1/3 的人经历了四次创伤性事件或更多（Fairbank，2008；Green，1994；Vrana & Lauterbach，1994）。正是因为如此，创伤造成的后果一直都备受心理学家关注，很长一段时间，心理学对创伤的研究主要聚焦创伤带来的负面影响，包括降低幸福感，诱发创伤后应激障碍（PTSD）、焦虑、抑郁、自杀倾向，导致躯体障碍、饮食和睡眠障碍，破坏人际关系和社会功能，增加人际冲突，引发攻击、冲动甚至反社会行为等（APA，2013：265；Norris et al.，2002；Kessler et al.，1995；Maercker et al.，2004；Norris & Elrod，2006）。伴随着积极心理学思潮的兴起，创伤的心理学研究也逐渐转向积极方面，经历创伤除了会造成痛苦和伤害，也会带来个人力量感的提升（sense of increased personal strength）、找到新的可能性（identification of new possibilities）、欣赏生命（increased appreciation of life）、重新排序生活中的优先级（setting of new life priorities）、改善亲密关系（improved closeness of intimate relationships）及积极的精神改变（positive spiritual change）（Tedeschi，Park，& Calhoun，1998；Tedeschi & Calhoun，2004；Linley & Joseph，2004；Zoellner & Maercker，2006；涂阳军、郭永玉，2010）。这些积极变化被视为与创伤抗争的结果，统称为创伤后成长（Posttraumatic Growth，PTG），这一领域的研究主要关注创伤过后个体在自我概念、他人关系和生命哲学三个领域的认知改变（Tedeschi，Park，& Calhoun，1998）。近年来，学者们发现创伤除了可以给个体及其家庭带来成长和改变，还会使整个社会获益，其中包括群体凝聚力（sense of coherence）的增强（McMillen，2004）和亲社会行为的增加。

二　创伤经历与亲社会行为的关系

（一）创伤经历促进亲社会行为

研究发现，自然灾害过后受灾者的亲社会行为有所增加。Kaniasty 等（Kaniasty & Norris，1995）对飓风雨过去一年后 1000 名受灾群众和非受灾群众的调查显示，受灾者表现出更多的助人行为；Rao 等（2011）对 5·12 汶川地震后灾区的研究也发现，灾情越严重的地区，居民的亲社会程度越高，且这一效应在一年后仍稳健存在；李一员对汶川灾区儿童的调查显示，这一结论不只适用于成人，地震同样也会令儿童变得更加慷慨（Li et al.，2013）。这表明，自然灾害造成的恶劣环境使受灾者的亲社会行为增加。

其实，不只是自然灾害，人为造成的恶意伤害也会促进亲社会行为。9·11 恐怖袭击事件发生后，非受袭地区的大学生中有 61.5% 的人曾为受害者提供援助（Piferi，Jobe，& Jones，2006），35%～36% 的人曾为受害者献血、捐钱捐物或参与志愿者活动（Schuster et al.，2001；Wayment，2004），甚至连施舍无家可归者这样以非受害者为救助对象的一般助人行为也有所增长（Yum & Schenck-Hamlin，2005）。Stidham 等（2012）对性暴力幸存者的质性研究发现，他们会参与多种形式的助人活动，如保护儿童、提供指导、选择助人职业、公开发声等。在大规模、持续性的群体性创伤事件后也发现了类似的现象，对克罗地亚战争中儿童的调查显示，在排除年龄增长这一因素后，儿童在战后仍比战前更多参与亲社会行为（Raboteg-Saric，Zuzul，& Kerestes，1994）。由此可见，不论是天灾还是人祸都会带来亲社会行为的普遍增长，受害者在灾难过后会表现出更高的利他性。

由于上述研究大都是针对某一特定的创伤性事件或某一类型创伤性事件展开的，如飓风、地震、恐怖袭击、性侵或战争等，基于这些研究我们暂时还无法得出"创伤经历能促进个体的亲社会行为"的结论，因为这些特定的创伤性事件仅是个例，无法知道这些结论是否具有普遍性，能否推广到其他创伤性事件中，尤其是那些更为常见的、独自经历的创伤，是否也有同样的效果。此外，这些研究大多在创伤性事件刚刚发生过之后进行，无法区分亲社会行为的增长是源自情境的需求还是创伤性事件带来的心理改变。直到近几年，才开始有学者关注个体的创伤经历与亲社会行为之间的联系，并从研究方法和研究思路上进行了一些改进，比如 Frazier 及其合作者（2013）对 1528 名大学生进行了在线调查，发现经历创伤性事件的数量的确能有效预测一个人亲社会活动的参与情况，具体地说，就是个体经历的创伤性事件愈多，短期（过去两周内）的助人行为和长期（过去一年内）的志愿活动就愈频繁，即使在控制了宜人性、共情、宗教信仰、外倾性和性别等亲社会行为的重要影响因素之后，二者之间仍存在显著正相关。追踪研究也显示，过去两个月经历过创伤性事件的创伤组的日常助人行为显著多于非创伤对照组。此外，还有两项研究也得出了类似的结论，有创伤史的个体比没有创伤史的个体更愿意帮助别人（Joseph，2014）；经历过苦难的个体比未经历者展现出的亲社会态度和行为更多，其中既包括了日常的志愿者行为，也有危急时刻的紧急援助（Vollhardt &

Staub，2011）。Von 等则通过实验研究证实，急性应激（acute stress）能够增加男性在随后博弈任务中的亲社会行为，而对反社会行为和非社会行为则无影响（Von et al.，2012）。综合上述证据，创伤经历的确会促进个体亲社会行为的表现。

（二）助人职业者相似的创伤遭遇

另外一些线索也提示我们创伤经历与利他之间存在联系。对助人职业者的调查显示，创伤性事件在心理咨询师、医务人员和社会工作者中的发生率普遍高于常人（许丹、李强，2018），国外研究显示约有 1/3 的男性临床心理学家和心理咨询师曾遭受过某种形式的躯体虐待或性虐待，这一比例在女性中更是高达 69.93%（Pope & Vasquez，1998）；心理治疗师儿童时期父母死亡、长期患病、离婚或分居的比例高于同等学力的物理学家（Fussell & Bonney，1990）；心理卫生职业女性遭受躯体虐待、性骚扰、家庭成员患病或伤亡的可能性较其他职业女性更大（Elliott & Guy，1993）；有志于临床工作的心理学学生童年被性虐待或忽视的比例显著高于非临床志向的心理学学生和商科学生（Nikcevic，Advani，& Spada，2007）；护理专业学生经历的负性生活事件更多（Phillips，1997）；社会工作专业学生也比非社工专业学生经历了更多心理创伤（Black，Jeffreys，& Hartley，1993；Vincent，1996）。国内的研究也发现，心理咨询师经历的挫折和创伤明显多于教师和工程师（许丹、李强，2014）。我们熟悉的著名心理治疗大师森田正马、阿德勒、弗兰克尔等都是在总结自我治疗经验的基础上发展出了各自的心理治疗理论（许丹、李强，2012），他们因此而被称为"受伤的治疗者"（wounded healer）（Sedgwick，1994）。这表明，经历创伤性事件较多的个体更倾向于从事为他人提供支持或帮助的职业，亦即具有更高的亲社会性。

三　理论模型——源自苦难的利他（ABS）

针对遭受了苦难之后的个体变得特别有动力帮助别人这类现象，Staub（2003，2005）提出了"源自苦难的利他"（Altruism Born of Suffering，ABS）这一术语用来指代"许多遭受忽视、躯体或性虐待、迫害、折磨或种族灭绝的幸存者宁愿将自己奉献给有意义的助人事业，而不是对世界充满敌对和报复"。

Vollhardt（2009）则在这一概念的基础上进一步构建了"源自苦难的

利他"理论模型，来组织和解释相关的经验性研究。模型由四部分组成：作为预测变量的创伤性事件、作为结果变量的亲社会行为、解释二者关系的动机过程（中介变量）以及增强和抑制二者关系的意志过程（调节变量）（见图 1）。在模型中，他将苦难细分为：(a) 单独经历的或共同经历的；(b) 伤害的施加是故意的还是无意的。这两个维度共同决定了伤害造成的心理和社会影响，以及这种影响的范围。亲社会行为则按照情境的不同分成：(a) 时间点：亲社会行为是对当前情境的即时反应，或者创伤性事件之后一段时间内的长期效应；(b) 助人的层次：个体之间的帮助或集体性的援助；(c) 群体成员：帮助对象是内群体成员还是外群体成员；(d) 命运相似，即帮助与自己经历了相同事件的人，或帮助那些遭遇其他不幸的人——命运不同者。其中，前两个维度有关帮助的类型，从不幸事件发生当事人与人之间的互相帮助，到对曾经遭受苦难者的集体性援助；后两个维度则与受助者的特征有关，从狭隘地帮助有着相同命运的内群体成员，到慷慨援助有着不同遭遇的外群体成员。

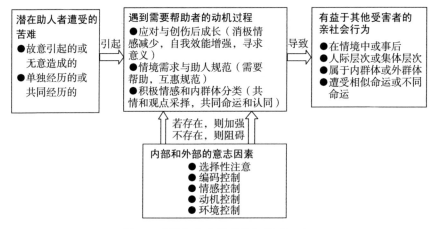

图 1　"源自苦难的利他"模型示意

资料来源：Vollhardt，2009。

　　"源自苦难的利他"理论模型的核心假设是：经受过苦难的个体的亲社会行为可能的确是由他们的不幸遭遇推动的；而模型要解决的首要问题是：痛苦经历到底促发了怎样的认知和情感过程，进而增强了个体帮助别人的动机。模型中提供的动机解释既有临床心理学的观点也有社会心理学的视角。临床心理机制包括助人是对不幸的应对、痛苦过后的意义寻求和创伤后成长；社会心理学的观点则涉及规范和情境激发了帮助需求，感知到的相似性增强了个体对其他受害者的共情或观点采择，以及因共同命运或共享不幸经历而将他人视为内群体成员（Vollhardt，2009）。

除了对"源自苦难的利他"的发生机制提出了解释，Vollhardt（2009）也指出经历苦难并不总是产生利他行为，这是因为意志因素起着调节作用，妨碍了某些动机趋势发展为行动。Kuhl（1987）描述了几种有助于维持和保护动机活性的策略，同样也适用于该模型，分别是：（1）选择性注意（selective attention），意指对维持助人动机相关信息的关注；（2）编码控制（encoding control），是对助人动机相关情境特征的识别；（3）情感控制（emotion control），指对可能会削弱助人意向的消极情感的管理；（4）动机控制（motivation control），鉴于存在竞争性的意向和目标（如个体自身的康复），动机控制可以确保对助人动机的信心；（5）环境控制（environmental control），搜索周围的环境以获得对帮助受害者意向的支持。

"源自苦难的利他"模型以大量的实证研究为基础，综合了社会心理学和临床心理学的观点，对于帮助我们理解创伤性事件为何会引发受害者的亲社会行为提供了一个全面而系统的框架。

四　创伤经历促进亲社会行为的心理机制

综合"源自苦难的利他"模型中提到的动机过程及亲社会行为领域的新近研究成果，我们认为可以从情绪、认知、行为和环境四个维度来理解创伤促进亲社会行为的发生机制。

（一）创伤所致的情绪变化引发亲社会行为

1. 缓解消极情绪

根据 Cialdini 等（1981）提出的消极情绪缓解假说（Negative-State Relief Hypothesis），悲伤或忧伤这种暂时的情绪状态能增加成人的帮助行为（Cialdini，Kenriek，& Baumann，1982；Rosenhan et al.，1981），尤其当悲伤是由他人困境造成的时候（Thompson，Cowan，& Rosenhan，1980），帮助对方摆脱困境就成为缓解自己悲伤情绪的主要途径。Telle 和 Pfister（2012）发现消极情绪能够直接导致更多的亲社会行为，利他作为缓解消极情绪情感的自助手段可以减轻行为者的痛苦（谢晓菲，2013），不论是捐款还是做志愿者都能降低自己的负性情绪，而对他人的情绪评估没影响，利他意愿可以显著降低负性情绪（杨牧贞、陈沐新，2011）。

助人不仅能减轻因共情而感受到受困者的痛苦，还能降低创伤所致的悲伤、痛苦、恐惧等负面情绪。对 9·11 恐怖袭击事件替代性受害者（vicarious victims）的调查显示，恐怖袭击后最常见的助人行为是捐款、祈祷和献血，主要的助人动机是缓解自己的痛苦、缓解他人的痛苦，个体的痛苦程度越高，帮助其他人的可能性就越大（Piferi，Jobe，& Jones，2006；Schuster et al. ，2001；Wayment，2004）；而一年过后，维持助人行为的动机仅剩缓解他人痛苦，痛苦驱动了亲社会行为，亲社会行为又提升了个人的幸福感（Piferi，Jobe，& Jones，2006；Dunn，Aknin，& Norton，2008；Aknin et al. ，2013）。

2. 共情

Batson 等（1991）提出的共情 – 利他假说（Empathy-Altruism Hypothesis）认为利他行为的发生是由于我们对他人的需要产生了共情，即以他们的方式体验他们正在经历的事件和情感。共情对利他行为的促进作用已得到大量研究证实（Sturmer，Snyder，& Omoto. ，2005；Batson，2010；丁凤琴、陆朝晖，2016）。Tedeschi 等（1998）提出创伤可能是一种共情训练，经历了创伤性事件后，个体的共情能力会得到提升，能更敏锐地觉察并深切地感受他人的痛苦，当目睹他人处于困境时，经历过创伤的人的敏锐和感同身受更可能促使他们伸出援手。有证据显示，主观体验到的创伤痛苦（subjective traumatic suffering）和客观上的创伤严重程度（objective trauma severity）均可预测创伤后成长和共情，而后者又能预测个体的亲社会倾向（El-Gabalawy，2010）。

（二）亲社会行为是经历创伤之后寻求意义或社会地位的结果

1. 意义寻求（search for meaning）

Janoff-Bulman（1992）破碎的假设理论（Shattered Assumption Theory）认为，创伤击碎了我们关于世界和自我的基本假设：世界是美好、安全和仁慈的；我是有价值的好人；世界是有意义的，即我们与世界之间有关联，且这种关联能被发现和理解（如善有善报）。创伤性事件的发生却迫使我们不得不面对世界的无意义——世界是没有秩序、不安全、无法预测、不可控的，创伤随机发生，与我们是什么样的人没有任何联系。这种无意义感让人感到沮丧、痛苦和恐惧，我们希望通过寻求生命意义、建立自我价值来重建意义感，而亲社会行为正是我们与他人建立联结的方式，帮助别人使我们感受到自身的价值和重要性，是我们重建对世界的理解、寻求生命意义的重要途径。Midlarsky（1991）提出助人行为可以使人将注意的焦点转移，不一直放在自己的问题上，因此而增加人生的意义与自我效能。Clary 等（1998）也指出，担任志愿者可以使自己感到不孤单，获得生活经验而有助于生涯规划，同时也可以让人认识到自己的重要性而有助于自我成长。创伤性事件还常常威胁到个人的生命和安全，有关恐惧管理（Terror Management）的研究也表明死亡提示能增加个体的亲社会行为（Jonas et al.，2002），不论个体原来的价值取向如何，死亡凸显（Mortality Salience）都能使人变得更亲社会（Joireman & Duell，2005，2007）。

2. 寻求社会地位

近年来，基于进化生物学发展出的代价信号理论（Costly Signaling Theory）对利他行为的成因提出了另一种解释，他们认为利他行为在人际沟通中传达了一些信息，不仅向他人传递了一个人的亲社会性，还展现了一个人承担成本的能力（Bird & Smith，2005），彰显自己拥有的资源和积极品质（Van Vugt & Hardy，2010），如充足的时间、精力、钱或其他宝贵资源来负担这些成本（Griskevicius et al.，2007），表明自己有能力并且愿意为了他人福祉牺牲自身利益（Griskevicius，Tybur，& Van，2010），并借此获得更高的社会地位和自我价值感。Griskevicius 等（2010）已证实，激发地位动机能增强个体购买环保产品的意愿。据此，我们推测创伤性事件会造成个体无力感和无助感的增强，而亲社会行为所带来的社会地位的提升或许可以补偿创伤的挫败感，重新赢得他人的尊重和自我的价值。

（三）亲社会行为是创伤后受助经历引发的互惠或学习效应

1. 互惠规范（reciprocity norms）

互惠规范是指帮助他人能增加我们受助的可能性，换句话说，受助能增加我们助人的可能性。经历了创伤性事件的受害者常常会获得别人的热心帮助，受助经历不仅帮助他们渡过难关，也让他们心生感恩，产生回报恩惠的动机。研究发现，受益于心理咨询的体验在咨询师选择助人职业的决策中起着重要作用（Corey & Corey，2003）；互惠规范也能很好地解释在战争或自然灾害中频发的互助行为（Kahana et al.，1985；Kaniasty & Norris，1995），受助激发的报恩动机，不仅局限于对施助者的回报，还能扩展到有着相似遭遇或是需要帮助的其他人，是从受助转变为施助的最初动力（Jeffrey A. Kottler，2005：200）。

2. 社会学习

根据 Bandura 的社会学习理论，我们可以通过观察他人的行为来学习亲社会行为。遭遇创伤后受助或目睹他人受助的经历为受害者提供了观察学习和获得替代性强化的机会，受害者认同施助者的助人行为，将其视为学习的榜样或模仿的对象，并在其他需求情境中表现出利他行为。许多受难者都遇到了利他角色榜样（Raboteg-Saric, Zuzul, & Kerestes, 1994; Seagle, Jessee, & Nagy, 2002），帮助别人带来的满足感也强化了助人者表现出亲社会行为。Krous 和 Nauta（2005）的研究发现，父母中有一方从事教育或助人职业能预测助人相关专业大学生服务于缺乏照顾人群（underserved populations，包括少数种族、老年人、低收入者、无家可归者、在乡下和市中心贫民区生活的居民以及严重精神疾患者）的意愿。

（四）创伤性事件引发的环境改变激发了亲社会行为

1. 劣势处境

创伤性事件对个体处境的改变也可能是诱发亲社会行为的原因之一。对于大学生群体和儿童的研究都发现，在处于劣势时，个体的亲社会性更高。乐国安和李文姣（2010）采用内隐联想测验（IAT）比较了贫困大学生和非贫困大学生的内隐亲社会性，发现前者显著高于后者；Han 等（2009）的研究也显示，在劣势情况下（不在自己的地盘上或在最后通牒博弈中不具有决定权）儿童会表现得更亲社会。个体的社会经济地位（Socioeconomic Status, SES）与亲社会行为也存在关联，低 SES 个体虽然拥有的资源更少、控制感更低，面临的威胁更多，却更加亲社会（Piff et al. , 2010）。基于这些证据，我们推测创伤造成的不利处境或社会经济地位的降低都可能引发个体表现出更多的亲社会行为。

2. 敬畏感

水火无情，自然灾害常会令我们感受到身为人类的渺小，同时也由衷地对大自然心生敬畏。研究发现自然情境引发的敬畏感能激发自我的渺小感，即感受到自己是更大物体如社区、文化、人类或自然的一个部分或成员。参照比自己更巨大更有力量的对象而产生的自我感削弱感，让个体感受到个人的存在和目标变得不再重要，激发了社会联结的动机，进而增加了亲社会行为（Piff et al. , 2015）；产生敬畏感的个体愿意在慈善团体上投入更多时间（Rudd, Vohs, & Aaker. , 2012）。虽然关于敬畏感的研究才刚刚起步，但或许可以解释自然灾害类的创伤性事件对亲社会行为的促进作用。

五　思考及启示

纵观国内外关于创伤经历与亲社会行为的研究不难发现，二者的关系已经得到了大量直接或间接证据的支持，也有学者提出应将亲社会行为的增长列为创伤后成长的表现之一（Vollhardt，2009），这为我们深入理解和探究这一现象奠定了重要的基础，但仍存在进一步发展的空间。

首先，在研究方法上，现有研究仍以访谈和问卷调查为主，实验研究的缺位使得暂时还难以做出因果推论，即创伤经历是不是亲社会行为增长的原因？已有几项准实验研究试图做出回答，或通过创伤组与非创伤组的对比（Frazier et al.，2013；Joseph，2014；Vollhardt & Staub，2011），或利用人为创设的急性应激情境（Von et al.，2012），但由于缺乏对自变量的严格操纵和控制，或受被试样本性别单一所限，尚无法得出确定结论。由于对创伤的操纵存在困难和伦理风险，发展出一个既不违背研究伦理又具有良好生态效度的研究范式是方法上要突破的首要难题，Von 等采用的群体 Trier 社会应激测验（Trier Social Stress Test for Groups，TSST－G），以社会焦虑情境来操纵急性应激体验是一次富于启发的尝试（Von et al.，2012）。鉴于创伤与应激在强度和影响上均存在差异，在不施加新伤害的情况下，借鉴情绪领域的实验范式，利用被试过往的创伤经历，操纵和改变创伤体验以观测其对随后被试亲社会程度的影响或许是一条可以尝试的途径。

其次，"源自苦难的利他"模型仍需要实证研究的检验。尽管已经有几项研究对模型中的某些部分进行了验证（Frazier et al.，2013；Joseph，2014；Vollhardt & Staub，2011），但仍有许多内容有待检验。不论是社会心理学中的经典议题——亲社会行为，还是临床心理学上对创伤的探讨，都涉及大量庞杂的文献资料，要搞清创伤性事件经历者怎样从痛苦无助的受害者转变为主动给予的利他者，哪些关键要素促发了这一转变，不同类型的创伤与亲社会行为的关系是否存在差异，例如，人为故意施加的伤害和自然灾害与亲社会倾向或行为的关系是否相同？这些问题都需要大量深入细致的研究去回答，而本文所提到的寻求社会地位、劣势处境及敬畏感等影响因素也进一步丰富了"源自苦难的利他"理论模型。

再次，关于创伤经历和亲社会行为关系机制的研究不均衡。已有研究主要集中在情绪路径方面，在共情和缓解消极情绪上均已得到一些实证研究支持（Frazier et al.，2013；Vollhardt & Staub，2011；El-Gabalawy，2010），但对寻求意义和社会地位、互惠规范和社会学习，以及劣势处境和敬畏感等认知、行为和环境路径鲜有涉及。造成这一状况既有情绪情感状态在研究中更容易观测的现实考虑，也有方法上缺乏有效措施将不同路径机制的作用区分开来，以观测和评估其独立影响的不足，而后者的解决仍有赖于研究范式和方法上的突破。尤其是创伤后的受助经验，是不是影响个体创伤后亲社会行为表现的关键，仍需进一步研究的检验。

最后，基于文化的思考。尽管来自不同国家的证据都显示创伤经历与亲社会行为之间的正向联系，我们却不能将其化约为一条普适规律，而要看到这一关系背后潜藏的复杂性。个体是无法脱离所根植的文化土壤而存在的，文化影响着个体的心理与行为，塑造了个体对创伤的体验、认知、意义及反应（Ethan Watters，2016：64～126）。不同文化下，创伤对亲社会行为的促进程度是否相同？创伤后相似的亲社会行为增长背后是否有着类似的心理机制？从全世界范围来看，不同的国家、民族、地区经历灾祸的数量存在差异，由于地理位置或政治历史等原因，有些民族和地区的人民比其他人经历了更多的灾难或战争，集体性的创伤经验作为文化的一个部分，是否会影响身处其中的个体对创伤的感受、信念和反应，以及创伤过后的亲社会程度和行为表现？文化差异还表现在思维方式和宗教信仰方面。如辩证思维强调变化、矛盾和普遍联系，"祸兮福之所倚，福兮祸之所伏""否极泰来""塞翁失马，焉知非福""大难不死，必有后福"等谚语都告诉我们坏与好、凶与吉、祸与福本就是一体两面，灾祸和苦难中也蕴含着幸福。美国 PTSD 流行病学调查发现以辩证思维为主的亚裔 PTSD 患病率显著低于白人、拉丁裔、非裔和印第安人（美国精神医学学会，2016：268），辩证思维有助于提升宽恕水平（梁芳美，2013：15～35），降低攻击性倾向（张晓燕、高定国、傅华，2011）。在宗教信仰方面，佛教和印度教中都具有因果报应、重生和转世轮回等观念，这些信念呈现对痛苦和苦难的主动接纳，对于个体应对创伤具有一定的保护性作用。研究发现，佛教和印度教传统的孩童在经历战争和暴力的时候，相较于基督教传统下的孩童更少产生抑郁，即使前者经历了更多的战争，目睹了更多的爆炸（转引自 Ethan Watters，2016：89）。关注文化，以及文化对于我们感受、思维和行为的影响可以让我们在探究创伤与亲社会行为的关系及其机制时形成更深入、更丰富的洞察。

综上所述，尽管对于创伤经历与亲社会行为关系的研究才刚刚开始，面临着许多困难与挑战，但意义和价值也同样令人瞩目。作为临床心理学和社会心理学的交叉领域，对这一关涉两个领域核心概念之间关系的探究将使两个领域都大获裨益，既能够促进我们对于亲社会行为形成原因和产生机制的理解（罗晓路、曾盼盼，2012），又可以加深和拓展对创伤带来的心理反应的认识，为创伤后成长（PTG）提供新的证据。理解二者的关系、机制及调节效应是预测和干预的前提，从个体层面来看，这将有助于帮助创伤受害者摆脱伤痛，增强适应力，提升幸福感、自我价值感和人生

意义；从社会层面来看，可以为心理咨询师、社会工作者、慈善组织和
NGO 等在危机干预、灾后重建、群体事件应对等方面提供行动指导和工作
指南，为管理部门制定公共政策提供科学依据，将一生中不可避免的灾祸
转变成促进个人成长幸福、使社会凝聚互助的有益资源。

参考文献

安媛媛、李秋伊、伍新春，2015，《自然灾害后青少年创伤后成长的质性研究——以汶
　　川地震为例》，《北京师范大学学报》（社会科学版）第 6 期，第 107～113 页。

丁凤琴、陆朝晖，2016，《共情与亲社会行为关系的元分析》，《心理科学进展》第 8
　　期，第 1159～1174 页。

Ethan Watters，2016，《像我们一样疯狂——美式心理疾病的全球化》，黄晓楠译，北京
　　师范大学出版社。

Jeffrey A. Kottler，2005，《心理治疗师之路》，林石南、黄秀琴、黄思旅译，中国轻工
　　业出版社。

李一员，2013，《自然灾难改变儿童的利他行为》，博士学位论文，西南大学。

梁芳美，2013，《辩证思维的启动及辅导对宽恕的影响研究》，硕士学位论文，广西师
　　范大学教育科学学院。

林升栋，2014，《阴阳转换思维与看人感知的关系初探》，载杨中芳、韦庆旺主编《中
　　国社会心理学评论》第七辑，社会科学文献出版社，第 78～88 页。

罗晓路、曾盼盼，2012，《亲社会行为：微观水平和宏观水平结合的研究》，《黑龙江社
　　会科学》第 3 期，第 91～95 页。

美国精神医学学会，2016，《精神障碍诊断与统计手册（第五版）DSM－5》，张道龙
　　等译，北京大学出版社。

涂阳军、郭永玉，2010，《创伤后成长：概念、影响因素、与心理健康的关系》，《心理
　　科学进展》第 1 期，第 114～122 页。

谢晓菲，2013，《利他行为仅仅利他吗》，第十六届全国心理学学术会议论文，江苏
　　南京。

许丹、李强，2012，《为什么成为心理治疗师/咨询师——心理治疗师/咨询师的职业动
　　机研究评述》，《中国临床心理学杂志》第 5 期，第 737～742 页。

许丹、李强，2014，《心理咨询师的职业选择？——与教师、工程技术人员的比较》，
　　《中国临床心理学杂志》第 3 期，第 546～551 页。

许丹、李强，2018，《心理动力学视角下的创伤经历与助人职业偏好》，《南开学报》
　　（哲学社会科学版）第 4 期，第 91～99 页。

杨牧贞、陈沐新，2011，《利他意愿在调节负向情绪上的效果》，《教育心理学报》（台
　　北）第 4 期，第 701～718 页。

杨中芳，2010，《中庸实践思维体系探研的初步进展》，《本土心理学研究》（台北）第
　　34 期，第 3～96 页。

乐国安、李文姣，2010，《弱势引发亲社会行为——来自贫困大学生的实证研究》，《南开学报》（哲学社会科学版）第 6 期，第 63～68 页。

张晓燕、高定国、傅华，2011，《辩证思维降低攻击性倾向》，《心理学报》第 1 期，第 42～51 页。

Aknin, L. B., Barrington-Leigh, C. P., Dunn, E. W., Helliwell, J. F., Biswas-Diener, R., Kemeza, I., & Ashton-James, C. (2013). Prosocial spending and well-being: Cross-cultural evidence for a psychological universal. *Journal of Personality and Social Psychology*, 104 (4), 635 – 652.

American Psychiatric Association (APA). (2013). *Diagnostic and Statistical Manual of Mental Disorders: DSM – 5* (pp. 265). American Psychiatric Association.

Batson, C. & Oleson, K. (1991). Current status of the empathy-altruism hypothesis. In M. S. Clark (Ed.), *Prosocial Behavior* (pp. 62 – 85). Sage.

Batson, C. D. (2010). Empathy-induced altruistic motivation. In M. Mikulincer & P. R. Shaver (Eds.), *Prosocial Motives, Emotions, and Behavior: The Better Angels of Our Nature* (pp. 15 – 34). American Psychological Association.

Bird, R. & Smith, E. A. (2005). Signaling theory, strategic interaction, and symbolic capital. *Current Anthropology*, 46, 221 – 248.

Black, P. N., Jeffreys, D., & Hartley, E. K. (1993). Personal history of psychosocial trauma in the early life of social work and business students. *Journal of Social Work Education*, 29 (2), 171 – 180.

Cialdini, R. B., Baumann, D. J., & Kenriek, D, T. (1981). Insights from sadness: A three-step model of the development of altruism as hedonism. *Developmental Review*, 1, 207 – 223.

Cialdini, R. B., Kenriek, D. X., & Baumann, D. J. (1982). Effects of mood on prosocial behavior in children and adults. In N. Eisenberg (Ed), *The Development of Prosocial Behavior* (pp. 339 – 359). Academic Press.

Clary, E., Snyder, M., Ridge, R. D., Copeland, J. T., Stukas, A. A., Haugen, J. A., & Miene, P. (1998). Understanding and assessing the motivations of volunteers: A functional approach. *Journal of Personality and Social Psychology*, 74 (6), 1516 – 1530.

Corey, M. S. & Corey, G. (2003). *Becoming a Helper* (4th ed.) (pp. 4 – 7). Brooks/Cole.

Dunn, E. W., Aknin, L. B., & Norton, M. I. (2008). Spending money on others promotes happiness. *Science*, 319, 1687 – 1688.

Elliott, D. M. & Guy, D. (1993). Mental health professionals versus non-mental-health professionals: Childhood trauma and adult functioning. *Professional Psychology: Research and Practice*, 24 (1), 81 – 91.

El-Gabalawy, R. (2010). *Prosocial Reactions to Traumatic Experiences* (Master's thesis). University of Manitoba. Retrieved from https://mspace.lib.umanitoba.ca/handle/1993/4108.

Fairbank, J. A. (2008). The epidemiology of trauma and trauma related disorders in children and youth. *PTSD Research Quarterly*, 19 (1), 1 – 8.

Frazier, P. , Greer, C. , Gabrielsen, S. , Tennen, H. , Park, C. , & Tomich, P. (2013) . The relation between trauma exposure and prosocial behavior. *Psychological Trauma: Theory, Research, Practice, and Policy*, 5 (3), 286 – 294.

Fussell, F. W. & Bonney, W. C. (1990) . A comparative study of childhood experiences of psychotherapists and physicists: Implications for clinical practice. *Psychotherapy*, 27 (4), 505 – 512.

Green, B. L. (1994) . Psychosocial research in traumatic stress: An update. *Journal of Traumatic Stress*, 7 (3), 341 – 362.

Griskevicius, V. , Tybur, J. M. , Sundie, J. M. , Cialdini, R. B. , Miller, G. F. , & Kenrick, D. T. (2007) . Blatant benevolence and conspicuous consumption: When romantic motives elicit strategic costly signals. *Journal of Personality and Social Psychology*, 93 (1), 85 – 102.

Griskevicius, V. , Tybur, J. M. , & Van, D. B. B. (2010) . Going green to be seen: Status, reputation, and conspicuous conservation. *Journal of Personality and Social Psychology*, 98 (3), 392 – 404.

Han, R. , Li, S. , & Shi, J. N. (2009) . The territorial prior-residence effect and children's behavior in social dilemmas. *Environment & Behavior*, 41 (5), 644 – 657.

Janoff-Bulman, R. (1992) . *Shattered Assumption: Towards a New Psychology of Trauma* (pp. 49 – 90) . Free Press.

Joireman, J. & Duell, B. (2005) . Mother Teresa versus Ebenezer Scrooge: Mortality salience leads proselfs to endorse self-transcendent values (unless proselfs are reassured) . *Personality and Social Psychology Bulletin*, 31 (3), 307 – 320.

Joireman, J. & Duell, B. (2007) . Self-transcendent values moderate the impact of mortality salience on support for charities. *Personality and Individual Differences*, 43 (4), 779 – 789.

Jonas, E. , Schimel, J. , Greenberg, J. , & Pyszczynski, T. (2002) . The Scrooge effect: Evidence that mortality salience increases prosocial attitudes and behavior. *Personality and Social Psychology Bulletin*, 28 (10), 1342 – 1353.

Joseph, A. B. (2014) . *Childhood Trauma, Self-esteem, and Helping Behaviors: Does History of Trauma Predict Helping* (Master's thesis) . Georgia Southern University. Retrieved from https://digitalcommons. georgiasouthern. edu/etd/1130/.

Kahana, B. , Kahana, E. , Harel, Z. , & Segal, M. (1985) . The victim as helper: Prosocial behavior during the Holocaust. *Humboldt Journal of Social Relations*, 13 (1/2), 357 – 373.

Kaniasty, K. & Norris, F. (1995) . In search of altruistic community: Patterns of social support mobilization following Hurricane Hugo. *American Journal of Community Psychology*, 23 (4), 447 – 477.

Kaniasty, K. , & Norris, F. (1995) . Mobilization and deterioration of social support following natural disasters. *Current Directions in Psychological Science*, 4 (3), 94 – 98.

Kessler, R. C. , Sonnega, A. , Bromet, E. , & Nelson, C. B. (1995) . Posttraumatic stress disorder in the National Comorbidity Survey. *Archives of General Psychiatry*, 52 (12), 1048 – 1060.

Krous, T. M. D. & Nauta, M. M. (2005). Values, motivations, and learning experiences of future professionals: Who wants to serve underserved populations. *Professional Psychology: Research and Practice*, 36 (6), 688 – 694.

Kuhl, J. (1987). Action control: The maintenance of motivational states. In F. Halisch, & J. Kuhl (Eds.), *Motivation, Intention, and Volition* (pp. 279 – 291). Springer.

Li, Y., Lee. K., Decety, J., & Li, H. (2013). Experiencing a natural disaster alters children's altruistic giving. *Psychological Science*, 24 (9), 1686 – 1695.

Linley, P. A. & Joseph, S. (2004). Positive change following trauma and adversity: A review. *Journal of Traumatic Stress*, 17 (1), 11 – 21.

Maercker, A., Michael, T., Fehm, L., Becker, E. S., & Margraf, J. (2004). Age of traumatisation as a predictor of post-traumatic stress disorder or major depression in young women. *British Journal of Psychiatry*, 184 (6), 482 – 487.

McMillen, J. C. (2004). Posttraumatic growth: What's it all about. *Psychological Inquiry*, 15 (1), 48 – 52.

Midlarsky, E. (1991). Helping as coping. In M. S. Clark (Ed.), *Prosocial Behavior* (pp. 238 – 264). Sage.

Nikcevic, A. V., Advani, J. K., & Spada, M. M. (2007). Early childhood experiences and current emotional distress: What do they tell us about aspiring psychologists. *The Journal of Psychology*, 141 (1), 25 – 34.

Norris, F., Friedman, M., Watson, P., Byrne, C., Diaz, E., & Kaniasty, K. (2002). 60000 disaster victims speak: Part I and II. An empirical review of the empirical literature, 1981 – 2001. *Psychiatry*, 65 (3), 207 – 239.

Norris, F. H. & Elrod, C. L. (2006). Psychosocial consequences of disaster: A review of past research. In F. H. Norris, S. Galea, M. J. Friedman, & P. J. Watson (Eds.), *Methods for Disaster Mental Health Research* (pp. 20 – 42). The Guilford Press.

Peng, K. & Nisbett, R. E. (1999). Culture, dialectics, and reasoning about contradiction. *American Psychologist*, 54 (9), 741 – 754.

Phillips, P. (1997). A comparison of the reported early experiences of student nurses with those of a group of people outside the helping professions. *Journal of Advanced Nursing*, 25 (2), 412 – 420.

Piferi, R., Jobe, R., & Jones, W. (2006). Giving to others during national tragedy: The effects of altruistic and egoistic motivations on long-term giving. *Journal of Social and Personal Relationships*, 23 (1), 171 – 184.

Piff, P. K., Kraus, M. W., Côté, S., Cheng, B. H., & Keltner, D. (2010). Having less, giving more: The influence of social class on prosocial behavior. *Journal of Personality and Social Psychology*, 99 (5), 771 – 784.

Piff, P. K., Dietze, P., Feinberg, M., Stancato, D. M., & Keltner, D. (2015). Awe, the small self, and prosocial behavior. *Journal of Personality and Social Psychology*, 108

（6），883－899.

Pope, K. S. & Vasquez, M. J. （1998）. *Ethics in Psychotherapy and Counseling: A Practical Guide (Second Edition)* (pp. 89－145) . Jossey-Bass.

Raboteg-Saric, Z. , Zuzul, M. , & Kerestes, G. （1994）. War and children's aggressive and prosocial behaviour. *European Journal of Personality*, 8 (3), 210－212.

Rao, L. L. , Han, R. , Ren, X. P. , Bai, X. W. , Zheng, R. , Liu, H. , …Li, S. （2011）. Disadvantage and prosocial behavior: The effects of the Wenchuan earthquake. *Evolution and Human Behavior*, 32 (1), 63－69.

Rosenhan, D. L. , Karykwski, J. , Salovey, P. , & Hargis, K. （1981）. Emotion and altruism. In J. P. Rushton & R. M. Sorrentino (Eds.), *Altruism and Helping Behavior* (pp. 233－248) . Erlbaum.

Rudd, M. , Vohs, K. D. , & Aaker, J. （2012）. Awe expands people's perception of time, alters decision making, and enhances well-being. *Psychological Science*, 23 (10), 1130－1136.

Seagle, H. , Jessee, P. , & Nagy, M. （2002）. Altruism: Choices of healthy and chronically ill children. *Early Child Development and Care*, 172 (6), 573－583.

Sedgwick, D. （1994）. *The Wounded Healer: Countertransference from a Jungian Perspective.* Routledge.

Schuster, M. A. , Stein, B. D. , Jaycox, L. H. , Collins, R. L. , Marshall, G. N. , Elliott, M. N. , …Berry, S. H. （2001）. A national survey of stress reactions after the September 11, 2001, terrorist attacks. *New England Journal of Medicine*, 345 (20), 1507－1512.

Silver, R. C. & Updegraff, J. A. （2013）. Searching for and finding meaning following personal and collective traumas. In Lindberg, M. J. (Ed.), *The Psychology of Meaning* (pp. 237－255) . American Psychological Association.

Staub, E. （2003）. *The Psychology of Good and Evil: Why Children, Adults, and Groups Help and Harm Others* (pp. 540) . Cambridge: Cambridge University Press.

Staub, E. （2005）. The roots of goodness: The fulfillment of basic human needs and the development of caring, helping and nonaggression, inclusive caring, moral courage, active bystandership, and altruism born of suffering. In G. Carlo & C. Edwards (Eds.), *Moral Motivation Through the Life Span* (pp. 33－72) . University of Nebraska Press.

Stidham, A. W. , Draucker, C. B. , Martsolf, D. S. , & Mullen, L. P. （2012）. Altruism in survivors of sexual violence: The typology of helping others. *Journal of the American Psychiatric Nurses Association*, 18 (3), 146－155.

Sturmer, S. , Snyder, M. , & Omoto, A. M. （2005）. Prosocial emotions and helping: The moderating role of group membership. *Journal of Personality and Social Psychology*, 88 (3), 532－546.

Tedeschi, R. G. , Park, C. L. , & Calhoun, L. G. （1998）. Posttraumatic growth: Conceptual issues. In R. G. Tedeschi, C. L. Park, & L. G. Calhoun (Eds.), *Posttraumatic Growth: Positive Changes in the Aftermath of Crisis* (pp. 1－22) . Erlbaum.

Tedeschi, R. G. & Calhoun, L. G. (2004). Posttraumatic growth: Conceptual foundations and empirical evidence. *Psychological Inquiry*, 15 (1), 2004, 1 – 18.

Telle, N. T. & Pfister, H. R. (2012). Not only the miserable receive help: Empathy promotes prosocial toward the happy. *Current Psychology*, 31 (4), 393 – 413.

Thompson, W. C., Cowan, C. L., & Rosenhan, D. L. (1980). Focus of attention mediates the impact of negative affect on altruism. *Journal of Personality and Social Psychology*, 38 (2), 291 – 300.

Van Vugt, M. & Hardy, C. L. (2010). Cooperation for reputation: Wasteful contributions as costly signals in public goods. *Group Processes and Intergroup Relations*, 13 (1), 101 – 111.

Vincent, J. (1996). Why ever do we do it? Unconscious motivation in choosing social work as a career. *Journal of Social Work Practice*, 10 (1), 63 – 69.

Vollhardt, J. R. (2009). Altruism Born of Suffering and prosocial behavior following adverse life events: A review and conceptualization. *Social Justice Research*, 22 (1), 53 – 97.

Vollhardt, J. R. & Staub, E. (2011). Inclusive altruism born of suffering: The relationship between adversity and prosocial attitudes and behavior toward disadvantaged outgroups. *American Journal of Orthopsychiatry*, 81 (3), 307 – 315.

Von, D. B., Fischbacher, U., Kirschbaum, C., Fehr, E., & Heinrichs, M. (2012). The social dimension of stress reactivity: Acute stress increases prosocial behavior in humans. *Psychological Science*, 23 (6), 651 – 660.

Vrana, S. & Lauterbach, D. (1994). Prevalence of traumatic events and post-traumatic psychological symptoms in a nonclinical sample of college students. *Journal of Traumatic Stress*, 7 (2), 289 – 302.

Wayment, H. A. (2004). It could have been me: Vicarious victims and disaster-focused distress. *Personality and Social Psychology Bulletin*, 30 (4), 515 – 528.

Yum, Y. & Schenck-Hamlin, W. (2005). Reactions to 9/11 as a function of terror management and perspective taking. *Journal of Social Psychology*, 145 (3), 265 – 286.

Zoellner, T. & Maercker, A. (2006). Posttraumatic growth in clinical psychology—a critical review and introduction of a two component model. *Clinical Psychology Review*, 26 (5), 626 – 653.

《中国社会心理学评论》 第 15 辑
第 215~232 页
© SSAP, 2018

文化心理学视角下的谦虚与身心健康

施媛媛 张红川[*]

摘 要： 谦虚不仅在宗教和伦理学领域被视为一种美德，在心理学领域中，也被作为一种积极的品格进行探讨。谦虚有益于身心健康，有助于维系人际关系，在组织行为中也可以带来益处。尤其是在当代社会，人们的自我愈发膨胀也愈发脆弱，谦虚可以使人们正确认识自己并超越狭隘的自我，增强博爱的体验，获得更多的社会支持，从而更好地抵御自我威胁。笔者结合个体与情境的互动，提出将谦虚做"真诚性"与"策略性"区分的设想，并认为这两种类型的谦虚会对个体身心健康起到不同的作用。与"真我"一致的"真诚性谦虚"是一种高质量自尊的表现，不易受到环境的影响，可以使人通过积极的应对方式调节负性情绪，对身心健康有积极的作用。而策略性谦虚，即将谦虚作为特定环境中获取社会赞许的策略，被动地应对负性生活事件，就未必有益身心健康。据此笔者指出，当前研究者需要深化对谦虚的理解，关注并进一步挖掘谦虚在不同社会文化情境中的价值。

关键词： 谦虚 真诚性 策略性 身心健康

"谦虚"自古便是伦理思想与价值体系的重要组成。中国古代典籍对谦虚多有推崇，例如，《周易》六十四卦中"谦"是唯一六爻皆吉的一卦，后来儒家思想更是将其作为基本君子人格（汪凤炎、郑红，2007）。无独有偶，众多西方宗教经典，也将谦虚视为一种美德，将其作为个体行为的

---

* 通信作者：施媛媛，复旦大学旅游系，青年副研究员，email：shiyy@fudan.edu.cn；张红川，中央财经大学社会与心理学院，副教授。

基本指南，例如《圣经》所述"虚心的人有福了，因为天国是他们的"（《马太福音》）。心理学对谦虚的认识与探讨则经历了两个不同的阶段。在早期的研究中，研究者经常将谦虚视为忽视自身价值、宁愿居于人下的退缩与低自尊的表现（Knight & Nadel，1986；Tangney，2000；Weiss & Knight，1980）；或者认为谦虚是为获得社会称许的一种伪装（Schneider，1969；Stires & Jones，1969）；另有学者视其为"圣人"独有，不存在于普通人身上（Casey，2001）。直到近年来，研究者才逐渐摆脱原有的犬儒主义观点（Exline & Geyer，2004），重新审视谦虚的意义。如今，研究者多从个体内和个体间两个方面来定义谦虚：在个体内，谦虚是个体对自己的性格、品质、能力、外表和行为的一种准确而不夸张的看法；在个体间，谦虚则是个体为得到表扬和认可而做出的一种被社会赞许的合适行为（Davis & Hook，2014；Gregg et al.，2008；Sedikides，Gregg，& Hart，2007）。

近年来的研究结果表明，谦虚对于个体具有多方面益处：在身心健康层面，谦虚可以抑制过于积极的自我（Shi et al.，2017），抵御负性情绪并促进心理幸福感（Jankowski，Sandage，& Hill，2013；Kesebir，2014；Krause et al.，2016）；在人际层面，谦虚的个体更易拥有良好的社会关系（Peters，Rowat，& Johnson，2011）；在组织行为层面，谦虚被认为是高效的领导力的表现（Owens & Hekman，2012；Vera & Rodriguez-Lopez，2004），谦虚的领导者在团队中会有更为重要的地位（Davis et al.，2013）。本文将重点探讨谦虚对个体身心健康的作用。需要指出的是，尽管有研究者主张区分 modesty 与 humility（Kruse et al.，2014），国内也有部分学者将后者译作谦卑加以区分（陈志方，2012），但由于二者概念结构十分接近（Gregg et al.，2008；Sedikides，Gregg，& Hart，2007；Tangney，2000），本文在随后的探讨中将统一使用"谦虚"一词。

一 谦虚与身心健康

早在 20 多年前，临床心理学家就提出使用谦虚训练（Humility Training）来解决来访者的过度补偿行为，增强来访者对未知危险的识别和人际交往技能（Means et al.，1990）。但是自 20 世纪 70 年代开始在西方社会流行的"自尊运动"中，研究者一味强调高自尊、高自我积极性的作用，将谦虚等同于自我贬低和低自尊，谦虚与个体身心健康之间的关系并未得到足够的重视与探讨。

在过去的几十年中，当代社会不断朝向激进的个人主义与自我中心主义发展，人们越发自恋、物质主义、寻求关注、过度竞争（Twenge & Campbell，2009），进入了一个"自我的时代"（the Me Generation）（Stein，2013）。不仅是西方人，连中国人也呈现出不断膨胀的自我（Cai，Kwan，& Sedikides，2012；Twenge et al.，2008）。相反，人们对超越功利追求的美德却越来越忽视。一项研究通过谷歌全球书籍词频统计器（Google N-gram Viewer）分析了近100年书籍中的特定词频，结果发现无论是代表广义美德的词语（如美德 virtue、良心 conscience），还是代表安静人格的词语（如诚实 honesty、真诚 sincerity、耐心 patience、宽容 forgiveness、温和 gentleness）均呈现总体下降趋势。其中，与谦虚相关的词语（如 humility、humbleness、modesty）平均词频与年代的相关度是 - 0. 80，整体下降了 51. 5%（Kesebir & Kesebir，2012）。

21 世纪初，蓬勃发展的积极心理学开始对谦虚加以推崇，将其作为可以增加人们幸福体验的 24 种优势性格之一（Park，Peterson，& Seligman，2004；Peterson & Seligman，2004）。随着研究者对美德的重新审视（Exline et al.，2004；Peterson，Park，& Seligman，2006），对文化差异在自我认知层面的探讨逐渐加深（Bond，Kwan，& Li，2000；Sedikides，Gaertner，& Toguchi，2003），对过度关注自我带来的一系列负面影响的研究也日益增多（Baumeister et al.，2003；Dunning，Heath，& Suls，2004）。研究者从开始时反思一味强调自尊的量所形成的虚高而脆弱的"聒噪自我"（noisy ego），转而开始重视自尊的质，例如，自尊的稳定性（Crocker & Knight，2005；Franck & De Raedt，2007；Hayes，Harris，& Carver，2004）。一些研究者提出与"聒噪自我"相对应的"安静自我"（quiet ego）（Exline，2008；Kesebir，2014；Means et al.，1990；Wayment & Bauer，2008）。"安静自我"具有四个典型特征：（1）分离性觉知（detached awareness）；（2）内含性认同（inclusive identity）；（3）观点采择的（perspectivetaking）；（4）成长的（growth）（Wayment & Bauer，2008；Wayment，Bauer，& Sylaska，2015）。而谦虚正是这种"安静自我"的典型，是高质量自尊的表现（Wayment & Bauer，2008；Exline，2008）。此后，随着对谦虚的相关讨论的逐渐深入，谦虚在促进人们身心健康方面的功能也逐渐被揭示出来。

综观现有的文献，谦虚之所以可以促进身心健康，归纳起来，主要有以下几点原因。

第一，谦虚的个体对自己与外界的关系有准确的定位，能够更加积极有效地认识并应对压力与问题。一方面，谦虚的人对自己有准确而全面的认识，能够跳出自我的局限而客观评估自己的状态，处理好自我与他人、与环境的关系。另一方面，谦虚的人还具有一种开放的心态，对他人持有耐心和同情心，更容易接受他人的意见和建议，乐于向别人请教，也乐于接受他人的帮助（Exline，2012；Exline & Geyer，2004；Kesebir，2014；Means et al.，1990），从而更加有效地应对负性情绪与负性生活事件。

第二，谦虚的个体拥有稳定的自尊，不易受到自我威胁。对自我的过度关注会导致在遭遇困难和威胁的时候更加焦虑（Baumeister，Smart，& Boden，1996；Crocker & Park，2004）。作为一种对自我的超越性认知（self-transcendence）（Exline，2008），谦虚可以抑制过于积极的自我偏差（Shi et al.，2017），帮助个体接受自己的缺点与不足，从容地面对缺点与失败（Krause，2015），带来更强的安全感（Chancellor & Lybomirsky，2013）。研究表明，谦虚与自恋和神经质等非适应性人格呈负相关（Exline & Hill，2012；LaBouff et al.，2012；Powers et al.，2007；Rowatt et al.，2006）。Kesebir（2014）通过一系列实验研究发现，与让被试回忆值得骄傲的经历（自我肯定）相比，让被试回忆谦虚的经历（谦虚价值肯定）能够更好地缓解死亡焦虑，充分说明谦虚可以超越狭隘的自我，增强博爱的体验，更好地抵御自我威胁（Burson，Crocker，& Mischkowski，2012；Crocker，Niiya，& Mischkowski，2008）。

第三，谦虚的个体具有更强的自我控制力，可以抵制不良行为。过于自信导致人们对风险感知的偏差，忽视不健康行为（如抽烟、酗酒）所导致的后果，减少自我规范行为，从而更多从事对身心健康不利的活动（Crocker et al.，2003），也容易引起紧张的人际关系（Alicke & Sedikides，2009），而谦虚的个体则可以准确评估环境中的危险信息，自觉抵制不健康行为（Tong et al.，2016）。

第四，谦虚的个体可以得到更多的社会支持。追求自我的行为会导致学习行为和亲社会行为的减少（Baumeister，Smart，& Boden，1996；Crocker & Park，2004）。谦虚的个体善于维系人与人之间的纽带（Davis et al.，2013），拥有良好的人际关系（Peters，Rowat，& Johnson，2011），可以收获更多的友谊和社会赞许。谦虚被证实与很多亲社会品质和行为密切相关，如感激（Dwiwardani et al.，2014；Kruse et al.，2014）、宽容（Powers et al.，2007）、慷慨（Exline & Hill，2012）、助人（LaBouff et al.，2012）等。人们更喜欢与谦虚的个体交往或者合作（Bond，Leung，& Wan，1982；刘肖岑、桑标、张文新，2007）。谦虚的个体不但可以得到良好的社会评价（Leary，1996），在个人能力方面也会得到积极的评价（Bonanno，

Rennicke, & Dekel, 2005; Johnson, Rowatt, & Petrini, 2011)。

此外，作为中国传统文化的一个核心概念，谦虚在中国当代社会对促进国民幸福感有着独特的价值。谦虚不单是个体为了得到他人积极评价的一种保护策略，可以维护他人的"面子"、维持人际和谐（Bond, Leung, & Wan, 1982; Yang, 1981），还具有自我促进功能。台湾学者 Han（2011）发现，当个体对自己的行为谦虚地表达"不够好"的时候，其实是在期待进一步的夸奖，也往往能得到进一步的尊重和赞许，从而达到了提升自尊的作用（Han, 2011）。Cai 和 Sedikides 等（2011）也认为，谦虚是东方人策略式的自我促进，中国人可以通过谦虚的实践增强自己对内文化群体的认同感，从而增强人们的内隐自尊。胡金生（2007）认为，谦虚是中庸思想的具体实践，它所代表的正是人性中"尊大"和"菲薄"、人际交往中"自我"和"他人"、社会和谐中"有余"和"不足"之间的阴阳调和。这种中庸思维会经由社会自信的提升，间接提升个人的生活品质，最后增进整体的生活满意度（吴佳辉，2006）。

二 不同类型的谦虚与身心健康

尽管已有研究结果证实了谦虚对于个体的身心健康具有促进作用，但是对于谦虚本身的定义在当前心理学界并不统一。在人格心理学视野中，谦虚是基本人格之一，具有跨文化普遍性（Ashton, Lee, & Goldberg, 2004; Ashton & Lee, 2008; Costa & McCrae, 1992）。而在社会心理学视野中，谦虚被视为社会文化的产物（Chen et al., 2009; Bond et al., 2012; Kurman & Sriram, 2002）。由于谦虚只在特定的情境中表现出来，一些研究者将谦虚定义为特定场合中的行为举止，视之为一种印象管理策略（Cialdini et al., 1998）。另一些研究者则将谦虚定义为一种特定情境中的状态（Chancellor & Lyubomirsky, 2013; Kruse et al., 2014）或情感（Saroglou, Buxant, & Tilquin, 2008; Weidman & Tracy, 2017）。

上述概念差异表明，谦虚并不是一个单一的结构，既含有稳定的特质成分，又含有受到社会情境影响的状态性成分。而概念不清会影响谦虚研究中的操作化定义与测量，继而可能导致研究者在探讨过程中出现不一致乃至矛盾的结果。

（一）真诚性谦虚与策略性谦虚

谦虚行为是由个体感知到的谦虚规范（intersubjective perspective on

modesty norm）与个体自身的谦虚信念共同作用的结果（Chiu et al.，2010）。也就是说，谦虚既可以是一种发自本心的表达，也可以是策略性的"客套"。基于此，笔者提出"真诚性谦虚"（Authentic Modesty，AM）与"策略性谦虚"（Tactical Modesty，TM）的概念，从个体与环境互动的视角审视谦虚及其对于个体身心健康的作用。

所谓"真诚性谦虚"，是一种基于自身的谦虚价值观和信念以及内化的谦虚规范来进行谦虚反应的倾向，是一种客观评价自己并诚心向别人学习的基础思维模式，是个体对真我的表达（expression of authentic self），具有个体内（intrapersonal）、本质性（intrinsic）等特点。所谓"策略性谦虚"，是一种根据自己感知到的环境中对谦虚的要求来调节谦虚反应的倾向，是个体获得社会赞许、协调人际关系、储备社会资源的一种策略性反应模式，是个体对社会文化的反映（reflection of social norms），具有个体间（interpersonal）、情境性（contextual）等特点。真诚性谦虚和策略性谦虚是两种基于不同动力来源的思维和行为模式，前者是个体自身的价值观与内化的社会文化价值的表现，后者是外在的社会文化规范在个体层面的表现。

事实上，学术界已有学者针对谦虚的真诚性与策略性进行相关探讨。例如，胡金生和黄希庭（2009）通过对古典文献的整理，将谦虚分为"真诚性"和"工具性"两个要素。真诚性谦虚是超越了特定环境中的具体目标，为实现抽象的价值理念的一种"发乎情，止乎礼义"（《论语》）的"礼仁"，是认为自己有待进一步改进的学习态度；而工具性谦虚则是"有所为而为之"，是为了达到某种目的而采取的自我控制行为，尤其是面对强势的对手，谦虚是必要的防御策略——以退为进，伺机而动。国内一些学者表达了自己对真诚性谦虚的推崇。燕国材（2010）认为，只有真诚的谦虚才是真正的谦虚，是"自尊尊人"的表现，而不真诚的谦虚是虚伪的，是"自欺欺人"的表现（燕国材，2010）。季羡林先生（2011：75）也有相同的观点，指出"有意的过分的谦虚就等于虚伪的谦虚"。另外，日本学者 Yamagishi 等人认为谦虚就是一种策略，是东方人在东方社会中长期形成的默认反应策略。这一"默认策略"（default strategy）可以节约人们的认知资源，尤其当人们不清楚如何反应是恰当的时候，他们更加倾向采纳这种被以往经验证实的方案，从而减少负面影响（Hashimoto, Li & Yamagishi，2011；Yamagishi，2011；Yamagishi, Hashimoto, & Schug.，2008）。而"采取谦虚的行为来减少人际紧张"在东方社会一直是一个有效的方案，因而长期以来都被作为重要的默认策略（Yamagishi et al.，2012）。

　　由于这两种谦虚在中国十分普遍，将谦虚进行"真诚性"与"策略性"的区分在中国文化背景下十分必要。一方面，谦虚是中华民族的传统美德，也是中国人的基本礼貌原则（Gu，1990）。"满招损，谦受益"（《尚书·大禹谟》）、"三人行，必有我师焉"（《论语·述而》）等古训代代相传，成为文化价值观的重要组成。与此同时，在强大的社会规范下，东方人往往只是"文化的游戏者"（cultural game players）。或是为了获得他人的赞许，或是为了避免社会风险（Han，2011；Yamagishi et al.，2012），他们根据社会环境而不是自己内心的想法来设定目标并进行反应，而并没有将文化价值内化成自己的价值观与信念，成为"文化代理人"（cultural agents）（Hashimoto，Li，& Yamagishi，2011；Yamagishi，Hashimoto，& Schug，2008）。

（二）　两种谦虚与个体身心健康

　　施媛媛（2016）考察了两种谦虚的典型特征，根据原型分析的结果发展了《真诚性谦虚与策略性谦虚量表》，再以此量表为基础开展了一系列调查研究（样本 > 2000 人）考察两种谦虚与身心健康的关系。

　　在考察身心健康时，结合已有关于身心健康的理论综合考察了多项指标。心理健康考察了主观幸福感量表（包括生活满意度量表和情感健康量表）（Diener et al.，1985；Diener et al.，2010）、心理幸福感量表（包括自主性、环境掌控、个人成长、积极的人际关系、生活目的和自我接纳，Ryff，1989）、心理弹性（Resilience）（Connor & Davidson，2003）、共情（Empathy）（Davis，1980）、自我同情（Self-Compassion）（Neff，2003）等。身体健康的指标采用中国人健康问卷（CHQ）（Cheng & Williams，1986）。情绪考察了积极情绪（如快乐、满足、自豪等）（Shiota，Keltner，& John，2006）和消极情绪（如抑郁、孤独、焦虑等）。

　　此外，还考察了以下指标：（1）个体动机，如自我动机（the Self-Motives Scale）（Gregg，Hepper，& Sedikides，2011）和趋避动机（Carver & White，1994）；（2）人格特质，如大五人格（Costa & McCrae，1992）、自尊（Rosenberg，1965）、自恋（Raskin & Hall，1981）、真诚性（Authenticity）（Wood et al.，2008）等；（3）行为倾向，如利他行为（Rushton，Chrisjohn，& Fekken，1981）、负性事件应对行为（Carver，1997）、自我控制行为（Self-Monitor）（Gangestad & Snyder，1985）和攻击性行为（Buss & Perry，1992）等。

1. 真诚性谦虚与身心健康

研究结果表明，真诚性谦虚以自我进步为动机来源，关注生活意义和个人成长，具有利他性、共情关心、自我同情等超越性品质，与情绪稳定、宜人性、开放性、尽责性正相关，与自恋、消极情绪、攻击性行为负相关，且拥有积极的人际关系与良好的适应性。真诚性谦虚的这些特征完全符合"安静自我"的标准。通过对1898名大学新生的适应性问题进行考察，研究还发现，真诚性谦虚高的人倾向于积极主动地面对困难，通过接受事实、做计划、自我重构、获取工具性帮助等方法切实有效地应对压力和困境，而不会轻易放弃与困难抗争，更不会行为解脱（Behavioral Disorgagement）或者物质滥用。

真诚性谦虚对身心健康的促进作用主要有两点：首先，真诚性谦虚是一种稳定的高质量自尊的表现，其与自尊水平存在稳定的正相关，这种自尊可能是基于个体对自己有清楚而稳定的认识，接纳自己的缺点与不足；其次，真诚性谦虚的人清楚自己的内在需求，并将真实的自己表现出来，而这种真实性、知与行的一致性是身心健康很重要的指标（Campbell，1990；Kernis & Goldman，2006；Kernis，2006；Suh，2002；Wood et al.，2008）。而进一步控制了自尊与真实性后，真诚性谦虚仍然可以对身心健康的各项指标有较好的预测力，这充分说明了真诚性谦虚对个体身心健康有全面而稳定的促进作用。

2. 策略性谦虚与身心健康

与真诚性谦虚不同，策略性谦虚与个体身心健康之间的关系则相对复杂。策略性谦虚较高的个体具有较强的外部动机，趋利避害，会根据环境中的信息进行自我监控；同时，他们还具有较强的自我促进动机，他们内心渴望得到称赞，却受到外在环境的限制无法公开表现出来，往往需要压抑自己的真实性自我。而这种内心与行为强烈的冲突不利于个体的身心健康。Ryan与Deci等的研究表明，当个体更多受到外部动机控制而不是自身的需求和价值观的时候，会产生一系列的消极影响（Deci，Koestner，& Ryan，1999；Ryan & Deci，2000）。Ryckman等（2009）的研究表明，总是避免与别人竞争、服从团体规则的人，对失败和成功都充满更多恐惧，也会表现出较高的神经质、更高水平的自我设障，以及高度的不适应性。施媛媛的研究也证实，策略性谦虚与自主性、自我接纳负相关，与神经质、非适应性自恋等不适应性人格正相关，与焦虑等负性情绪和攻击性行为也正相关。在面对负性事件时，策略性谦虚越高的人越倾向于采用求助宗教、获取情感支持、分散注意等方式而不是积极采用直接解决问题的方法，甚至会否认现实、自责、借酒浇愁等。

需要说明的是，策略性谦虚并不一定需要违背自己的真实想法，而是对自己真实想法的模糊感知或者忽视。有研究表明，对自我的模糊表征会导致西方人的幸福感下降、负性情绪增加，而这种模糊性并不一定会对东方人群造成消极的影响（Spencer-Rodgers et al.，2004；Spencer-Rodgers，Peng，& Wang，2010）。施媛媛的研究结果也证实，当控制了真实性的影响后，策略性谦虚对生活满意度、生活意义、自我接纳等指标的正相关都得到了提升，此外策略性谦虚本身也与心理弹性正相关，这说明了当个体不违背真实自我的时候，策略性谦虚对身心健康和个体的适应性仍是有益的。策略性谦虚的积极作用可能源于谦虚表现与外部环境要求的一致性——行为符合文化规范并成为文化群体的一员可以增强个体的自我认同，提升幸福感（Cai et al.，2011；吴佳辉，2006）。

由上可知，谦虚是一个复合的社会心理学概念，既可以是个体稳定的心理特质，也可以是个体适应社会环境的一种策略，而这一差异也导致了其对个体身心健康的作用方式产生了较大的差异。这一结果在证实谦虚对于当代社会的重要意义的同时，也提示我们只有对谦虚展开更深入的探讨，才有可能发掘出其真正的价值所在，探索其服务于实践的最佳路径。

三　本土心理学的谦虚研究：机遇与挑战

综观已有的谦虚研究，从最开始哲学界（Allhoff，2009；Morgan，2001；Richards，1988）和宗教界（Casey，2001；Murray，2001）将谦虚作为一种美德，到早期心理学领域中将谦虚与自我贬低和低自尊相联系（Tangney，2000），再到近年来积极心理学和道德心理学将谦虚视为一种积极的品质，并得到广泛的研究（Davis & Hook，2014），谦虚的研究经过了"正—反—合"三个阶段。

与西方实证主义的学术氛围不同，中国本土的心理学者对谦虚的理解往往从中国传统哲学经典中溯源，努力调和融通不同学派对谦虚进行当代释义。令人遗憾的是，对传统的过分关注反而使得本土心理学者忽视了谦虚在当代的价值，已有研究大多停留在理论层面进行探讨而缺乏理论建构，测量方法和研究主题的局限也使得本土心理学对谦虚的研究脱离国际的前沿进展。而近年来，随着文化心理学和积极心理学在国内的兴起和繁荣，有学者呼吁运用当代心理学的实验方法对中国的传统价值进行实验研究（彭凯平、喻丰、柏阳，2011），以探讨这些价值的核心实质和现代价值，而谦虚正是这样一个切入口。有一部分中国学者已经意识到了对谦虚进行实证研究的重要性，逐渐援引西方心理学的研究范式探讨谦虚，如探索中国人的谦虚原型（Shi et al.，2018）、开发谦虚量表（如胡金生、黄希庭，2009；胡金生，2007）、探讨谦虚与自尊的关系（Cai et al.，2011；Han，2011）等。

但是必须看到的是，在援引现代心理学的方法重新审视传统命题的时候，本土研究的道路依然坎坷，有两大难题亟待解决。首要的问题就是由文化差异和语言的不可通约性带来的概念含义差异。以谦虚研究为例，东西方人对谦虚的理解不尽相同。通过比较中西学者（Gregg et al.，2008；Shi et al.，2018）通过原型分析得到的谦虚内涵发现：东西方人对谦虚的一些共同核心特征，如"低调/不张扬"存在很大的理解差异。西方人理解的谦虚的核心特征"热心"和"腼腆/安静"被东方人归为次要特征；东方人很重视的"虚心""善于倾听""有礼貌""随和"等概念却被西方人归为边缘特征；此外，东方人的谦虚概念中还存在一些独有的特征，如"上进"、"善于思考"和"谨慎"等。与之对应的另一个问题是个体的行为表达在不同的社会文化环境与情境中存在差异。一方面，从宏观的文化环境考察，与注重个体独特性的西方个人主义文化不同，东方集体主义文化中的个体更注重名声、关注他人的感受以及集体的荣誉，很少会以牺牲与他人或集体的和谐人际关系为代价来换取个人自我评价的提升，因而表现得更谦虚（Heine & Hamamura，2007）。另一方面，在特定情境下，如完全没有情感依附的情境，或竞争情境，东方人和西方人一样会进行自我提升行为（Kitayama & Uchida，2003；Takata，2003）。

未来的本土研究需要直面上述两个挑战，对所研究的概念进行准确的操作化定义，把握概念中的核心特征，同时兼顾概念表征的社会文化因素与情境性因素。如此不但可以丰富本土研究，将本土研究与国际学术前沿接轨，也有助于本土概念的国际化扩展。本文从个体与情境互动的角度出发对谦虚进行真诚性与策略性的划分，并探讨了其与个体身心健康之间的关系，这是可行性探索中的一种有益尝试。希望本文可以唤起国内学者关注谦虚的当代价值，为传统价值观的本土化研究的深化与延伸提供更多的参考。

参考文献

陈志方，2012，《谦卑研究综述》，《商丘师范学院学报》第 2 期，第 128～130 页。

胡金生，2007，《传统和现代视野中的自谦》，《心理学探新》第 3 期，第 19 ~ 21 页。

胡金生、黄希庭，2009，《自谦：中国人一种重要的行事风格初探》，《心理学报》第 9 期，第 842 ~ 852 页。

季羡林，2011，《谦虚与虚伪》，《国学》第 7 期，第 75 页。

刘肖岑、桑标、张文新，2007，《自利和自谦归因影响大学生人际交往的实验研究》，《心理科学》第 5 期，第 1068 ~ 1072 页。

彭凯平、喻丰、柏阳，2011，《实验伦理学：研究、贡献与挑战》，《中国社会科学》第 6 期，第 15 ~ 25 页。

施媛媛，2016，《真诚性与策略性：对谦虚的重新审视》，博士学位论文，中国科学院心理研究所。

汪凤炎、郑红，2007，《孔子界定"君子人格"与"小人人格"的十三条标准》，《道德与文明》第 4 期，第 46 ~ 51 页。

吴佳辉，2006，《中庸让我生活得更好：中庸思维对生活满意度之影响》，《华人心理学报》第 7 期，第 163 ~ 176 页。

燕国材，2010，《论谦虚心与学习》，《上海教育科研》第 10 期，第 52 ~ 54 页。

Allhoff, F. (2009). What is modesty? *International Journal of Applied Philosophy*, 23 (2), 165 – 187.

Alicke, M. D. & Sedikides, C. (2009). Self-enhancement and self-protection: What they are and what they do. *European Review of Social Psychology*, 20 (1), 1 – 48.

Ashton, M. C., Lee, K., & Goldberg, L. R. (2004). A hierarchical analysis of 1710 English personality-descriptive adjectives. *Journal of Personality and Social Psychology*, 87 (5), 707 – 721.

Ashton, M. C. & Lee, K. (2008). The prediction of Honesty-Humility-related criteria by the HEXACO and Five-Factor Models of personality. *Journal of Research in Personality*, 42 (5), 1216 – 1228.

Baumeister, R. F, Campbell, J. D, Krueger, J. I., & Vohs, K. D. (2003). Does high self-esteem cause better performance, interpersonal success, happiness, or healthier lifestyles? *Psychological Science in the Public Interest*, 4 (1), 1 – 44.

Baumeister, R. F, Smart, L., & Boden, J. M. (1996). Relation of threatened egotism to violence and aggression: The dark side of high self-esteem. *Psychological Review*, 103 (1), 5 – 33.

Bonanno, G. A., Rennicke, Co., & Dekel, S. (2005). Self-enhancement among high-exposure survivors of the September 11th terrorist attack: Resilience or social maladjustment? *Journal of Personality and Social Psychology*, 88 (6), 984 – 998.

Bond, M. H., Leung, K., & Wan, K. C. (1982). The social impact of self-effacing attributions: The Chinese case. *The Journal of Social Psychology*, 118 (2), 157 – 166.

Bond, M. H., Lun, V. M – C., Chan, J., Chan, W. W – Y., & Wong, D. (2012). Enacting modesty in Chinese culture: The joint contribution of personal characteristics and contextual features. *Asian Journal of Social Psychology*, 15 (1), 14 – 25.

Bond, M. H., Kwan, V. S. – Y., & Li, C. (2000). Decomposing a sense of superiority: The differential social impact of self-regard and regard for others. *Journal of Research in Personality*, 34 (4), 537 – 553.

Burson, A., Crocker, J., & Mischkowski, D. (2012). Two types of value-affirmation implications for self-control following social exclusion. *social psychological and Personality Science*, 3 (4), 510 – 516.

Buss, A. H. & Perry, M. (1992). The aggression questionnaire. *Journal of Personality and Social Psychology*, 63 (3), 452 – 459. doi: 10. 1037/0022 – 3514. 63. 3. 452.

Cai, H., Kwan, V., & Sedikides, C. (2012). A sociocultural approach to narcissism: The case of modern China. European *Journal of Personality*, 26 (5), 529 – 535.

Cai, H., Sedikides, C., Gaertner, L., Wang, C., Carvallo, M., Xu, Y., Jackson, L. E. (2011). Tactical self enhancement in China is modesty at the service of self-enhancement in east Asian culture? *Social Psychological and Personality Science*, 2 (1), 59 – 64.

Campbell, J. D. (1990). Self-esteem and clarity of the self-concept. *Journal of Personality and Social Psychology*, 59 (3), 538 – 549.

Carver, C. S. (1997). You want to measure coping but your protocol's too long: Consider the Brief COPE. *International Journal of Behavioral Medicine*, 4, 92 – 100.

Carver, C. S. & White, T. L. (1994). Behavioral inhibition, behavioral activation and affective responses to impending reward and punishment: The BIS/BAS scales. *Journal of Personality and Social Psychology*, 67 (7), 319 – 333. doi: 10. 1037/0022 – 3514. 67. 2. 319.

Casey, M. (2001). *A Guide to Living in the Truth: Saint Benedict's Teaching on Humility.* Liguori/Triumph.

Chancellor, J. & Lyubomirsky, S. (2013). Humble beginnings: Current trends, state perspectives, and hallmarks of humility. *Social and Personality Psychology Compass*, 7 (11), 819 – 833.

Chen, S. X., Bond, M. H., Chan, B., Tang, D., & Buchtel, E. E. (2009). Behavioral manifestations of modesty. *Journal of Cross-Cultural Psychology*, 40 (4), 603 – 626.

Cheng, T. A. & Williams, P. (1986). The design and development of a screening questionnaire (CHQ) for use in community studies of mental disorders in Taiwan. *Psychological Medicine*, 16 (2), 415 – 422. doi: 10. 1017/S0033291700009247.

Chiu, C. – Y., Gelfand, M., Yamagishi, T., Shteynberg, G., & Wan, C. (2010). Intersubjective culture: The role of intersubjective perceptions in cross-cultural research. *Perspectives on Psychological Science*, 5 (4), 482 – 493. doi: 10. 1177/1745691610375562.

Cialdini, R. B., Wosinska, W., Dabul, A. J., Whestone-Dion, R., & Heszen, I. (1998). When role salience leads to social role rejection: Modest self-presentation among women and men in two cultures. *Personality and Social Psychology Bulletin*, 24 (5), 473 – 481.

Costa, P. T. & McCrae, R. R. (1992). Normal personality assessment in clinical practice: The NEO Personality Inventory. *Psychological Assessment*, 4 (1), 5 – 13.

Connor, K. M. & Davidson, J. R. （2003）. Development of a new resilience scale： The Connor-Davidson Resilience Scale （CD-RISC）. *Depression and Anxiety*, 18 （2）, 76 – 82. doi： 10. 1002/da. 10113.

Crocker, J. & Knight, K. M. （2005）. Contingencies of self-worth. *Current Directions in Psychological Science*, 14, 200 – 203. doi： 10. 1111/j. 0963 – 7214. 2005. 00364. x.

Crocker, J. , Niiya, Y. , & Mischkowski, D. （2008）. Why does writing about important values reduce defensiveness? Self-affirmation and the role of positive other-directed feelings. *Psychological Science*, 19 （7）, 740 – 747.

Crocker, J. , Park, L. E. , Leary, M. , & Tangney, J. （2003）. Seeking self-esteem： Construction, maintenance, and protection of self-worth. In M. R. Leary & J. P. Tangney （Eds. ）, *Handbook of Self and Identity* （pp. 291 – 313）. New York： Guilford Press.

Crocker, J. & Park, L. E. （2004）. The costly pursuit of self-esteem. *Psychological Bulletin*, 130 （3）, 392 – 414.

Davis M. H. （1980）. A multidimensional approach to individual differences in empathy. *Catalog of Selected Documents in Psychology*, 10, 85.

Davis, D. E. & Hook, J. N. （2014）. Humility, religion, and spirituality： An endpiece. *Journal of Psychology and Theology*, 42 （1）, 111 – 117.

Davis, D. E. , Worthington Jr, E. L. , Hook, J. N. , Emmons, R. A. , Hill, P. C. , Bollinger, R. A. , & Van Tongeren, D. R. （2013）. Humility and the development and repair of social bonds： Two longitudinal studies. *Self and Identity*, 12 （1）, 58 – 77.

Deci, E. L. , Koestner, R. & Ryan, R. M. （1999）. A meta-analytic review of experiments examining the effects of extrinsic rewards on intrinsic motivation. *Psychological Bulletin*, 125, 627-668. doi： 10. 1037/0033-2909. 125. 6. 627.

Diener, E. D. , Emmons, R. A. , Larsen, R. J. , & Griffin, S. （1985）. The satisfaction with life scale. *Journal of Personality Assessment*, 49 （1）, 71-75. doi： 10. 1207/ s15327752jpa4901_ 13.

Diener, E. , Wirtz, D. , Tov, W. , Kim-Prieto, C. , Choi, D-W, Oishi, S. , & Biswas-Diener, R. （2010）. New well-being measures： Short scales to assess flourishing and positive and negative feelings. *Social Indicators Research*, 97, 143 – 156. doi： 10. 1007/ s11205 – 009 – 9493 – y.

Dunning, D. , Heath, C. , & Suls, J. M. （2004）. Flawed self-assessment implications for health, education, and the workplace. *Psychological Science in the Public Interest*, 5 （3）, 69 – 106.

Dwiwardani, C. , Hill, P. C. , Bollinger, R. A. , Marks, L. E. , Steele, J. R. , Doolin, H. N. , …Davis, D. E. （2014）. Virtues develop from a secure base： Attachment and resilience as predictors of humility, gratitude and forgiveness. *Journal of Psychology and Theology*, 42 （1）, 83 – 90.

Exline, J. J. （2008）. Taming the wild ego： The challenge of humility. In H. A. Wayment & J. J. Bauer （Ed. ）, *Transcending Self-interest： Psychological Explorations of the Quiet Ego* （pp. 53 – 62）. Washington, DC： American Psychological Association.

Exline, J. J. (2012). Humility and the ability to receive from others. *Journal of Psychology and Christianity*, 31, 40 – 50.

Exline, J. J., Campbell, W. K., Baumeister, R. F., Joiner, T., & Krueger, J. (2004). Humility and modesty. In C. Perterson & M. Seligman (Eds.), *The Values In Action (VIA) Classification of Strengths* (pp. 461 – 475). Cincinnati OH: Values in Action Institute.

Exline, J. J. & Hill, P. C. (2012). Humility: A consistent and robust predictor of generosity. *The Journal of Positive Psychology*, 7 (3), 208 – 218.

Exline, J. J. & Geyer, A. L. (2004). Perceptions of humility: A preliminary study. *Self and Identity*, 3 (2), 95 – 114.

Franck, E. & De Raedt, R. (2007). Self-esteem reconsidered: Unstable self-esteem outperforms level of self-esteem as vulnerability marker for depression. *Behaviour Research and Therapy*, 45 (7), 1531 – 1541.

Gangestad, S. & Snyder, M. (1985). "To carve nature at its joints": On the existence of discrete classes in personality. *Psychological Review*, 92 (3), 317 – 349.

Gregg, A. P., Hart, C. M., Sedikides, C., & Kumashiro, M. (2008). Everyday conceptions of modesty: A prototype analysis. *Personality and Social Psychology Bulletin*, 34 (7), 978 – 992.

Gregg, A. P., Hepper, E. G., & Sedikides, C. (2011). Quantifying self-motives: Functional links between dispositional desires. *European Journal of Social Psychology*, 41, 840 – 852. doi: 10. 1002/ejsp. 827.

Gu, Y. (1990). Politeness phenomena in modern Chinese. *Journal of pragmatics*, 14 (2), 237 – 257.

Han, K. – H. (2011). The self-enhancing function of Chinese modesty: From a perspective of social script. *Asian Journal of Social Psychology*, 14 (4), 258 – 268.

Hashimoto, H., Li, Y. & Yamagishi, T. (2011). Beliefs and preferences in cultural agents and cultural game players. *Asian Journal of Social Psychology*, 14 (2), 140 – 147. doi: 10. 1111/j. 1467 – 839X. 2010. 01337. x.

Hayes, A. M., Harris, M. S., & Carver, C. S. (2004). Predictors of self-esteem variability. *Cognitive therapy and research*, 28, 369 – 385. doi: 10. 1023/B: COTR. 0000031807. 64718. b9.

Heine, S. J. & Hamamura, T. (2007). In search of East Asian self-enhancement. *Personality and Social Psychology Review*, 11 (1), 4 – 27.

Jankowski, P. J., Sandage, S. J., & Hill, P. C. (2013). Differentiation-based models of forgivingness, mental health and social justice commitment: Mediator effects for differentiation of self and humility. *The Journal of Positive Psychology*, 8 (5), 412 – 424.

Johnson, M. K., Rowatt, W. C., & Petrini, L. (2011). A new trait on the market: Honesty-Humility as a unique predictor of job performance ratings. *Personality and Individual Differences*, 50 (6), 857 – 862.

Kernis, M. H. (2006). Measuring self-esteem in context: The importance of stability of self-esteem in psychological functioning. *Journal of Personality*, 73 （6）, 1569 – 1605.

Kernis, M. H. & Goldman, B. M. （2006）. A multicomponent conceptualization of authenticity: Theory and research. *Advances in Experimental Social Psychology*, 38 （6）, 283 – 357. doi: 10. 1016/S0065 – 2601 （06） 38006 – 9.

Kesebir, P. （2014）. A quiet ego quiets death anxiety: Humility as an existential anxiety buffer. *Journal of Personality and Social Psychology*, 106 （4）, 610 – 623.

Kesebir, P. & Kesebir, S. （2012）. The cultural salience of moral character and virtue declined in twentieth century America. *The Journal of Positive Psychology*, 7 （6）, 471 – 480.

Kitayama, S. & Uchida, Y. （2003）. Explicit self-criticism and implicit self-regard: Evaluating self and friend in two cultures. *Journal of Experimental Social Psychology*, 39 （5）, 476 – 482.

Knight, P. A. & Nadel, J. I. （1986）. Humility revisited: Self-esteem, information search, and policy consistency. *Organizational Behavior and Human Decision Processes*, 38 （2）, 196 – 206.

Krause, N. （2015）. Assessing the relationships among race, religion, humility, and self-forgiveness: A longitudinal investigation. *Advances in Life Course Research*, 24, 66 – 74.

Krause, N. , Pargament, K. I. , Hill, P. C. , & Ironson, G. （2016）. Humility, stressful life events, and psychological well-being: Findings from the landmark spirituality and health survey. *The Journal of Positive Psychology*, 11 （5）, 499 – 510.

Kruse, E. , Chancellor, J. , Ruberton, P. M. , & Lyubomirsky, S. （2014）. An upward spiral between gratitude and humility. *Social Psychological and Personality Science*, 5 （7）, 805 – 814.

Kurman, J. & Sriram, N. （2002）. Interrelationships among vertical and horizontal collectivism, modesty, and self-enhancement. *Journal of Cross-Cultural*, *Psychology*, 33 （1）, 71 – 86.

LaBouff, J. P. , Rowatt, W. C, Johnson, M. K, Tsang, J. -A. , & Willerton, G. M. （2012）. Humble persons are more helpful than less humble persons: Evidence from three studies. *The Journal of Positive Psychology*, 7 （1）, 16 – 29.

Leary, M. R. （1996）. *Self-Presentation*: *Impression Management and Interpersonal Behavior.* Brown & Benchmark Publishers.

Means, J. R. , Wilson, G. L. , Sturm, C. , Biron, J. E. , & Bach, P. J. （1990）. Humility as a psychotherapeutic formulation. *Counselling Psychology Quarterly*, 3 （2）, 211 – 215.

Morgan, V. G. （2001）. Humility and the Transcendent. *Faith and Philosophy*, 18 （3）, 307 – 322.

Murray, A. （2001）. *Humility*: *The Journey toward Holiness.* Bethany House.

Neff, K. D. （2003）. The development and validation of a scale to measure self-compassion. *Self and Identity*, 2 （3）, 223 – 250. doi: 10. 1080/15298860309027.

Owens, B. P. & Hekman, D. R. （2012）. Modeling how to grow: An inductive examination of humble leader behaviors, contingencies, and outcomes. *Academy of Management*

Journal, 55 （4）, 787 – 818.

Park, N. , Peterson, C. , & Seligman, M. E. （2004）. Strengths of character and well-be-ing. *Journal of Social and Clinical Psychology*, 23 （5）, 603 – 619. doi: 10. 1521/jscp. 23. 5. 603. 50748.

Peters, A. S. , Rowat, W. C. , & Johnson, M. K. （2011）. Associations between disposi-tional humility and social relationship quality. *Psychology*, 2 （3）, 155 – 161.

Peterson, C. , Park, N. , & Seligman, M. E. （2006）. Greater strengths of character and recovery from illness. *The Journal of Positive Psychology*, 1 （1）, 17 – 26.

Peterson, C. & Seligman, M. E. （2004）. *Character Strengths and Virtues: A Handbook and Classification.* Oxford University Press.

Powers, C. , Nam, R. K. , Rowatt, W. C. , & Hill, P. C. （2007）. Associations be-tween humility, spiritual transcendence, and forgiveness. *Research in the Social Scientific Study of Religion*, 18, 75 – 94.

Raskin, R. & Hall, C. S. （1981）. The narcissistic personality inventory: Alternative form reliability and further evidence of construct validity. *Journal of Personality Assessment*, 45 （2）, 159 – 162.

Richards, N. （1988）. Is humility a virtue? *American Philosophical Quarterly*, 253 – 259.

Rosenberg, M. （1965）. Rosenberg self-esteem scale （RSE）. *Acceptance and Commitment Therapy. Measures Package*, 61.

Rowatt, W. C. , Powers, C. , Targhetta, V. , Comer, J. , Kennedy, S. , & Labouff, J. （2006）. Development and initial validation of an implicit measure of humility relative to arrogance. *The Journal of Positive Psychology*, 1 （4）, 198 – 211.

Rushton, J. P. , Chrisjohn, R. D. , & Fekken, G. C. （1981）. The altruistic personality and the self-report altruism scale. *Personality and Individual Differences*, 2 （4）, 293 – 302.

Ryan, R. M. & Deci, E. L. （2000）. When rewards compete with nature: The undermi-ning of intrinsic motivation and self-regulation. . In C. Sansone & J. M. Harackiewicz （Eds. ）, *Intrinsic and Extrinsic Motivation: The Search for Optimal Motivation and Performance* （pp. 13 – 54）. New York: Wiley.

Ryckman, R. M. , Thornton, B. , & Gold, J. A. （2009）. Assessing competition avoid-ance as a basic personality dimension. *The Journal of Psychology*, 143 （2）, 175 – 192.

Ryff, C. D. （1989）. Happiness is everything, or is it? Explorations on the meaning of psy-chological well-being. *Journal of Personality and Social Psychology*, 57 （6）, 1069 – 1081. doi: 10. 1037/0022 – 3514. 57. 6. 1069.

Saroglou, V. , Buxant, C. , & Tilquin, J. （2008）. Positive emotions as leading to reli-gion and spirituality. *The Journal of Positive Psychology*, 3 （3）, 165 – 173.

Sedikides, C. , Gaertner, L. , & Toguchi, Y. （2003）. Pancultural self-enhance-ment. *Journal of Personality and Social Psychology*, 84 （1）, 60 – 79. doi: 10. 1037/0022 – 3514. 84. 1. 60.

Sedikides, C. , Gregg, A. P. , & Hart, C. M. （2007）. The importance of being mo-dest. In Sedikides, C. & Spencer, S. J. （Eds. ）. *The Self, Frontiers of Social Psychology* (pp. 163 – 184) . New York, USA: Psychology Press.

Schneider, D. J. (1969) . Tactical self-presentation after success and failure. *Journal of Personality and Social Psychology*, 13, 262 – 268.

Shiota, M. N. , Keltner, D. , & John O. P. (2006) . Positive emotion dispositions differentially associated with Big Five personality and attachment style. *Journal of Positive Psychology*, 1 (2), 61 – 71.

Shi, Y. , Sedikides, C. , Liu, Y. , Yang, Z. & Cai, H. (2017) . Disowning the self: Modesty the cultural value of modesty can attenuate self-positivity. *Quarterly Journal of Experimental Psychology*, 70 (6), 1023 – 1032.

Shi, Y. , Sedikides, C. , Gregg, A. P. , & Cai, H. (2018) . *Prototype of Chinese Modesty.* Unpublished manuscript.

Spencer-Rodgers, J. , Peng, K. , & Wang, L. (2010) . Naïve dialecticism and the co-occurrence of positive and negative emotions. *Journal of Cross-Cultural Psychology*, 41, 109 – 115. doi: 10. 1177/0022022109349508.

Spencer-Rodgers, J. , Peng, K. , Wang, L. , & Hou, Y. (2004) . Dialectical self-esteem and East-West differences in psychological well-being. *Personality and Social Psychology Bulletin*, 30, 1416 – 1432. doi: 10. 1177/0146167204264243.

Stein, J. (2013) . Millennials: The Me Me Me Generation. *TIME*, *May* 20.

Stires, L. K. & Jones, E. E. (1969) . Modesty versus self-enhancement as alternative forms of ingratiation. *Journal of Experimental Social Psychology*, 5 (2), 172 – 188.

Suh, E. M. (2002) . Culture, identity consistency, and subjective well-being. *Journal of Personality and Social Psychology*, 83, 1378 – 1391.

Takata, T. (2003) . Self-enhancement and Self-criticism in Japanese culture an experimental analysis. *Journal of Cross-Cultural Psychology*, 34 (5), 542 – 551.

Tangney, J. P. (2000) . Humility: Theoretical perspectives, empirical findings and directions for future research. *Journal of Social and Clinical Psychology*, 19 (1), 70 – 82.

Tong, E. W. M. , Tan, K. W. T. , Chor, A. A. B. , Koh, E. P. S. , Lee, J. S. Y. , & Tan, R. W. Y. (2016) . Humility facilitates higher self-control. *Journal of Experimental Social Psychology*, 62, 30 – 39.

Twenge, J. M. & Campbell, W. K. (2009) . *The Narcissism Epidemic: Living in the Age of Entitlement.* Simon and Schuster.

Twenge, J. M. , Konrath, S. , Foster, J. D. , Campbell, W. K. , & Bushman, B. J. (2008) . Egos inflating over time: A cross-temporal meta-analysis of the Narcissistic Personality Inventory. *Journal of Personality*, 76 (4), 875 – 902; discussion, 903 – 928.

Vera, D. & Rodriguez-Lopez, A. (2004) . Strategic virtues: Humility as a source of competitive advantage. *Organizational Dynamics*, 33 (4), 393 – 408.

Wayment, H. A. & Bauer, J. J. (2008) . *Transcending Self-interest: Psychological Explorations of the Quiet Ego.* American Psychological Association.

Wayment, H. A. , Bauer, J. J. , & Sylaska, K. (2015) . The quiet ego scale: Measuring the compassionate self-identity. *Journal of Happiness Studies*, 16 (4), 999 – 1033.

Weidman, A. C. & Tracy, J. L. (2017). Is humility a sentiment? *Behavioral and Brain Sciences*, 40, e251. doi: 10. 1017/S0140525X16000893.

Weiss, H. M. & Knight, P. A. (1980). The utility of humility: Self-esteem, information search, and problem-solving efficiency. *Organizational Behavior and Human Performance*, 25 (2), 216 – 223.

Wood, A. M. , Linley, P. A. , Maltby, J. , Baliousis, M. , & Joseph, S. (2008). The authentic personality: A theoretical and empirical conceptualization and the development of the Authenticity Scale. *Journal of Counseling Psychology*, 55 (3), 385 – 399. doi: 10. 1037/0022 – 0167. 55. 3. 385.

Yamagishi, T. (2011). Micro-macro dynamics of the cultural construction of reality: An institutional approach to culture. In M. J. Gelfand, C. – y. Chiu, & Y. – y. Hong, (Eds.), *Advances in Culture and Psychology*, Vol 1 (pp. 251 – 308). Oxford: Oxford University Press.

Yamagishi, T. , Hashimoto, H. , Cook, K. S. , Kiyonari, T. , Shinada, M. , Mifune, N. , ...& Li, Y. (2012). Modesty in self-presentation: A comparison between the USA and Japan. *Asian Journal of Social Psychology*, 15 (1), 60 – 68. doi: 10. 1111/j. 1467 – 839X. 2011. 01362. x.

Yamagishi, T. , Hashimoto, H. , & Schug, J. (2008). Preferences vs. strategies as explanations for culture-specific behavior. *Psychological Science*, 19, 579 – 584. doi: 10. 1111/j. 1467 – 9280. 2008. 02126. x.

Yang, K – S. (1981). Social orientation and individual modernity among Chinese students in Taiwan. *The Journal of Social Psychology*, 113 (2), 159 – 170.

《中国社会心理学评论》投稿须知

　　《中国社会心理学评论》是由中国社会科学院社会学研究所主办的学术集刊。本集刊继承华人社会心理学者百年以来的传统，以"研究和认识生活在中国文化中的人们的社会心理，发现和揭示民族文化和社会心理的相互建构过程及特性，最终服务社会，贡献人类"为目的，发表有关华人、华人社会、华人文化的社会心理学原创性研究成果，以展示华人社会心理学研究的多重视角及最新进展。

　　本集刊自 2005 年开始出版第一辑，每年一辑。从 2014 年开始每年出版两辑，分别于 4 月中旬和 10 月中旬出版。

　　为进一步办好《中国社会心理学评论》，本集刊编辑部热诚欢迎国内外学者投稿。

　　一、本集刊欢迎社会心理学各领域与华人、华人社会、华人文化有关的中文学术论文、调查报告等；不刊登时评和国内外已公开发表的文章。

　　二、投稿文章应包括：中英文题目、中英文作者信息、中英文摘要和关键词（3~5个）、正文和参考文献。

　　中文摘要控制在 500 字以内，英文摘要不超过 300 个单词。

　　正文中标题层次格式：一级标题用"一"，居中；二级标题用"（一）"；三级标题用"1"。尽量不要超过三级标题。

　　凡采他人成说，务必加注说明。在引文后加括号注明作者、出版年，详细文献出处作为参考文献列于文后。文献按作者姓氏的第一个字母依 A－Z 顺序分中、外文两部分排列，中文文献在前，外文文献在后。

　　中文文献以作者、出版年、书（或文章）名、出版地、出版单位（或期刊名）排序。

　　例：

　　费孝通，1948，《乡土中国》，北京：三联书店。

　　杨中芳、林升栋，2012，《中庸实践思维体系构念图的建构效度研究》，《社会学研究》第 4 期，第 167~186 页。

外文文献采用 APA 格式。

例:

Bond，M. H.（Ed.）（2010）. *The Oxford Handbook of Chinese Psychology*. New York，NY：Oxford University Press.

Hong，Y. Y.，Morris，M. W.，Chiu，C. Y.，& Benet-Martinez，V.（2000）. Multicultural minds：A dynamic constructivist approach to culture and cognition. *American Psychologist*，55，709 – 720.

统计符号、图表等其他格式均参照 APA 格式。

三、来稿以不超过 15000 字为宜，以电子邮件方式投稿。为了方便联系，请注明联系电话。

四、本集刊取舍稿件重在学术水平，为此将实行匿名评审稿件制度。本集刊发表的稿件均为作者的研究成果，不代表编辑部的意见。凡涉及国内外版权问题，均遵照《中华人民共和国版权法》和有关国际法规执行。本集刊刊登的所有文章，未经授权，一律不得转载、摘发、翻译，一经发现，将追究法律责任。

五、随着信息网络化的迅猛发展，本集刊拟数字化出版。为此，本集刊郑重声明：如有不愿意数字化出版者，请在来稿时注明，否则视为默许。

六、请勿一稿多投，如出现重复投稿，本集刊将采取严厉措施。本集刊概不退稿，请作者保留底稿。投稿后 6 个月内如没有收到录用或退稿通知，请自行处理。本集刊不收版面费。来稿一经刊用即奉当期刊物两册。

中国社会心理学评论编辑部

主编：杨宜音

主办：中国社会科学院社会学研究所

联系电话：86 – 10 – 85195562

投稿邮箱：ChineseSPR@ 126. com

邮寄地址：北京市东城区建国门内大街 5 号中国社会科学院社会学研究所中国社会心理学评论编辑部，邮编 100732

《中国社会心理学评论》
"流动性与社会心理建设"
征稿启事

  自中共十九大报告中提出"加强社会心理服务体系建设，培育自尊自信、理性平和、积极向上的社会心态"后，社会心理学也正积极地形成学科自觉，力图为提升"社会心理服务"和推进"社会心理建设"提供学术支持。其中，社会心理建设是指以服务于共建共治共享的社会治理格局为目标，对健康的社会心态的营造和调整过程，其内容涉及社会心理的各个层面，包括个体心理、社群心理以及宏观的社会心态。

  社会心态是社会发展的"风向标"和"晴雨表"。论及社会心态，不可忽视的是社会本身的多元形态和不断流变。社会的背景与结构不同，所催生的社会心理及社会议题便各异。传统的社会心理学研究将"静态"和"稳定"作为常态化的社会架构，其研究的基本对象是相对固化的个体与社群。然而，全球化与现代化的深化已使当代中国社会处于剧烈的变化之中，"流动"日益成为世界运转的常态。

  从"流动"的形式来看，它既包括地域之间的人口流动和人口迁移（如农民工进城、易地脱贫搬迁、大学生科技下乡），也包括人际关系的流动（如城镇化和"村改居"改变了人们传统的居住方式和生活方式，重塑了乡村的人际网络）和社会结构的流动（如职业流动、阶层流动、权力流动等），甚至还包括个体的精神空间在此时此地和彼时彼地间的流动（如信息技术的变革颠覆了"在场同时性"的基本假设，继而导致个体与群体的时空交错）。表面上，社会关系和制度对人的制约似乎都在因流动而减少，而事实上，并非所有人群都从"流动"中受益，流动性和本地性，传统性与现代性的矛盾日益凸显。

  例如，随着乡 - 城人口流迁的日趋常态，流迁人口中的大部分人都要与本地居民产生交往关系，在暂居或定居的过程中，租房、邻里、社区管理等方面很容易滋生矛盾，在此背景下，了解个体和群体在这一过程中的典型心态将有助于推进户籍改革和公共服务均等化。再如，传统的农耕社会中，人际互动的范围狭窄，通常限于血缘、亲缘和地域关系为基础的熟人社会中，信任以内在的伦理观为主，外在的法律观为辅，而随着社会转型将人际互动的范围扩展到了生人群体，传统的信任的基础式微，新的信任基础仍有待夯实，并且人口流动性增强也增加了人们在一次性博弈中违反契约的可能性，此外，流动行为本身也增加了个体的不确定感，以致人人自危，进一步削弱了信任的心理基础。因此，探索影响流动中人们的社会信任的影响因素和形成机制对于建立和完善个人信用体系有重要的意义。这些类似的问题既是社会治理应予以回应的领域，也是社会心理建设的方向和内容。

基于以上考虑，本专题辑刊自即日起征稿，旨在以"社会问题"为导向，通过在热点事件中挖掘和解读当代中国社会心理的典型特征，反思如何从个体与社会的角度改善和重塑健康的社会心态，探寻社会治理的心理学路径。来稿需要围绕"流动性与社会心理建设"这一核心议题，进行综述类或实证类的研究，阐明研究结果之于社会心理建设及社会治理的启示。稿件要求参见《中国社会心理学评论》第 7 辑之后每辑刊布的《投稿须知》。投稿截止时间为 2018 年 12 月 31 日，稿件字数以 15000 左右为宜。

有意投稿者，请将符合《投稿须知》要求的稿件发送至：

陈咏媛 chenyongyuan@ cass. org. cn

谢天 thanksky520@ 126. com

杨宜音 cassyiyinyang@ 126. com

本辑特约主编：陈咏媛、谢天

集刊主编：杨宜音

《中国社会心理学评论》"道德心理学"征稿启事

　　当我们向善而生，总希望良知永存。我们也越来越认识到，道德是社会合作的基石、人类前行的力量，但它却常常蜕变成无奈的叹息、冰冷的面孔、甚至冲突的戾气。

　　从学科视角来看，道德心理学是关于人类在道德情境下如何扬善弃恶的经验科学，是心理学与伦理哲学的交叉学科。每逢社会重大变革，善恶是非问题总是特别引人注目。动荡不安的"一战"前后，弗洛伊德、涂尔干关于"本我"和"失范"的讨论成为重要的时代主题；"二战"以后，津巴多、科尔伯格关于"路法西效应"和"海因茨悖论"的研究成为那个时代的热点；如今人类进入新的千年，个人主义和自由主义引发了"道德滑坡""道德阵营"等问题的大讨论。尤其近年来，*Moral Psychology*、*Handbook of Moral Development*、*The Moral Psychology Handbook* 相继出版，关于道德的研究论文更是频繁登上 *Nature*、*Science* 等期刊，这标志着道德心理学在心理学众多分支中越发重要。

　　在理论层面，新的时代和新的思想也在道德领域引发了激烈的争论。一方面，早期的道德心理学理论常常认为道德判断是理性思考的过程。例如，Kohlberg 的经典理论就认为随着儿童认知能力的发展，他们就能够对道德问题进行复杂的理性推理，从而到达道德自律阶段。另一方面，道德心理学的研究还深受康德道义论（道德是一种绝对义务）的影响，相信道德法则是理性和普适的、而非是情境或多元的，因此很难接受公平、关爱之外的道德准则。然而，新的理论和证据在质疑道德的理性主义和普适主义。例如，双过程模型强调了情绪在认知加工过程中的作用，神经生理学研究则发现可以通过人们的神经活动在人们意识到自己的决策之前就预测他们的道德决策，而行为经济学研究挑战了理性人假设，文化心理研究则发现在西方人的公平、关爱标准之外还存在多元的道德法则。

　　本专辑将秉持《中国社会心理学评论》的一贯主旨，研究生活在中国文化中的人们的社会心理，揭示民族文化和社会心理的建构过程及特性，最终服务社会，贡献人类；我们将重点聚焦道德心理学领域的理论进展、心理过程、道德冲突、文化差异，与德性发展有关的道德起源、道德教育、社会学习、问题矫正，以及在新的政治、经济和生态环境下道德心理学研究的新问题、新方法和新挑战等议题。现征集与此相关的原创性研究成果，诚挚邀请海内外学者赐稿！

　　本专辑自即日起征稿，稿件的格式见集刊征稿启事。

　　可在社会科学文献出版社网站上查阅：

　　http：//www. ssap. com. cn/skwx/periodical/Period ＿ Index. aspx

　　其中，学术出版规范网页链接地址：

　　http：//www. ssap. com. cn/web/c ＿ 0000000100160005/学术出版规范——《编辑工作手册》146 页"中文文献"部分。

　　截稿时间：2019 年 9 月

　　截稿期后将请相关领域专家评审，请作者将稿件投递至：michaelstwu @ xmu. edu. cn。

本辑特约主编：吴胜涛

集刊主编：杨宜音

《中国社会心理学评论》"创新与文化" 征稿启事

主题及内容：

涉及创新创业与社会文化方面的经验/实证研究，包括在创新创业和创造力主题下，从不同角度、不同领域的研究。例如，创新（创造力）与社会道德，与社会文化相关的创造力（创新）评价的研究方法和工具，社会和管理创新，多元文化经验与创造力（创新），文化混搭和创新创业以及创造力等。本辑不收理论回顾与探讨的文章。

稿件字数：10000～20000 字

稿件格式可在社会科学文献出版社网站上查阅：

http://www.ssap.com.cn/skwx/periodical/Period_Index.aspx

其中，学术出版规范网页链接地址：

http://www.ssap.com.cn/web/c_0000000100160005/学术出版规范——《编辑工作手册》146 页"中文文献"部分。

有意投稿者，请将符合要求的稿件发送至：cspr13@ sina.com。

截稿日期：2019 年 11 月

本辑特约主编：应小萍

集刊主编：杨宜音

《中国社会心理学评论》
"群际亲社会行为与群际冲突"
征稿启事

　　在社会变革和文化变迁的背景下，随着资源流动和人员流动的不断加剧，中国社会出现的群体类型越来越多，新型群体的形成和发展是一个动态而多变的过程，这就使得基于群体间接触和互动所形成的社会结构也变得越来越复杂。群际互动的过程隐含了不同规范、习俗和价值取向之间的对话与交融，同时也折射出了不同群体之间由于权力和地位的差别而出现的合作、冲突或博弈，此外还有这些群体所依托的文化在频繁接触中所激荡出来的创意和智慧。上述内容背后的建设性内涵（比如群体层面上的亲社会互动、发生在群际的友善和积极互动等）和破坏性内涵（比如不同群体之间的偏见、歧视乃至于攻击、侵犯等群际冲突）是并存的。那么，如何在社会心理学的范式之下研究这些问题，分析变迁背景下的群体形成和发展过程、群际互动的形式和内容以及由此而结成的各种关系，进而探索那些纷繁复杂的群际互动背后的社会心理机制呢？对于关注中国社会现实的研究者来说，这是一个充满魅力的领域，而在这个领域所积累的理论和实证研究也必然会在未来对中国社会产生深远影响。

　　本专辑将继续秉持《中国社会心理学评论》的一贯主旨，重点聚焦于群体心理与行为、群际互动与文化心理、群际亲社会行为和群际冲突等议题，特征集与此相关的原创性研究成果，诚挚邀请海内外学者赐稿！

　　本专辑自即日起征稿，稿件的格式要求如下：

　　1. 稿件字数：10000～20000 字。

　　2. 稿件格式：投稿文章包括中英文题目、中英文作者信息、中英文摘要和关键词（3～5 个）、正文和参考文献。具体要求如下。

　　● 中文摘要 500 字以内，英文摘要 300 个单词以内。

● 正文中标题层次格式：以及标题用“一”，居中；二级标题用“（一）”；三级标题用“1”。尽量不要超过三级标题。

● 凡采用他人成说，务必加注说明。在引文后加括号注明作者、出版年，详细文献出处作为参考文献列在文后。文献按作者姓氏的第一个字母依次 A – Z 顺序分中、外文两部分排列，中文文献在前，外文文献在后。

● 中文文献以作者、出版年、书（或文章）名、出版地、出版单位（或期刊名）排序。

例：费孝通，1948，《乡土中国》，北京：三联书店。

杨中芳，林升栋，2012，《中庸实践思维体系构念图的建构效度研究》，《社会学研究》第 4 期，第 167 – 186 页。

● 外文采用 APA 格式

Chiu，C. – Y.，& Hong，Y.（2006）. *Social psychology of culture*. New York：Psychology Press.

Chiu，C. – Y.，Gries，P.，Torelli，C. J.，& Cheng，S. Y – Y.（2011）. Toward a social psychology of globalization. *Journal of Social Issues*，67（4），663 – 676.

● 统计符号和图表等其他格式均参照 APA 格式。

可在社会科学文献出版社网站上查阅：

http：//www. ssap. com. cn/skwx/periodical/Period_ Index. aspx

其中，学术出版规范网页链接地址：

http：//www. ssap. com. cn/web/c_ 0000000100160005/学术出版规范——《编辑工作手册》146 页“中文文献”部分。

3. 作者投稿前应做到：

● 自行通读稿件至少两遍，做到语句通顺、行文流畅、表达充分。

● 如果有条件可以请同行进行挑剔性阅读。

● 文中所引参考文献与文后所列参考文献应该一一对应，杜绝残漏情况。

● 论文如有基金资助，可以在首页脚注中说明。

4. 截稿时间：2019 年 11 月

5. 投递方式及评审：截稿期后将请相关领域专家评审，请作者将稿件投递至：kouyu@ bnu. edu. cn；zhap@ gzhu. edu. cn。

本辑特约主编：寇彧、张庆鹏

集刊主编：杨宜音

Chinese Social Psychological Review
Vol. 15

Table of Contents & Abstracts

Mental Health and Culture: A Transformation of Research Perspective

Jing Shijie / 1

Abstract: As a country having several thousand years' Chinese culture tradition, and having been involved in globalization and modernity transition, China's unique social, historical and cultural context shaped the mental health issues with "cultural specificity", which need to be interpreted based on the cultural perspective. Foreign mental health research based on cross-cultural orientation inspired the cultural consciousness of mental health research in our country, and the series of research actions of Chinese psychology based on cultural subjectivity exploration vigorously promoted the construction of mental health knowledge based on life phenomenon and the theoretical system of mental health based on the regional culture. For quite a long time, it will be the main goal of the mental health research in China that researching and understanding the properties and characteristics of mental health issues related to local culture, finding and revealing the relationship between native culture and the reason of mental health issues, exploring the construction process and characteristics of cultural factors and psychological health promotion, prevention, treatment and rehabilitation of mental illness. In this special issue, authors of 11 articles provided the deep and insightful analysis of core concepts, the cultural factors influencing the mental health status, the description of the "the life experience" in the social interaction, and the mutual construction of the cultural factors and the psychological intervention. This issue presents the latest research results based on the cultural perspectives, and puts forward the outlook for the future exploration of the mental health knowledge system based on the life phenomenon.

Keywords: mental health; social transformation; cultural subjectivity

Does Ambivalence over Emotion Expression Lead to Psychological Symptoms Pan-culturally? The Moderating Role of Cultural Norms

Chang Baorui   Xie Tian / 16

Abstract: Would "swallowing back the words on the tip of one's tongue" lead to unhappiness pan-culturally? The western culture encourages expressing emotion directly, while eastern culture advocates keeping one's countenance. Would this cultural norm difference influence the relationship between ambivalence over emotional expression (AEE) and psychological symptoms? The study explored whether the adverse effects of AEE holds in different cultures. By recruiting nearly a thousand samples from America and China, the current study verified the moderating role of cultural norm. Specifically, the adverse effects of AEE on psychological symptoms and social support were only found in American culture background (culture of encouraging free emotion expressing), but not in Chinese cultural background (culture of discouraging emotion expressing freely). The moderated mediation model further showed that the cultural norm moderated the mediation model of AEE, social support and psychological symptoms. Finally, the paper discusses the significance of research concerning AEE and cultural norms, as well as the future direction of research in this area.

Keywords: ambivalence over emotional expression; social support; cultural norm

"Empty Nest" or "All under One Roof": The Influence Mechanism of Living Arrangement on Mental Health of Urban Elderly
——An empirical study based on Shanghai Data   *Qu Xiaomin* / 40

Abstract: Living arrangement involving life style and situation of the elderly, which is closely related to their quality of life. Changing along with family structure, the expectation of perfect living arrangement of the elderly is different from the past which reflects that the cultural of supporting the elderly in our country is undergoing transformation in form. Base on the date of Population Situation and Intention Survey of the Elderly in Shanghai 2013, this study examines the effect of living arrangement on mental health of the urban elderly by regression, in order to explore the relative effect of "Empty nest" and "All in one roof" on mental health of the elderly. Meanwhile, introduces marital satisfaction and intergenerational relationship satisfaction as mediators to explain the influencing mechanism from the perspective of family relations. Results show that, firstly, living with spouse only has direct positive influence on life satisfaction. Secondly, living with spouse only has indirect positive influence on mental health since the elderly could obtain higher marriage and intergenerational support satisfaction. Urban empty nest should be re-evaluated. Urban Empty-nester own higher life autonomy, better relationship with spouse while less family conflict with children, so they may have more advantages on mental health.

Keywords: living arrangement; mental health; life satisfaction; marital status; intergenerational relations

The Cultural Security Protection as a Mediator between Ethnic Identity and Cultural Attachment
Li Aijuan Yang Yisheng / 60

Abstract: Culture is of great significance to the evolution and social adaptation of the population and individual. It is helpful to the construction of the social order, to meet the individual's cognitive closure and the needs of belonging in order to achieve the security protection. Based on the theories and 27 college students' interviews , a Cultural Security Protection questionnaire was compiled which including 12 items. 384 multi-ethnic college students of Inner Mongolia and Xinjiang were recruited. Item analysis and exploratory and confirmatory factor analysis were used to analyze the data. The results showed the questionnaire included 10 items and two dimensions: security protection of cultural heritage and security protection in the environment. Further studies on the mediation of cultural security between ethnic identity and cultural attachment by Bootstrap and regression analysis revealed that security protection of cultural heritage and security protection in the environment was the mediator between ethnic identity and of avoidance dimension of cultural attachment. It illustrated that cultural security protection played an important role in ethnic identity and cultural attachment.

Keywords: culturesecurity; cultural attachment; ethnic identity

Compensatory Control over Medical Sufferings: Belief in a Just World and Subjective Well - being in Cancer

Wu Shengtao   Jiang Ying   Wang Yuzhou   Zhang Yating / 76

Abstract: Previous studies have shown that belief in a just world (BJW, in which people get what they deserve and deserve what they get), as one of fundamental values on reward for human application in this world, serves adaptive functions in Chinese contexts, and in particular, helps cope with life stress and rebuilds life confidence among the disadvantaged groups. Even so, little is known whether general BJW could be translated into life control in coping with medical sufferings, in which patients' physical life was ultimately threatened. The present study was conducted upon patients with malignant cancer (vs. healthy subjects), and the results showed that: cancer patients hold the same level of BJW as healthy subjects did, and their BJW are not weakened by the threat of disease; cancer patients' BJW significantly predict their subjective well-being (more positive emotions, less depressive symptoms) while healthy subjects did not; and life control mediated this effect of general BJW on resilience among cancer patients. The current findings provide further evidence that BJW reveals a positive psychological function, and it works as compensatory control among those suffering from disease, suggesting that world values on reward for application play a considerable role in clinical practice in Chinese culture.

Keywords: belief in a just world; subjective wellbeing; compensatory control; cancer survivor

The Study on the Stigmatization of Ex-convicts' Identity, their Coping Strategies and Motive Force

——Based on in-Depth Interviews with 26 Ex-convicts in T City of J Province

Gao Meishu / 90

Abstract: A qualitative study was carried out on 26 ex-convicts from T City, J Province through in-depth interviews. It is found that the ex-convicts are plagued by both public stigma and self stigma in the early days of their release. Public stigma is as follows: Doctrine? of? severe punishment and other cultural traditions have given the ex-convicts negative labels. The ex-convicts are rejected by the system of social security, rank promotion, etc. They also suffer from interpersonal alienation and discrimination in employment. Self stigma is reflected in putting negative labels on themselves, doubting self-value and self marginalization. But ex-convicts are not inactive recipients and they try to build their own space by the excitation of the feeling of gratitude, sense of responsibility and face concern. First they persuade themselves to accept the reality by selective comparison and self rationalization. Then they reconstruct the identity of the general society members and even the dominant group members by the means of positive expectation, fully tapping personal resources, seeking the support of close family and friends or reconstructing social circle. To reduce stigma and help ex-convicts reintegrate into society smoothly, it is suggested that at the macro level the concept of humane punishment be publicized and discriminatory policies for ex-convicts reformed. At the medium level, we should strengthen the interaction between community residents and the ex-convicts so as to reduce prejudice and discrimination. At the micro level, social organizations should be encouraged to use psychological or social work and other professional methods to interfere with their cognition, behavior and family relationship, etc.

Keywords: ex-prisoners; public stigma; self stigma; coping strategies;

The Development of the Women's Independence: From Binary Opposition to Autonomous Choice

Yang Xi   Li Ling / 119

Abstract: Recently, increasing number of women show anti-stereotype behaviours especially the tough ladies. This phenomenon reflects the development of women's independence, improves people's awareness of the gender cognition. But it conflicts with the stereotype of existing gender roles in this society. As a result, the tough ladies have to adjust themselves. This article discussed women's perceptions of their independence and emotional experiences, especially the feel of pressure related to interpersonal conflicts and their coping and adjustment mechanisms. The author interviewed 8 well-educated cases with highly both self-rated and other-rated level of independence, and adopted the method of interpretative phenomenology to explore the female's cognition and emotional experience of independence and the process of adjusting conflict resulting from person-al independence. The research found that: (1) women's understanding to inde-pendence came from how to handle the relationship between independence and reliance. Most of them experienced the development from rigid binary opposition to passive loosening to autonomous modification. (2) Women's independent behaviours were consistent with their independent willingness or not. When their independent behaviours were consistent with their mind, the individual would actively choose to be independent and experience positive emotions such as pride and power. When they were forced to be independent, the individual experi-enced negative emotions such as discomfort and grievance. (3) There were different levels in the meaning of women's independence and the core was auto-nomy. The result showed that there were some characteristics of anti-gender stere-otype during the development of female independence. It was more in line with the meaning of self-supporting personality in local culture and also highlights the significance of dual autonomy. But it also implies the possible existence of the bal-ance between these two basic psychological needs of autonomy-based capabilities and relationships. It also exists the universal significance of transcending both gen-der and culture.

Keywords: independence of female; self-supporting personality; dual au-tonomy; case study

The Examination of Empathy Phenomena under Chinese Culture and its Illuminations on the Chinese Translation of this Concept

Jiang Dianlong   Zhao Xudong / 142

Abstract: The typical understandings of empathy in psychotherapy have many intrinsic difficulties in explaining the empathetic processes and patients'abnormal empathetic phenomena adequately etc. These could be attribu-ted to the strong standpoint of solipsism or subjectivity which lurks in the base of the theory of empathy under Western culture. Chinese cultural empathy theory maintains that man lives in coexistence with things and others, the self is con-structed through interaction with others and vice versa, so they share the same experiences somewhat and could empathize with each other in essence. This inter-subjectivity insights could help to solve these difficulties and problems in the typical understandings of empathy in psychotherapy, enlighten psychotherapists to understand symptoms in relational circumstances with patients and help them to renew and remodel their feeling experiencing thinking and behaving patterns in context aiming at optimizing their personalities. This research also analyzes the advantages and disadvantages of its Chinese translating terms from the point of Chinese and Western culture exchange based on these investigations, maintains that Yiqing（移情）is the most suitable Chinese corresponding word of the concept for its exactness and theoretical and practical expanding space in psychotherapy.

Keywords: coexistence; empathy; intersubjectivity; objectivation

Exploration of Localization Path on Multicultural Counseling

Wang Jin   Li Qiang / 157

Abstract: China mainland people are living under "three cultures" mixing surroundings, including China traditional culture, western modern culture and Marxism culture, namely "Ternary-Cultural Person" who accepted these three cultures from childhood and formed multiple identity. Therefore, the Exploration of localization path on Chinese counseling must based on the study of the culture characteristics of Ternary-cultural person. Through exploring helping resources respectively from three cultures for those persons who can integrate three cultures well. Ternary-cultural person can seek proper help according to near clue under different frameworks of culture. Another way, multicultural psychologists need to assistant Ternary-cultural person who can't integrate three cultures well for development of multicultural cultural ability and coordination strategies for multicultural identities conflicts. So, from drawing on the experience of multicultural counseling in the USA, we can develop the location path of Chinese counseling.

Keywords: ternary-cultural person; multicultural identity; multicultural identities conflicts; multicultural counseling

Chinese Somatization? The Cultural Presentation of Depression and Anxiety among Chinese

Zhou Xiaolu Andrew G. Ryder / 178

Abstract: The tendency of Chinese people to emphasize somatic symptoms in the presence of psychosocial difficulties, well known as "Chinese somatization", is a classic topic in cultural psychopathology. Since Kleinman's (1982)

study on the somatic tendency among Chinese clinical patients, researchers examined the psychopathology of Chinese patients in terms of somatization and psychologization. Reviewing the literature on depressed symptoms, Chinese patients indeed showed somatic tendency. However, as Chinese rapid modernization, psychological symptoms gradually expressed. Recently, researchers turn to anxiety symptoms. Contrary to somatization related to depression, anxiety patients tend to emphasize psychological symptoms. From the view of "culture-mind-brain", we propose that somatization is a cultural script for depression among Chinese patients, which includes direct reports of bodily experiences in response to psychosocial stressors, as well as a communication strategy in which open acknowledgement of psychosocial distress is discouraged, reflecting the integration of experience and expression of distress and conceptualization and communication of distress. Preliminarily, we propose that psychologization might be a cultural script for anxiety among current Chinese patients, which involves the unleash of emotion or psychological symptoms, as well as a cultural emphasis on responsibility and interpersonal relationship. At last, we discuss the further research questions and methods related to the cultural presentation of depression and anxiety among Chinese people, from the view of the mutual constitution between culture, mind and brain.

Keywords: somatization; psychologization; depression; anxiety; Chinese culture

The Relationship between Traumatic Experience and Prosocial Behavior, and its Mechanism   *Xu Dan* / 198

Abstract: This article focuses on prosocial behavior, one of the positive effects of traumatic experience. Research about the trauma and prosocial behavior in recent years were reviewed. Firstly, the positive relation between traumatic experience and prosocial behavior was demonstrated from evidence of two areas, which were increase of individuals' prosocial behavior after traumatic events and the similar traumatic experience of helping professionals. Secondly, main viewpoints of a theoretical model about suffering and altruism called *Altruism Born of Suffering* was introduced. Thirdly, combining this model and latest research on prosocial behavior, psychological mechanism between trauma and prosocial could be classified into four domains, which were emotion, cognition, behavior and situation. Specifically speaking, the mechanisms were relieving negative state, empathy, searching for meaning, pursuing social status, reciprocity norms, social learning, disadvantage situation and awe. At last, future direction, theoretical and practical implications, moderating effect of culture were discussed.

Keywords: trauma; prosocial behavior; psychological mechanism

Revisiting the Value of Modesty: From the Perspective of Well-Being

Shi Yuanyuan   Zhang Hongchuan / 215

Abstract: Modesty carries important values across both Eastern and Western cultures. A series of psychological studies suggested that modesty is beneficial to personal well-being, interpersonal relationships, and organizational behavior. Especially considering the increasingly inflated but fragile ego in recent years, modesty is precious for its help to transcend narrow self-views, strengthen interpersonal bonds, and buffer self-threats. Based on the dynamic construction of personal values and contextual norms, we proposed and distinguished two types of modesty, authentic modesty and tactical modesty. Authentic modesty, as a manifestation of people's authentic self, is based on personalized modesty values or beliefs; whereas tactical modesty, as a response to situational requirements, is independent of one's personalized values or beliefs. Referring to a series of research conducted by the authors, we suggest that, individuals with authentic modesty hold a quiet and stable ego and cope with stresses more actively, resulting in high adaptability and well-being; whereas, individuals with high tactical modesty are sensitive to contextual information and cope with stress passively, resulting in less positive affect. This research deepens the understanding of modesty and offers a new theoretical foundation for the practice of modesty in modern society.

Keywords: modesty; authentic; tactical; well-being

图书在版编目（CIP）数据

中国社会心理学评论. 第 15 辑 / 杨宜音主编. -- 北
京：社会科学文献出版社，2018.11
ISBN 978 - 7 - 5201 - 3709 - 6

Ⅰ.①中… Ⅱ.①杨… Ⅲ.①社会心理学 - 研究 - 中
国 - 文集 Ⅳ.①C912.6 - 0

中国版本图书馆 CIP 数据核字（2018）第 240306 号

中国社会心理学评论 第 15 辑
心理健康与文化

主　　编 / 杨宜音
本辑特约主编 / 井世洁　李　凌

出　版　人 / 谢寿光
项目统筹 / 佟英磊
责任编辑 / 佟英磊　张真真

出　　　版 / 社会科学文献出版社·社会学出版中心（010）59367159
　　　　　　地址：北京市北三环中路甲 29 号院华龙大厦　邮编：100029
　　　　　　网址：www.ssap.com.cn
发　　　行 / 市场营销中心（010）59367081　59367083
印　　　装 / 三河市龙林印务有限公司

规　　　格 / 开　本：787mm × 1092mm　1/16
　　　　　　印　张：16.25　字　数：286 千字
版　　　次 / 2018 年 11 月第 1 版　2018 年 11 月第 1 次印刷
书　　　号 / ISBN 978 - 7 - 5201 - 3709 - 6
定　　　价 / 59.00 元

本书如有印装质量问题，请与读者服务中心（010 - 59367028）联系